中国技术密集型制造业国际竞争力研究：结构观视角

梅诗晔　著

WUHAN UNIVERSITY PRESS
武汉大学出版社

图书在版编目(CIP)数据

中国技术密集型制造业国际竞争力研究:结构观视角/梅诗晔著.
—武汉:武汉大学出版社,2020.11
ISBN 978-7-307-21707-2

Ⅰ.中… Ⅱ.梅… Ⅲ.制造工业—国际竞争力—研究—中国
Ⅳ.F426.4

中国版本图书馆 CIP 数据核字(2020)第 151837 号

责任编辑:聂勇军　　责任校对:李孟潇　　整体设计:马　佳

出版发行:**武汉大学出版社**　(430072　武昌　珞珈山)
(电子邮箱:cbs22@whu.edu.cn　网址:www.wdp.com.cn)
印刷:广东虎彩云印刷有限公司
开本:720×1000　1/16　印张:16.5　字数:229 千字　插页:2
版次:2020 年 11 月第 1 版　2020 年 11 月第 1 次印刷
ISBN 978-7-307-21707-2　定价:52.00 元

前　言

中国近30年经济持续高速增长很大程度上受益于制造业的飞速发展。伴随着中国深入参与全球价值链分工，中国制造业总体规模大幅提升，制造能力逐步提高，国际竞争力日益增强，被誉为“世界工厂”，2010年中国已经成为世界第一制造大国。但是从中国制造业的结构来看，中国离制造业强国还有相当大的差距，中国依赖低成本劳动力的加工制造优势低端嵌入全球价值链，出口产品中具有比较优势的主要是服装、纺织、鞋、玩具等低技术及低附加值产品，而出口高技术产品中加工贸易占较高成分，国内增值部分较低，核心技术和关键部件主要依赖于进口。中国制造业面临各种内外部压力：在内部，受劳动力成本持续攀升、自主创新能力弱、对外依存度高、核心竞争力缺乏、资源和环境压力加大等诸多不利因素影响；在外部，2008年世界金融危机过后，以美国为代表的发达国家将促进实体经济发展提升到战略高度，以矫正制造业“空心化”，寄希望于产业政策调整来扭转经济颓势。发达国家制造业回流不是回归传统的劳动密集型低附加值加工制造业，而是发动一场新的工业革命，依托坚实的技术基础和创新能力实现制造业再升级，以培育先进制造技术、发展高端制造业来重塑制造业国际竞争力为目标，重振先进制造业的领导地位，抢占先进制造业新的制高点。与此同时，一些发展中国家如越南、柬埔寨、孟加拉国等正扩大对外开放，积极承接产业及资本转移，通过融入全球产业分工实现产业升级、技术积累和国际竞争力提升。因此，提升我国技术密集型制造业竞争力刻不容缓。

针对以上背景，本书提出以下几个相互关联的问题：①全球技术密集型制造业贸易格局是怎样的？中国的贸易地位如何？②中国技术密集型制造业的国际竞争力如何？影响技术密集型制造业国际竞争力的主要因素有哪些？③中国技术密集型制造业应该遵循怎样的升级路径？④全球价值链背景下，中国技术密集型制造企业国际竞争力提升的动力是什么？

本书采用结构观视角，通过四个子研究逐一回答上述问题：

子研究一：技术密集型制造业贸易格局。采用社会网络分析的可视化工具，直观地展示全球主要国家之间技术密集型制造业贸易全景图，便于清晰地识别中国在贸易网络中的地位及变迁。

子研究二：技术密集型制造业国际竞争力测量、国际比较及实证分析。借助显示性比较优势指数（RCA）、显示性竞争优势指数（CA）、国际市场份额指数（IMS）、产业内贸易指数（IIT）四个“量”的层面竞争力评价指标，以及产品出口复杂度、经济复杂性两个“质”的层面竞争力评价指标，全面测度中国技术密集型制造业的国际竞争力，深入比较中国与部分发达国家在产业上的差距，并实证检验影响经济复杂性的主要因素。

子研究三：中国技术密集型制造业升级路径选择。基于 Hidalgo 等（2007）的产品空间理论，建立计量模型，比较中国、美国、韩国、印度、阿根廷五个典型国家的技术密集型制造业的不同升级模式，以便为中国选择合适的产业升级路径，并识别中国技术密集型制造业升级的潜在竞争对手，以及最具升级潜力的产品。

子研究四：后发技术密集型企业国际竞争力提升动力的途径。采用案例研究法，选择三一重工、沈阳机床、华为、联想四家具有代表性的技术密集型制造企业作为研究对象，利用企业访谈、调研等方式获取一手资料，通过企业官网、企业年报、媒体报道、公开出版物等渠道获取相关资料作为补充，基于知识基础观，深度剖析案例企业在全球价值链背景下竞争力提升的逻辑，提出相关命题来构建中国后发企业技术追赶实现竞争力提升的理论。

通过上述研究，本书得出如下主要结论：

（1）中国在技术密集型制造业贸易网络中扮演重要角色，对外贸易量快速攀升，贸易地位、贸易影响力、控制力均明显增强，跻身核心国家之列。

（2）中国技术密集型制造业国际竞争力有了大幅提升，在部分领域已经具备了相当高的竞争实力，中国出口商品中的国内技术增值部分正在增加，但总体而言竞争力较弱，处于中等偏上水平，表现出较强的劳动密集型特征，在一些尖端技术行业仍然较为落后。实证检验表明：过于依赖自然资源不利于经济复杂性提升，资本积累是影响经济复杂性的重要因素，人力资本对经济复杂性有一定的作用，创新能力对经济复杂性有明显影响，制度质量是影响经济复杂性的关键环境要素。

（3）中国技术密集型制造业升级遵循基于比较优势的渐进式道路，必须做大做强传统优势产业，尤其是中高技术密集型制造业，将其作为产业升级的坚实基础，同时在新兴技术以及高端制造业领域适度赶超。

（4）中国后发技术密集型企业国际竞争力的形成前提是核心技术资源的积累。核心技术资源的形成首先来自不依附于发达国家、自主创新的信念，通过持续高强度研发投入取得突破性自主创新。跨国并购是迅速获取前沿技术的高效途径，通过赋予被并购企业高度自主权，保证平稳过渡，维持被并购企业创新能力，得以实现技术获取目标。后发企业竞争力最终体现在全球价值链上的地位，并购发达国家企业、设立海外研发基地、建立海外合作企业等是快速提升技术及实现全球价值链升级的有效途径，而通过对外直接投资、全球本土化等途径构建以我为主导的全球价值链有利于掌握话语权。

本书的主要贡献有：第一，从“量”的层面和“质”的层面全面评价中国技术密集型制造业的国际竞争力，基于资源基础观并加入制度的调节作用，实证检验了影响技术密集型制造业国际竞争力的主要因素，拓展了资源基础观的应用；第二，基于产品空间理论实证分析中国技术密集型制造业的升级路径，明确了比较优势理论指导产业升级的边界；第三，采用案例研究方法，基于知识基础观，深入剖析全球价值链背景下中国后发技术密集型制造企业成功实现技术追赶的典型案例，发掘后发企业独特的竞争力提升动力优势，丰富了国际企业管理理论。

本书具有一定的实践指导意义。第一，人力资本和技术创新能力是影响中国技术密集型制造业国际竞争力的重要因素。应当注重人力资本积累和创新能力培育，提升产业技术学习能力和吸收能力，努力将前沿技术知识转化为生产力，加快资本积累速度。第二，产业升级应当坚持以比较优势为主导方向，对一些具有战略地位的产业以及新兴技术产业应加大政府扶持力度，适度偏离比较优势。完全遵循比较优势会导致中国技术密集型产业长期徘徊在低端，难以缩小和发达国家的差距；偏离比较优势的跨越式升级建立在扎实的产业基础之上，这种升级路径适合发达国家，不适合中国这种产业基础薄弱的国家。第三，由发达国家跨国公司主导的全球价值链深刻影响全球生产和贸易活动，中国技术密集型制造企业必须积极参与全球价值链分工。在技术能力薄弱阶段可以通过嵌入式参与全球价值链来学习并吸收发达国家技术，以便积累技术能力；当形成一定的技术基础后，逐渐过渡到构建以我主导的全球价值链，摆脱被发达国家跨国公司“低端锁定”的困境，将自主创新作为提高国际竞争力的核心。

目　　录

1 绪　　论

1.1 研究背景

制造业是国民经济的支柱性产业，是经济增长的重要驱动力，中国近30年以来经济持续高速增长很大程度上受益于制造业的飞速发展。伴随着中国深入参与全球价值链分工，中国制造业总体规模大幅提升，制造能力逐步提高，国际竞争力日益增强，引起世界瞩目。中国制造的各类产品遍布全球，中国因此被誉为“世界工厂”，2010年中国已经成为世界第一制造大国。尽管中国制造业异军突起，但是从中国制造业的结构来看，国际竞争力仅仅表现在“量”上，只能称为制造大国，离制造强国还有相当大的差距。尽管中国制造业产品出口额位居世界前列，但是出口产品中具有比较优势的主要是服装、纺织、鞋、玩具等低技术及低附加值产品。一个不可忽略的事实是，中国的对外贸易中加工贸易占较高成分，国内增值部分较低，这是因为中国依赖低成本劳动力的加工制造优势低端嵌入全球价值链，出口高技术产品中核心技术和关键部件主要依赖于进口。以在中国加工制造的苹果手机为例，应用处理器、闪存和电池来自韩国，基带、收发器、电源管理系统来自德国，存储器、WIFI、蓝牙、GPS、触摸屏控制器、音频编解码器来自美国，显示屏来自日本或韩国，触摸屏来自美国，电子罗盘来自日本，陀螺仪来自法国（OECD, 2013），中国仅承担加工组装活动，获取不到4%的利润分成。

中国制造业发展面临诸多不利因素。首先，随着中国劳动力成本持续攀升（图1-1），人口红利将逐渐消失，中国制造的低成本竞争优势被不断削弱，加上中国加工制造业被低端锁定在由跨国公司主导的全球价值链中面临升级困境，传统的劳动密集型优势制造业面临巨大挑战。其次，制造业自主创新能力弱，对外依存度高，核心竞争力缺乏，导致中国制造业国际竞争力质量不高。再次，中国近30年高速经济增长，造成资源和环境压力加大，给制造业带来诸多挑战。此外，中国制造业受到国际政治经济环境深刻影响，正处于发达国家和发展中国家"双向挤压"的困境。2008年世界金融危机过后，以美国为代表的发达国家重新审视过度依赖虚拟经济的脆弱性和风险性，将促进实体经济发展提升到战略高度来矫正制造业"空心化"，寄希望于产业政策调整来扭转经济颓势，如奥巴马政府推出了"再工业化""制造业复兴""先进制造业伙伴计划"，德国提出了"工业4.0"战略，法国提出"新工业法国"方案，日本实施"再兴战略"，韩国制定了"新增动力战略"。很显然，发达国家制造业回流不是回归传统的劳动密集型低附加值加工制造业，而是发动一场新的工业革命，依托坚实的技术基础和创新能力实现制造业再升级，以培育先进制造技术、发展高端制造业来重塑制造业国际竞争力为目标，重振先进制造业的领导地位，抢占先进制造业新的制高点。与此同时，一些发展中国家如越南、柬埔寨、孟加拉国等正扩大对外开放，积极承接产业及资本转移，通过融入全球产业分工实现产业升级、技术积累和国际竞争力提升。

由此可见，从"质"的层面提高中国制造业国际竞争力的关键在于提高技术密集型制造业的竞争力。技术密集型制造业具有知识产权密集、高附加值等特征，是一个国家或地区制造能力、创新能力、技术水平的综合体现。技术密集型制造业能带来巨大的产业和技术联动效应，

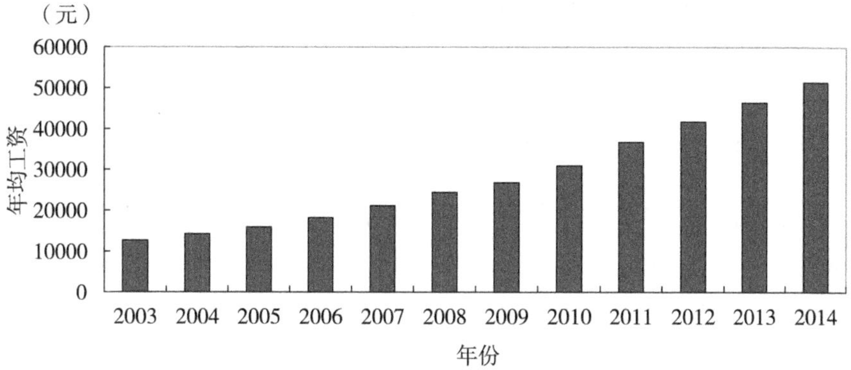

图 1-1 2003—2014 年制造业从业人员年均工资

数据来源：《中国统计年鉴（2015 年）》

对国民经济发展影响深远：一方面，大量吸收资本、劳动力、原材料、零部件并将其作为生产投入品，拉动上游产业发展和技术进步，解决就业问题；另一方面，产品或被直接应用于基础设施建设、农田水利建设、公用事业、建筑业、现代农业等生产活动，或被直接用于满足居民工作、生活需要，或被作为中间品或者原材料应用于智能制造、发电、汽车、船舶、航空航天等诸多事关国计民生、国家安全的产业。此外，技术密集型制造业带动金融、技术、物流等生产性服务业发展，对国民经济发展带来很大影响。

发达国家历来高度重视技术密集型制造业，投入大量科研经费促进产业发展，并将其作为重要的国家核心竞争力和产品出口来源。随着中国产业转型进程逐步深入，中国也将发展技术密集型制造业上升到战略高度，近年来出台了一系列纲领性政策或文件以扶持和加快产业发展，比如《国家中长期科学和技术发展规划纲要（2006—2020 年）》提出增强中国装备制造业的自主创新能力建设；党的十七大提出“振兴装备制造业是中国的一项战略任务”。

1.2 中国技术密集型制造业概况

1.2.1 技术密集型制造业界定

根据投入要素不同，制造业可分为劳动密集型、资本密集型和技术密集型三大类。技术密集型制造业并没有一个统一的定义，而是一个相对宽泛的概念，包含诸多产业，这些产业的重要共同特征是：技术创新对产业发展起决定性影响（吕轶，2003）。知识产权密集型产业、高技术产业是与技术密集型产业相近的两个概念。美国专利商标局将专利密集型产业、商标密集型产业、版权密集型产业合并定义为知识产权密集型产业，其中专利密集型产业主要集中于制造业，商标密集型产业、版权密集型产业主要集中于服务业。2016 年我国国家知识产权局发布《专利密集型产业目录》，该目录涵盖信息基础产业、软件和信息技术服务业、现代交通装备产业、智能制造装备产业、生物医药产业、新兴功能材料产业、高效节能环保产业、资源循环利用产业共八大产业、四十二个行业。根据国家统计局的定义，高技术产业指国民经济行业中研发投入强度（即研发经费支出占主营业务收入的比重）相对较高的制造业行业，包括：医药制造，航空、航天器及设备制造，电子及通信设备制造，计算机及办公设备制造，医疗仪器设备及仪器仪表制造，信息化学品制造等 6 大类产业。OECD（经济合作与发展组织）计算了 1991—1999 年 12 个 OECD 国家的研发支出占比，将其作为技术强度判断依据，基于国际标准产业分类将制造业分为高技术、中高技术、中低技术、低技术四类，其中高技术、中高技术制造业大致与技术密集型制造业吻合，为本书研究对象。表 1-1 为国际标准产业分类（ISIC3.0）与我国国民经济行业分类（GBT 4754—2011）关于技术密集型产业的对照。结合表 1-1 进一步分析可以看出，技术密集型制造业包含高技术产业，它和专利密集型产业有一定的重合度。

表 1-1　**ISIC3.0 与 GBT 4754—2011 关于技术密集型产业对照**

国际标准产业分类（ISIC3.0）		我国国民经济行业分类（GBT 4754—2011）	
代码	名称	代码	名称
24	化学品及化学制品的制造①（不含医药制造）	26 28	化学原料和化学制品制造业 化学纤维制造业
2423	医药制造	27	医药制造业
29	未另分类的机械和设备的制造	34 35 385 386	通用设备制造业（不含 347） 专用设备制造业（不含 358） 家用电力器具制造 非电力家用器具制造
30	办公室、会计和计算机械的制造	347 391	文化、办公用机械制造 计算机制造
31	未另分类的电力机械和装置	38	电气机械和器材制造业（不含 385、386）
32	无线电、电视和通信设备和装置的制造	39	计算机、通信和其他电子设备制造业（不含 391）
33	医疗器械、精密仪器和光学仪器、钟表的制造	358 40	医疗仪器、设备及器械制造 仪器仪表制造业
34	汽车、挂车和半挂车的制造	36	汽车制造业
352+359	铁道设备及未另分类的运输设备的制造	371 372 375 376 3799	铁道运输设备制造 城市轨道交通设备制造 摩托车制造 自行车制造 其他未列明运输设备制造
353	飞机和航天器的制造	374	航空、航天器及设备制造

资料来源：根据 OECD（2013）分类标准整理。

① 后文未经另外注明的，则“化学品及化学制品的制造”均不包含“医药制造”。

1.2.2 中国技术密集型制造业产业结构与发展趋势

本书以“主营业务收入”衡量各行业产出。由于2012年以前《中国工业经济年鉴》未统计三分位产业数据，为计算方便，将表1-1中“家用电力器具制造（385）”“非电力家用器具制造（386）”归总到“电力机械和器材制造业（38）”；因统计数据缺失，与ISIC代码353、359对应的四类产业“铁道运输设备制造（371）”“城市轨道交通设备制造（372）”“摩托车制造（375）”“自行车制造（376）”未纳入分析范畴。表1-1中ISIC代码30、32、33、353与《中国高技术统计年鉴》对应产业基本匹配，故这五类产业直接采用《中国高技术统计年鉴》数据，其余产业根据《中国工业经济年鉴》或《中国工业统计年鉴》相关数据计算。

从产业结构来看，“化学品及化学制品的制造”占制造业产出比重最高，约7%以上；其次为“未另分类的机械和设备的制造”“未另分类的电力机械和装置”“无线电、电视和通信设备和装置的制造”三个产业，总计约占制造业产业比重的18%；排名前四的产业中，“化学品及化学制品的制造”和“无线电、电视和通信设备和装置的制造”属于高技术产业，表明中国技术密集型制造业集中于传统的高技术产业。相比之下，“医疗器械、精密仪器和光学仪器、钟表的制造”“飞机和航天器的制造”两个尖端高技术产业在制造业中占比相当低，五个观测年度平均占比不到1%，表明这几个产业发展较为滞后。特别值得一提的是，“飞机和航天器的制造”产业平均占比仅0.25%，这一数据进一步证实了中国出口产品技术含量低、飞机制造业长期以来依赖于欧美发达国家的状况。

从产业发展趋势来看，只有“办公室、会计和计算机械的制造”在制造业中占比呈明显下降态势，“化学品及化学制品的制造”“医药制造”“未另分类的电力机械和装置”“汽车、挂车和半挂车的制造”四个产业在制造业中占比保持上升状态，而“未另分类的机械和设备的制造”占比波动上升，“无线电、电视和通信设备和装置的制造”“医疗器械、精密仪器和光学仪器、钟表的制造”“飞机和航天器的制造”三个产业占比波动下降（表1-2）。

表1-2　　**中国技术密集型制造业在全部制造业中的产出比重**

名　　称	占制造业产出比重（%）				
	2005	2008	2010	2013	2014
化学品及化学制品的制造	7.27	7.09	7.28	7.97	8.15
医药制造	1.88	1.83	1.88	2.06	2.11
未另分类的机械和设备的制造	6.05	7.29	7.71	7.79	7.02
办公室、会计和计算机械的制造	4.31	3.30	2.86	2.50	2.12
未另分类的电力机械和装置	5.38	5.87	6.04	6.62	6.05
无线电、电视和通信设备和装置的制造	6.70	5.48	5.16	6.52	6.10
医疗器械、精密仪器和光学仪器、钟表的制造	0.95	0.65	0.79	0.95	0.89
汽车、挂车和半挂车的制造	2.49	2.31	2.93	3.62	3.41
飞机和航天器的制造	0.32	0.23	0.23	0.31	0.27
总计	35.35	34.05	34.88	38.34	36.12

数据来源：根据《中国工业经济年鉴》《中国工业统计年鉴》《中国高技术统计年鉴》相关数据整理。

总之，中国技术密集型产业产出占制造业的比重偏低且增长缓慢，产业结构不尽合理，表现在传统的中高端产业占比偏高，而高端制造业占比严重偏低。此外产业发展态势不均衡，尤其是高端制造业在制造业占比表现出下降趋势，必须大力促进高端制造业发展，优化产业结构，全面提高技术密集型制造业的竞争力。

1.2.3　中国技术密集型制造业的经济效益

技术密集型制造业具有良好的经济效益，对国民经济的贡献重大。

技术密集型制造业具有高技术含量、高附加值的特征，尤其是高新技术制造业，能大大降低环境污染、能源和自然资源消耗，有利于促进经济增长模式从粗放型向集约型转型，优化产业结构，改善经济增长质量，带动相关产业升级。

表 1-3 以 2014 年的统计数据为例，分析技术密集型制造业在全部制造业中的投入和产出比重，其中采用资产和平均用工人数两个指标衡量技术密集型制造业的投入，以出口交货值和利润两个指标衡量产业产出，结论如下：

表 1-3　　**中国技术密集型制造业在全部制造业中的投入和产出比重（2014 年）**

名　　称	占制造业比重（%）			
	资产总计	平均用工人数	出口交货值	利润总额
化学品及化学制品的制造	7.83	5.47	4.13	6.96
医药制造	2.27	2.23	1.11	3.50
未另分类的机械和设备的制造	8.49	9.46	8.59	8.98
办公室、会计和计算机械的制造	1.25	1.98	14.02	1.34
未另分类的电力机械和装置	4.28	4.85	5.39	4.58
无线电、电视和通信设备和装置的制造	5.14	7.36	26.03	5.09
医疗器械、精密仪器和光学仪器、钟表的制造	1.02	1.37	1.45	1.41
汽车、挂车和半挂车的制造	3.13	1.55	0.79	5.72
飞机和航天器的制造	0.45	0.35	0.23	0.22
总计	33.86	34.62	61.74	37.8

资料来源：根据《中国工业统计年鉴（2015）》数据整理。

首先，在总计层面，技术密集型制造业的资产和平均用工人数约占全部制造业的三分之一，利润总额占37.8%，其中五类高技术行业总额占25%以上，整体经济效益高于制造业平均水平；出口交货值占制造业的61.74%，其中五类高技术行业总额占46%以上，是制造业出口的主力军。

其次，在分项层面，资产和利润总额占比最高的是“未另分类的机械和设备的制造”，其次是“化学品及化学制品的制造”，前者平均用工人数占比最高，兼具资本密集、劳动密集和技术密集特征；而“飞机和航天器的制造”无论是资产、平均用工人数，还是利润总额，都处于最低水平，产业发展严重滞后。就出口交货值而言，“无线电、电视和通信设备和装置的制造”和“办公室、会计和计算机械的制造”两个行业占比最高，总共占制造业比重的40%以上，但是利润总额比率低，与出口地位形成严重反差，表明这两个行业正好符合其加工贸易比重偏高、国内增值成分低的产业现状。“无线电、电视和通信设备和装置的制造”平均用工人数占比高达7.36%，表明该行业依赖于劳动力比较优势。“汽车、挂车和半挂车的制造”尽管出口交货值占比相当低，但利润总额与总资产、平均用工人数比率与其他几个行业相比均较高，具有较高的发展潜力。

总的来看，技术密集型制造业投入与产出比较不均衡，传统的优势行业占比较高，而加工贸易成分较高的行业和高新技术行业占比较低，因此在加快高新技术行业发展的同时，必须促进加工贸易产业转型升级。

1.2.4 外资在中国技术密集型制造业中的地位

比较2006年、2010年、2014年三个年度外资企业在技术密集型制造业的产出状况，不难发现各年度外资在各个产业占有较高比重，平均约40%（图1-2）。

“飞机和航天器的制造”外资占比最低，这与行业对外资开放程度

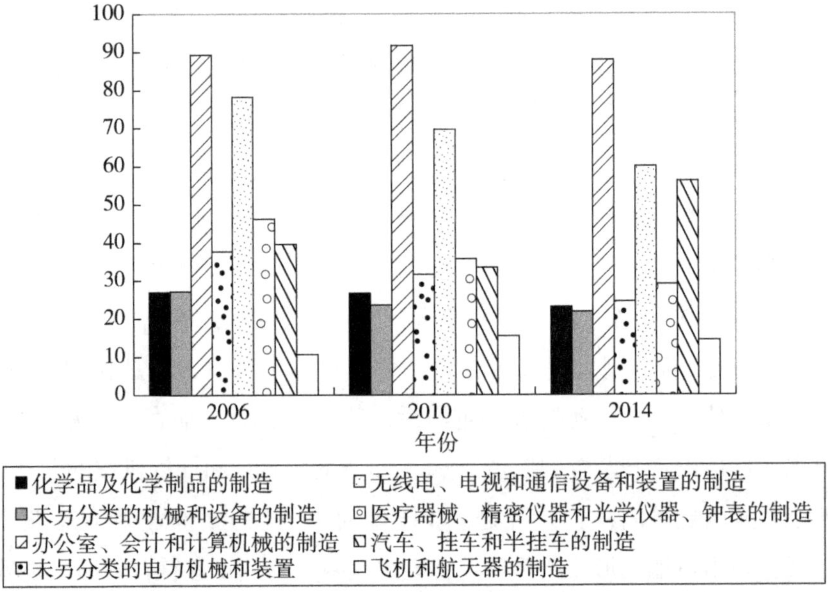

图 1-2 外资在中国技术密集型制造业中的产出占比（含港、澳、台资企业）

资料来源：根据《中国工业经济年鉴》《中国工业统计年鉴》《中国高技术统计年鉴》相关数据整理。

不高有关。“办公室、会计和计算机械的制造”外资占比最高，约占90%；其次是“无线电、电视和通信设备和装置的制造”，约占70%，这两个行业对外开放程度高、开放时间长、劳动密集型程度相对高，吸引大量外资企业；2014年，“汽车、挂车和半挂车的制造”外资占比上升到第三位。

进一步分析外资占比趋势，近十年来“化学品及化学制品的制造”“医药制造”“未另分类的机械和设备的制造”“未另分类的电力机械和装置”“无线电、电视和通信设备和装置的制造”“医疗器械、精密仪器和光学仪器、钟表的制造”五个行业外资占比明显下降，其中“医疗器械、精密仪器和光学仪器、钟表的制造”由2006年的46.23%下降到2014年的29%，降幅高达37%；其次是“无线电、电视和通信设备和装置的制造”，由 2006 年的 78.26%下降到 2014 年 59.98%，降幅达 23%。相比之下，两个行业外资占比明显上升，“汽车、挂车和半挂车的制造”增长最高，从 2006 年的 39.58%增加到 2014 年的 56.15%，增幅高达 42%，这与该产业开放程度加大以及国内汽车市场井喷式发展密切相关；“飞机和航天器的制造”从 2006 年的 10.62%增长到 2014 年的 14.35%，增幅约 35%。

尽管中国技术密集型制造业对外资依存度较高，但外资企业的技术含量不高，在产业中占比呈逐年下降趋势，折射出该产业中外资企业的低附加值劳动密集型特征。现阶段加工贸易在产业的对外贸易中仍旧占有相当高的比重，虽然加工贸易在该产业的出口比重呈下降态势，但仍旧是最主要的出口模式。官方统计显示，中国出口的高技术产品中，包含大量进口高附加值、高技术含量的中间品和技术，产品的国内增值成分较低（张彬，2015）。

1.2.5 中国技术密集型制造业的研发状况

我们通过比较 2005—2014 年技术密集型制造业新产品销售收入占主营业务收入比重（图 1-3），来了解产业研发状况。

从图中可以看出，技术密集型制造业总体研发水平呈增强趋势。从个体行业的新产品销售平均占比来看，“医疗器械、精密仪器和光学仪器、钟表的制造”和“化学品及化学制品的制造”这两类产业研发水平相对较低，不到 20%；“飞机和航天器的制造”和“汽车、挂车和半挂车的制造”两类产业研发水平相对较高，在 30%以上；其余几类行业均处于 20%~30%之间。

深入分析个体行业的研发水平，不难看出尽管“飞机和航天器的制造”和“汽车、挂车和半挂车的制造”两类行业研发总体水平较高，但是波动较大，后者表现尤为明显，2008 年形成明显的拐点，达到最高值，此后持续下降，反映出汽车行业结束快速扩张阶段，进入发展平台期。自 2011 年以来，大部分行业研发水平处于上升状态，但“办公

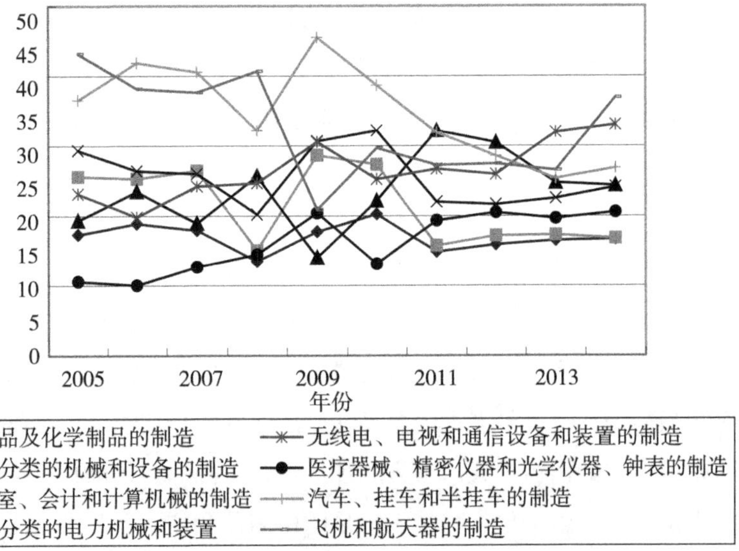

图 1-3　中国技术密集型制造业研发能力占比比较

资料来源：根据《中国工业经济年鉴》《中国工业统计年鉴》《中国高技术统计年鉴》相关数据整理。

室、会计和计算机械的制造”和“汽车、挂车和半挂车的制造”明显下降。

1.3　全球价值链背景下中国技术密集型制造业面临的机遇与挑战

全球价值链背景下，中国技术密集型制造业机遇与挑战并存。随着中国经济实力逐渐增强，跨国公司对华 FDI（外商直接投资）中技术成分呈上升趋势，不少企业将中国作为地区总部，在中国设立地区性研发中心，这给国内企业带来更多的学习和吸收先进技术的机会。经济全球化推动企业国际化进程加速，中国入世以来技术密集型企业积极参与海外并购，通过整合海外优质技术资源、接触技术前沿，不断提升技术能力。经济全球化还带动服务业全球化不断深入，跨国生产和服务网络的逐渐完善，使得各国企业能够在全球范围内整合资源，由发达国家主导的全球价值链将可能被重塑。

可以预见，随着中国“一带一路”建设的实施，我国技术密集型制造业将有机会通过技术赶超来提升在全球价值链中的地位，或者构建以自我为主导的区域性全球价值链，但是所面临的挑战也是巨大的。首先，尽管全球价值链作为一种新的生产组织模式已经为世界各国所认可和接受，但是其规则是由发达国家所制定，为阻碍发展中国家技术升级，以便维护自身在全球价值链上的利益获取，发达国家除了制定层出不穷的知识产权保护措施之外，还采取各种贸易保护手段甚至不惜动用政府力量限制本国高技术产品出口，干预中国企业海外并购，比如2008年华为收购美国3Com公司被美国外国投资委员会以“危害美国政府信息安全”为由予以拒绝。中国技术密集型制造业必须加快提升自主创新能力，以便在全球价值链中占据有利地位。其次，全球价值链链条越来越长且日益碎片化，技术落后的发展中国家和跨国公司主导的发达国家围绕价值链上核心环节的竞争将更加激烈。由于中国技术密集型制造业缺乏具有自主知识产权的核心技术，技术上过度依赖发达国家，在竞争中处于劣势。最后，2008年世界金融危机后西方发达国家的制造业回流，将争夺高端制造业制高点作为重振制造业国际竞争力的战略目标，掀起新的产业革命，此举势必触发新一轮全球价值链调整。鉴于中国技术密集型机械制造业和发达国家之间的技术落差，在这轮调整中向全球价值链高端攀升任重道远。

1.4 问题的提出

近年来，发展经济学领域从结构观出发，对产业竞争力研究进行了有益探索，其显著特征是从过去的静态研究向动态研究转变、从量的研究向质的研究转变，从而为客观评价发展中国家产业竞争力、指导发展中国家产业升级和结构转型提供了独特视角。因此本书提出以下几个相互关联的问题，并采用结构观视角加以回答：

1. 全球技术密集型制造业贸易格局是怎样的？中国的贸易地位如何

本书对技术密集型制造业国际竞争力的研究是以贸易数据为基础的，研究该行业的贸易格局便于从整体上了解各国贸易关系、贸易能力、贸易地位等，为后续进一步研究提供基础。

2. 中国技术密集型制造业的国际竞争力如何？影响中国技术密集型制造业国际竞争力的主要因素有哪些

波特在《国家竞争优势》一书中指出，一国的国家竞争力取决于其优势产业竞争力。全方位评价中国技术密集型制造业的竞争力的目的是发现中国与部分发达国家在产业上的差距，并进一步识别影响中国技术密集型制造业国际竞争力的主要因素，找到提升产业竞争力的合理途径。

3. 中国技术密集型制造业应该遵循怎样的升级路径

产业升级是产业国际竞争力提升的重要标志。中国技术密集型制造业是应当遵循比较优势的渐进式升级路径，还是偏离比较优势的跨越式升级路径？回答这一问题便于为中国选择合适的产业升级路径。

4. 全球价值链背景下，中国技术密集型制造企业国际竞争力提升的动力是什么

产业升级最终源于企业竞争力提升，部分后发技术密集型制造企业通过实施追赶战略，已经占据全球价值链的高端，拥有了相当的话语权。挖掘这些先驱企业国际竞争力提升的动力，便于为全面提升中国技术密集型制造业国际竞争力提供理论指导。

1.5 研究内容与技术路线

1.5.1 研究内容

本书分为四个子研究：

子研究一：技术密集型制造业贸易格局。采用社会网络分析的可视化工具，直观展示全球主要国家之间技术密集型制造业贸易全景图，便于清晰地识别中国在贸易网络中的地位及变迁。

子研究二：技术密集型制造业国际竞争力测量、国际比较及实证分析。借助显示性比较优势指数（RCA）、显示性竞争优势指数（CA）、国际市场份额指数（IMS）、产业内贸易指数（IIT）四个“量”的层面竞争力评价指标，以及产品出口复杂度、经济复杂性两个“质”的层面竞争力评价指标，全面测度中国技术密集型制造业的国际竞争力，深入比较中国与部分发达国家在产业上的差距，并实证检验影响经济复杂性的因素。

子研究三：我国技术密集型制造业升级路径选择。采用 Hidalgo 等（2007）的产品空间理论，建立计量模型，比较中国、美国、韩国、印度、阿根廷五个典型国家的技术密集型制造业的不同升级模式，为我国选择合适的产业升级路径，并识别影响技术密集型产业升级的潜在竞争对手，以及最具升级潜力的产品。

子研究四：后发技术密集型企业国际竞争力提升动力。采用案例研究法，选择三一重工、沈阳机床、华为、联想四家具有代表性的技术密集型制造企业作为研究对象，利用企业访谈、调研等方式获取一手资料，通过企业官网、企业年报、媒体报道、公开出版物等渠道获取相关资料作为补充，基于知识基础观，深度剖析案例企业在全球价值链背景下竞争力提升的逻辑，提出相关命题来构建我国后发企业技术追赶实现竞争力提升的理论。

1.5.2 技术路线

技术路线见图 1-4。

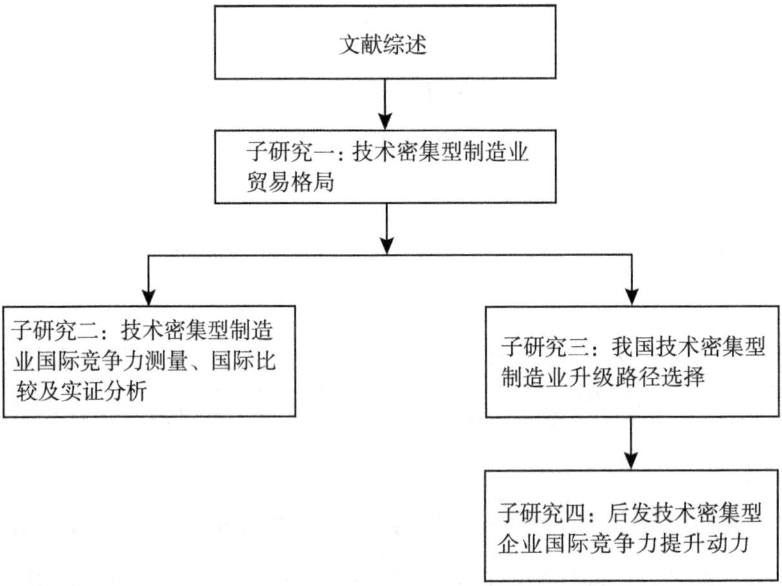

图 1-4 技术路线图

1.6 研究方法

1.6.1 文献计量研究法

文献计量学的概念由文献学家 A. 普里查德（Alan Britchard）于 1969 年提出。文献计量研究法采用统计学、数学的定量分析工具来客观研究文献的数量、分布结构、发展规律，据此来探讨科学研究的结构、特征和规律。文献计量研究法的内容主要包括：第一，产出分析，即通过分析某一领域的文献产出数量，来判断其研究历史以及高产期刊、作者、机构，便于研究人员精准定位有价值的文献，大大提高文献阅读效率。第二，合作情况，包括作者合作、机构合作、地区合作等，便于了解科学研究的合作状况。第三，影响力分析，主要是借助影响因子测度来定位高影响力的期刊、作者、机构。第四，关键词分析，通过分析高频关键词，可以发现某一研究领域的研究热点以及演化脉络。第五，引文关系分析，该分析分为两类，第一类是文献耦合（coupling），即两篇文献共同引用一篇或多篇相同的文献；第二类是文献共被引（co-citation）情况，即一篇文献中被同时引用的两篇文献之间互为共被引关系。引文分析目的是发现科学研究领域的知识共同体，即共引文献数量越多、引文耦合越多，则文献之间的相关性越大。通过分析引文关系网络，可以直观地展示文献相互引证网络关系，便于梳理研究脉络。以上研究方法中关键词分析和引文关系分析被广泛使用。

计算机技术的高速发展推动了文献计量分析的巨大进步，各类可视化文献计量分析软件给文献研究带来更多便利，分析结果更直观，常见的软件有 Citespace、Histcite、VOSviewer 等。本书在文献综述部分采用文献计量研究法来辅助文献梳理。

1.6.2 社会网络分析法

社会网络分析法（Social Network Analysis）将社会网络看成是由多个点（社会行动者）之间的联系组成的集合。社会网络分析不同于常规统计分析，其核心是从“关系”视角研究社会现象与社会结构，是一种结构主义视角下的定量分析，研究对象是“关系”数据，分析单位是“关系”（刘军，2004）。另外，社会网络分析法是一种不同于因果分析的“另类”研究方法，提供了构建社会结构理论的方式，倡导的不是单向因果分析，而是双向交互作用，有助于成为沟通宏观和微观之间的桥梁。迄今为止社会网络分析法在社会学、政治学、经济学、心理学等社会科学研究中得到了广泛的应用。

多元关系网络研究，特别是整体网络研究是社会网络分析中最具潜力的前沿研究领域，常用的方法包括多维量表（Multi-dimension Scale）、聚类分析（Cluster Analysis）、矩阵代数（Matrix Algebra）、图论（Graph）、概率论、数量统计等。常用的整体网络结构分析方法包括：

第一，中心性分析，通过研究行动者个体的中心度（centrality）和整体网络的中心势（centralization）来定量研究网络中的权力关系；第二，核心—半边缘—边缘分析（core-semiperiphery-periphery），用于揭示整体网络中行动者的不同地位。本书采用这两类分析方法来研究全球主要国家技术密集型制造业的贸易格局，直观地展示该产业的贸易权力分布、贸易地位关系。

1.6.3　实证研究法

实证研究认为世界是客观的，可以通过分析客观数据或者实验观察等手段来揭示客观规律，因此研究结论是可信的，是经济学、管理学常用的方法。本书采用指标分析和计量建模两种实证研究方法。指标分析法是研究产业国际竞争力常用的方法，其优点是数据的权威性、可获得性，此方法应用于第三章，采用显示性比较优势指数（RCA）、显示性竞争优势指数（CA）、国际市场份额指数（IMS）、产业内贸易指数（IIT）四个基于“量”的国际竞争力指标，以及产品出口复杂度、经济复杂性指数两个基于“质”的指标，综合测量和客观评价技术密集型制造业竞争力，并采用计量建模法，经过严密的逻辑推演、统计分析和假设检验，检验影响中国技术密集型制造业国际竞争力的主要因素。

1.6.4　案例研究法

案例研究是一种包含数据搜集与分析、研究的完整的研究策略（Yin，1989），其核心在于理解特定情境下的动态过程（Eisenhardt，1989）。案例研究法不基于先前的文献或经验观察，适用于新的研究领域，研究者对某个现象知之甚少，而当时的观点看起来不适合解释这一现象，需要提出一种新的命题或识别一种新的管理现象，而又不完全了解细节（Thomas W. Lee 等，1999），或者现有理论无法解释的研究领域。案例研究可以对案例进行深入描述，掌握研究的各种因素，因而可以获得较全面、系统的结论。案例研究法对于研究各种组织和战略过程非常有效，尤其是采用整体和长期导向视角时，研究效果通常真实可信。

相对于实证研究侧重于检验理论，案例研究主要用于构建理论，特别适合于创建新颖见解和独特理论，有助于发现和总结实践中有意义的现象，以此增进理论和实践的联系。案例研究是构建新理论或本土理论的重要途径，采用案例研究方法，研究者可能从全新的视角来审视主流的西方理论，有助于构建本土的组织和战略管理理论。案例研究法构建的理论具备新颖性、可检验性、有实证效度等优势，这些优势源自和实证证据的紧密联系。

近年来案例研究法已经成为社会科学领域的重要研究方法之一（Yin，1989），被广大组织管理研究学者所认可，尤其是在构建本土管理理论时，案例研究法更是一个有力武器。在许多重要管理学学术期刊中，采用案例研究法的论文逐年增加，组织管理领域顶级期刊《管理学学报》（*Academy of Management Journal*）自2004年以来陆续刊发有关案例研究的讨论文章。战略管理研究领域顶级学术期刊《战略管理学报》（*Strategic Management Journal*）2015年刊发主编征稿文章 *Qualitative Empirical Research in Strategic Management*，再次强调案例研究法在战略管理研究中的重要性。本书第六章采用多案例研究法，基于扎根理论，剖析后发技术密集型制造企业的国际竞争力形成逻辑，构建全球价值链背景下中国后发企业技术追赶理论，弥补了实证研究法的不足。

1.7 主要贡献

本书的主要贡献有：第一，从“量”的层面和“质”的层面全面评价中国技术密集型制造业国际竞争力，基于资源基础观并加入制度质量的调节作用，实证检验了影响产业竞争力的因素，拓展了资源基础观的应用；第二，基于产品空间理论实证分析中国技术密集型制造业的升级路径，明确了比较优势理论指导产业升级的边界；第三，采用案例研究法，基于知识基础观，深入剖析全球价值链背景下中国后发技术密集型制造企业成功实现技术追赶的典型案例，发掘后发企业独特的竞争力提升动力，丰富了国际企业管理理论。

1.8 本章小结

本章为绪论部分。

随着中国人口红利优势逐渐丧失，在传统制造业中的低成本优势日益削弱。近年来，发达国家制造业回流，发展中国家以更低的成本优势承接加工制造业产业转移，中国制造业处于发达国家和发展中国家"双重挤压"的现状，提高中国技术密集型制造业竞争力刻不容缓。本章据此提出研究问题：（1）全球技术密集型制造业贸易格局是怎样的？中国的贸易地位如何？（2）中国技术密集型制造业的国际竞争力如何？影响中国技术密集型制造业国际竞争力的因素有哪些？（3）中国技术密集型制造业应该遵循怎样的升级路径？（4）全球价值链背景下，中国技术密集型制造企业国际竞争力提升应当遵循怎样的逻辑？

针对以上几个问题，本书从四个子研究展开，主要采用文献计量研究法、社会网络分析法、实证研究法、案例研究法四类研究方法。最后提出本书的主要贡献。

2 文献综述

2.1 产业国际竞争力文献分析

2.1.1 产出分析

本研究以“‘industrial competitiveness’ or ‘export competiveness’ or ‘competitiveness of export’ or ‘trade competitiveness’ or ‘international competiveness’ or ‘comparative advantage’”为关键词①在Web of Science核心数据库检索自1900年以来产业国际竞争力相关文献，共检索到4183条记录，以“article”精炼后共有2699篇文章。分析检索结果发现，最早的文献出现于1926年，此后零星出现少量文献，1956年起文献开始连续出现，但直到1978年年均数量都不超过3篇，因此本研究选择1979年为起点绘制产业国际竞争力研究产出图。

图2-1显示，产业国际竞争力文献数量拟合曲线呈上升态势。1985年以前文献较少，此后大幅增长，1994年达到阶段性高点；1995年到2001年文献数量有一定波动，2001年后开始另一波增长。

---

① 关键词选择参照谷歌学术的“相关搜索”提示，具体为分别以“industrial competitiveness”和“export competitiveness”两个核心关键词在谷歌学术中检索，根据谷歌学术的“相关搜索”提示选择相关的关键词并进一步检索，最后确定六个关键词。

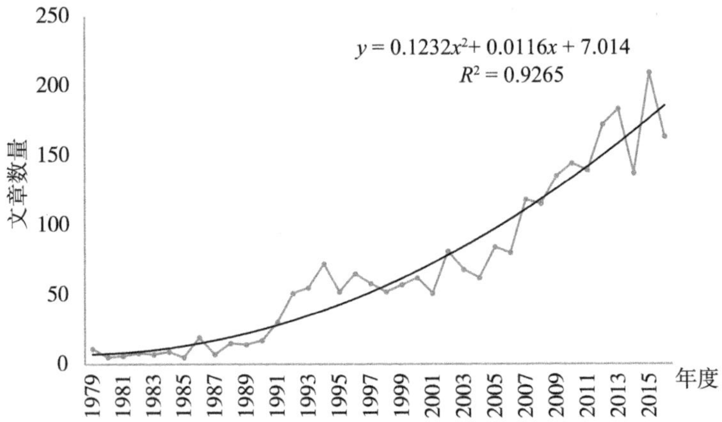

图 2-1　近 40 年产业国际竞争力研究产出图

2.1.2　研究学科分析

本研究将 1979—2016 年的产业国际竞争力文献分为 1979—1988、1989—1998、1999—2008、2009—2016 四个阶段，绘制各个阶段学科分布网络图，观察该研究领域的学科演变（图 2-2～2-5），图中每个节点代表一个学科，节点大小与学科在该时间段出现频次成正比。

1979—1988 年学科分布较稀疏，前十大学科依次是“商学与经济学”“国际关系”“工程”“公共管理”“社会科学数量方法”“政府与法律”“社会科学（其他）”“农业”“环境科学与生态学”“科学技术（其他）”。处于网络中心的是“商学与经济学”（图 2-2）。

1989—1998 年学科分布网络明显密集，学科数量增长一倍以上，“商学与经济学”仍高居前十大学科之首，“公共管理”上升到第二位，“运营研究与管理科学”“地理”“计算机科学”进入前十；排名前十的其他五个学科分别是“国际关系”“农业”“环境科学与生态学”“政府与法律”“工程”。此阶段的学科分布网络呈现四个中心，“商学与经济学”是网络核心，“公共管理”“农业”“工程”是三个副中心（图 2-3）。贸易、就业、产业等宏观政策对竞争力的影响方面的研究增

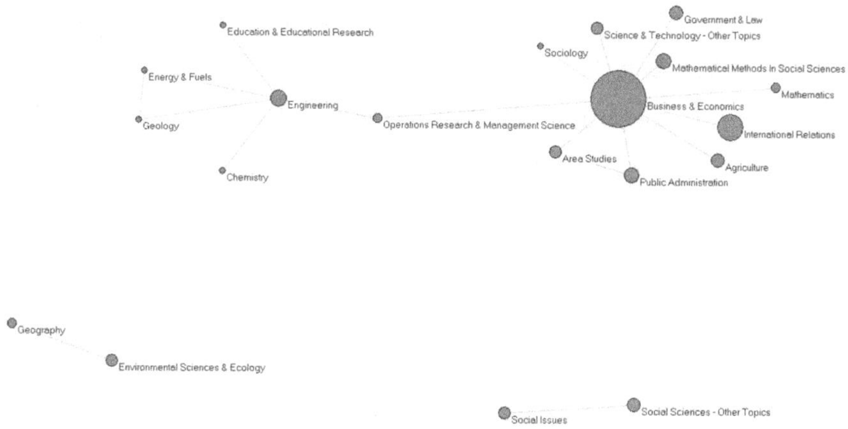

图 2-2　1979—1988 年学科分布网络

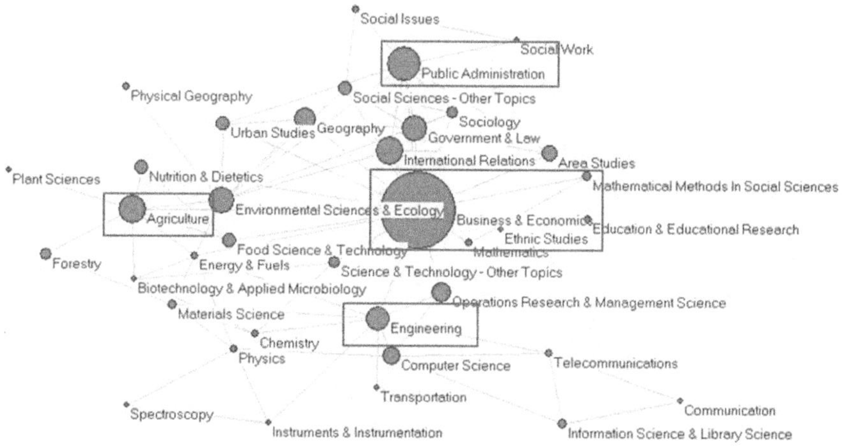

图 2-3　1989—1998 年学科分布网络

多是“公共管理”地位上升的原因，越来越多的农产品竞争力、农业可持续发展与竞争力的关系等方面研究出现强化了“农业”的地位，更多关注生产效率、技术、制造、高技术产业、技术政策等因素与竞争力关系的研究推动“工程”地位的凸显。

1999—2008 年和前一阶段相比，排名前十的学科基本没有改变，学科总数没有明显增加，学科分布网络密度没有明显变化，表明这20年间产业国际竞争力研究学科较稳定。“商学与经济学”依然是网络的核心，“环境科学与生态学”地位明显上升，“工程”是另一个次中心(图2-4)。值得注意的是，学术界开始较多关注竞争力与可持续发展、环境保护、地区发展、旅游业等方面的研究，这是“环境科学与生态学”地位上升的原因。

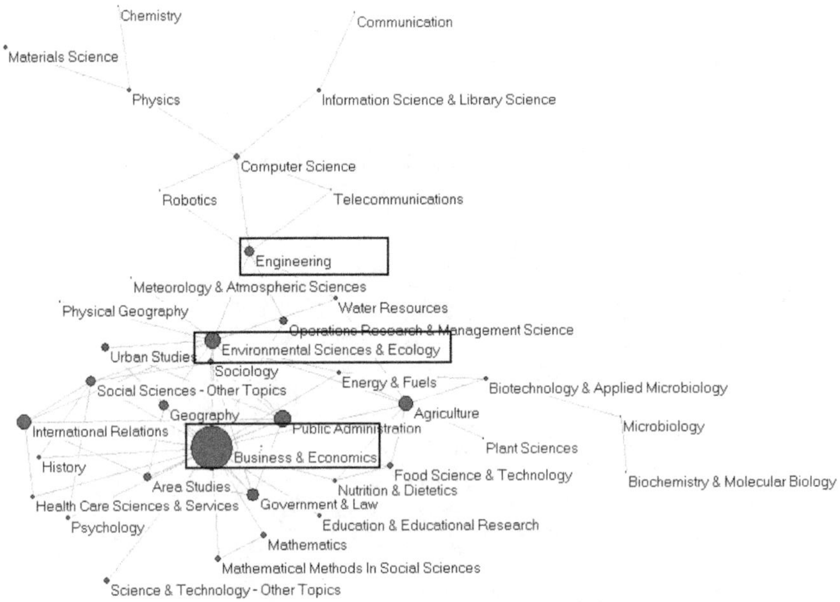

图 2-4 1999—2008 年学科分布网络

2009—2016年排名前十的学科没有明显变化，学科总数略有增加，但是网络分布较为分散。“商学与经济学”依然保持网络核心地位，“环境科学与生态学”“农业”“工程”为三个次中心（图2-5）。

综上所述，近40年来，产业国际竞争力的研究学科逐渐多样化，“商学与经济学”是最核心、最主流的研究学科，其他主要研究学科包括“公共管理”“国际关系”“工程”“运营研究与管理科学”“环境科

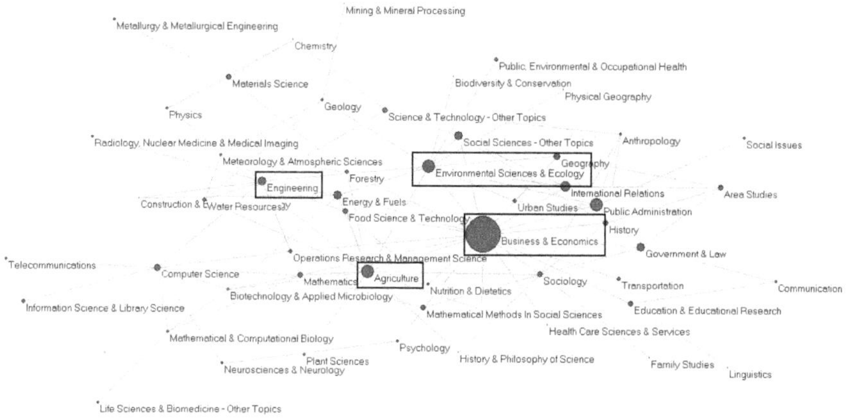

图 2-5　2009—2016 年学科分布网络

学与生态学”“社会科学数量方法”“政府与法律”“社会科学（其他）”“农业”等。

2.1.3　研究主题分析

我们采用和学科分析相同的方法，通过研究文献的关键词来分析产业国际竞争力研究主题演化。由于 1990 年之前 Web of Science 数据库不提供关键词，因此本研究仅分析 1990—1998、1999—2007、2008—2016 三个阶段的文献，选取各个阶段的主要关键词绘制网络（图 2-6~图 2-8）。

1990—1998 年出现三次及以上的关键词 19 个，按出现频率高低依次是“比较优势”“竞争力”“国际贸易”“产业竞争力”“生产率”“贸易”“规模经济”“战略”“创新”“技术变化”“竞争优势”“质量”“全球化”“产业政策”“亚洲”“增长”“技术转移”“中国”“对外直接投资”。图 2-6 显示，尽管“比较优势”的出现频率高于“竞争力”，但是在网络中“竞争力”的地位更高，和其他主题联系更多，“竞争力”是网络的核心，“比较优势”和“国际贸易”是次中心。

1999—2007 年出现三次及以上的关键词 20 个，按出现频率高低依

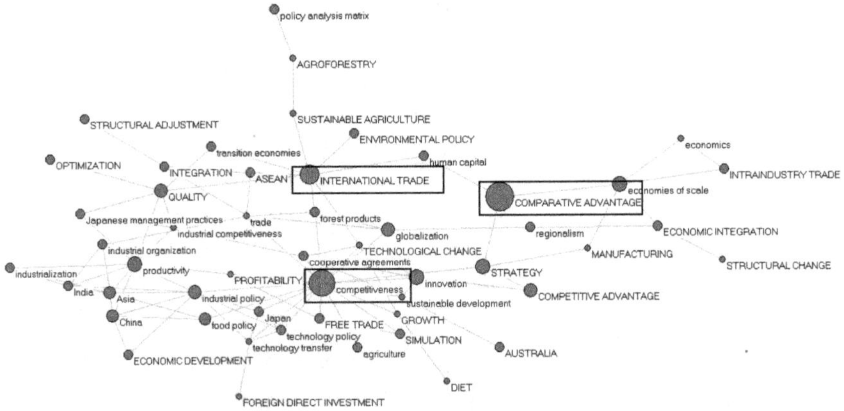

图 2-6　1990—1998 年研究主题网络

图 2-7　1999—2007 年研究主题网络

次是“比较优势”“国际贸易”“贸易”“竞争力”“中国”“全球化”“经济地理”“增长”“制度”“出口”“对外直接投资”“产业内贸易”“经济发展”“显示性比较优势”“竞争优势”“人力资本”“经济增长”“贸易政策”“环境”“发展中国家”。对比前一阶段，只有“比较优势”“竞争力”“国际贸易”“中国”“对外直接投资”关键词重复，其中“竞争优势”出现频次位居第一位，“中国”上升到第五位，表明针对中国的研究大幅上升；此外，有关“制度”“产业内贸易”的研究也逐渐增多。从网络结构看，相比上一阶段，网络更加密集，表明研究主题更丰富；“比较优势”处于网络中心，“竞争力”和“贸易”是两个次中心（图 2-7）。

2008—2016 年出现 10 次及以上的关键词有 20 个，按出现频率高低依次是“比较优势”“国际贸易”“中国”“竞争力”“贸易”“显示性比较优势”“全球化”“农业”“气候变化”“创新”“出口”“欧盟”“经济发展”“出口竞争力”“生产率”“经济增长”“印度”“制度”“贸易开放性”“制造”，和上一阶段相比，半数以上的主题相同，特别值得注意的是前五个关键词完全一致，表明产业竞争力研究逐渐达成一致，“中国”被越来越多的学者关注。从网络结构来看，密度进一步增强，“比较优势”处于网络核心，“国际贸易”“中国”“竞争力”是网络的三个次中心（图 2-8）。

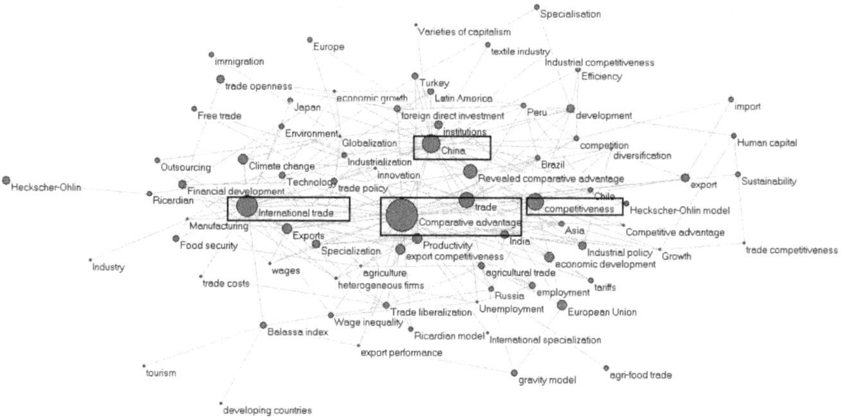

图 2-8　2008—2016 年研究主题网络

综上所述，30 年间产业国际竞争力研究表现出几个特征：第一，主题日益丰富，三个阶段的研究主题不断增长；第二，研究核心日渐凸显，最近的研究集中于"比较优势""国际贸易""贸易""竞争力""中国""全球化""制度""出口""经济发展""显示性比较优势""经济增长"等主题；第三，以中国为代表的新兴市场国家引起越来越多的学者关注，与这些国家有关的主题比如"制度""产业内贸易""创新""全球化""对外直接投资"等是研究热点。

2.1.4 产业国际竞争力研究的知识基础

共被引研究是文献计量的常用方法之一，其研究对象是被引用的参考文献，该方法假设两篇文献同时被一篇文献引用，则两者之间存在某种相关性。文献共被引研究有助于识别某一研究领域的知识基础，以及发现该领域的学术共同体（academic community）。本小节采用文献共被引研究法，基于社会网络分析工具，展示产业国际竞争力研究的知识基础，主要包括理论基础、方法论基础、研究流派等。

图 2-9 为根据前述 2699 篇文献的参考文献中总计出现频率 22 次及以上的 82 篇核心文献形成的共被引网络及聚类。网络的形成步骤为：第一步，将 2.1.1 小节检索到的题录输入 Bibexcel，题录中包含作者、机构、来源期刊、摘要、关键词、学科以及被引用的参考文献。第二步，选择 82 篇样本文献，构建共被引矩阵，此步骤通过 Ucinet 软件实现。第三步，采用 Hidalgo 等（2007）的方法将矩阵标准化转化为 0-1 矩阵，公式为：

$$\Phi_{i,j} = \min\{P(nR_{ij} \mid nR_i),\ P(nR_{ij} \mid nR_j)\}$$

式中，$\Phi_{i,j}$：文献 i 和 j 之间的相似性；

nR_i：文献 i 的被引次数；

nR_j：文献 j 的被引次数；

nR_{ij}：文献 i 和 j 的共被引次数。

第四步，采用 Ucinet 内置的 Netdraw 软件绘制网络结构图。共被引网络聚类数的依据为：使用 Ucinet 软件依次计算不同聚类数对应的网络

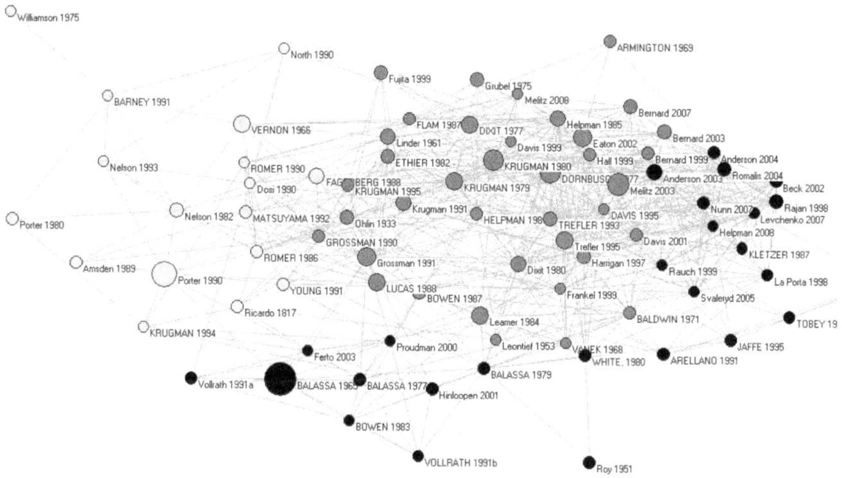

图 2-9 产业国际竞争力研究共被引文献网络与聚类图

Modular-Q 值，最大的 Modular-Q 值即为对应的聚类数，本研究的聚类数据此判断为 3。

图 2-9 网络包含三个聚类：灰色代表聚类 1，黑色代表聚类 2，灰黑色代表聚类 3，其中聚类 1 和聚类 2 位于网络边缘，聚类 3 位于网络核心，因此聚类 3 中的文献是产业国际竞争力研究的中心知识基础。根据网络中的节点大小可以直观地识别一些重要文献（Balassa，1965；Porter，1980；Krugman，1980；Dornbusch，1977；Melitz，2003；Eaton，2002；Helpman，1985；Grossman，1991）等，接下来深入分析三个聚类。

聚类 1 包括 19 篇文献，其中 11 篇为管理学或者经济学经典理论文献，为产业国际竞争力研究提供了理论基础，文献关键词分别为资源基础观（Barney，1991）、制度理论（North，1990）、比较优势理论（Ricardo，1817）、竞争优势理论（Porter，1990）、产业创新理论（Nelson，1993）、产品生命周期理论（Vernon，1966）、交易成本理论（Williamson，1975）、内生增长理论（Romer，1986、1990）。进一步分析该聚类的结构可以看出，竞争优势理论是最大的节点，处于中心地位，可以判断聚类 1 为产业国际竞争力研究的重要视角。

表 2-1　　**产业国际竞争力文献共被引网络聚类 1 文献分类**

文献分类	文献名称及主要内容
管理学	竞争优势理论（Porter，1990）、产业创新理论（Nelson，1993）、资源基础观（Barney，1991）
经济学	比较优势理论（Ricardo，1817）、产品生命周期理论（Vernon，1966）、交易成本理论（Williamson，1975）、内生增长理论（Romer，1986、1990）、制度理论（North，1990）

资料来源：本书综合整理。

聚类 2 主要包括三类文献：国际竞争力评价、国际贸易影响因素、方法论，见表 2-2。

表 2-2　　**产业国际竞争力文献共被引网络聚类 2 文献分类**

文献分类	文献名称及主要内容
国际竞争力评价	1. 引力模型完善：Anderson（2003，2004） 2. RCA 指数构建：Balassa（1965，1977，1979） 3. RCA 指数理论解释：Bowen（1983） 4. RCA 指数实证分析与应用：Hinloopen（2001），Fertö（2003） 5. RCA 指数修正（Vollrath，1991）
国际贸易影响因素	环境与自由贸易（Antweiler，2001），金融发展与贸易（Beck，2002），信用市场与国际贸易（Kletzer，1987），制度质量与国际贸易（Levchenko，2007），履约能力与国际贸易（Nunn，2007），要素比重与商品贸易（Romalis，2004），国内环境政策与世界贸易模式（Tobey，1990）
方法论	计量方法（Arellano，1991；White，1980），网络视角（Rauch，1999）

资料来源：本书综合整理。

聚类3囊括了国际经济学研究领域产业国际竞争力研究的中心文献，文献之间的联系密集，文献构成较为复杂，大致可以概括为理论构建、经典理论模型应用与修正、其他主题三类，见表2-3。可以看出，理论构建部分集中了经典的比较优势理论。经典理论模型应用与修正部分主要围绕Heckscher-Ohlin模型、李嘉图模型、投入产出模型这三个模型展开。其他主题部分主要包含对外贸易与生产结构、空间经济学、比较优势、生产率、增长等之间的关系。

表2-3　**产业国际竞争力文献共被引网络聚类3文献分类**

文献分类	文献名称及主要内容
理论构建	Heckscher-Ohlin理论（Ohlin，1933），需求相似理论（Linder，1961），要素比例理论（Vanck，1968），按产地区分的产品需求理论（Armington，1969），产业内贸易理论（Grubel，1975），垄断竞争模型（Dixit，1977），新贸易理论（Krugman，1980），不完全竞争市场的国际贸易理论（Helpman，1985），南北贸易模型（Flam，1987），创新与增长模型（Grossman，1990；Grossman，1991），新新贸易理论模型（Melitz，2003；Bernard，2003）
经典理论模型应用与修正	1. Heckscher-Ohlin模型 引入李嘉图贸易理论（Davis，1995），Heckscher-Ohlin-Vanek模型实证研究（Baldwin，1971；Leamer，1984；Bowen，1987；Davis，2001），Heckscher-Ohlin-Vanek模型修正与实证研究（Trefler，1993；1995），Chamberlin-Heckscher-Ohlin模型实证研究（Helpman，1981） 2. 李嘉图模型 模型应用（Dornbusch，1977），模型扩展（Eaton，2002） 3. 投入产出模型 模型应用（Leontief，1953）
其他主题	对外贸易与生产结构（Davis，1999），空间经济学（Fujita，1999），比较优势（Bernard，2007），生产率（Hall，1999；Harrigan，1997；Melitz，2008），增长（Frankel，1999）

资料来源：本书综合整理。

2.2 产业国际竞争力文献综述

接下来，本研究将首先简要回顾产业国际竞争力的两大理论基础——比较优势理论、竞争优势理论，然后总结产业国际竞争力的结构观的兴起，接着总结全球价值链背景下的产业国际竞争力研究，最后回顾技术密集型制造业国际竞争力文献。

2.2.1 从比较优势理论到竞争优势理论

在国际经济学领域，比较优势理论是产业竞争力研究的重要理论基础。根据国际贸易发生的动力是否由先天因素所决定，该理论可被分为静态比较优势理论和动态比较优势理论，前者认为一国的先天因素决定产业竞争力，而后者认为后天因素是推动国际贸易发生的根本原因。

静态比较优势理论的代表性理论是亚当·斯密的绝对比较优势理论、大卫·李嘉图的相对比较优势理论、赫克歇尔-俄林的要素禀赋理论，这些理论的基础是劳动价值论，其核心是比较优势法则，建立在规模报酬不变、完全竞争市场等严格假设之上。

动态比较优势理论的代表性理论包括林德（Linder）的需求相似理论、弗农的产品生命周期理论、克鲁格曼的规模经济和不完全竞争理论，认为学习、创新、经验积累等后天因素也是推动国际贸易发生的原因。动态比较优势理论中克鲁格曼的规模经济和不完全竞争理论影响力最大，又被称作新贸易理论，该理论认为，任何一个国家都不可能从事所有产业，通过参与国际分工与国际贸易，国家可以从中获取最大利益。国家之间的贸易基础来自规模经济，而不是传统的比较优势理论所强调的技术差异或者资源禀赋差异形成的比较优势。企业在参与国际贸易之前，受国内市场需求限制，无法通过将生产规模扩大到足够大来实现更低的生产成本和商品价格。参与国际贸易后，随着市场需求扩大，规模经济出现，生产成本降低到具有国际竞争力的水平，成为专业化生产和出口的基础。新贸易理论丰富了比较优势的内涵，即比较优势不仅来自要素相对价格差异、生产率差异，规模经济、不完全竞争、产品差异化成为国际贸易发生的主要因素。在产业内贸易模式中，规模经济的作用超越了传统的比较优势，各个国家专注于生产特定产业内的差异化产品，通过贸易来满足相互的多样化需求。新贸易理论还挑战了要素禀赋理论。要素禀赋理论认为国家之间的要素禀赋相对差异是国际贸易的基础，因而如果两个国家之间不存在要素禀赋差异，则不可能发生贸易。但是现实中发达国家之间的贸易并非建立在要素禀赋差异之上，尤其是技术密集型和资本密集型产品贸易，因为只要存在规模经济，资源禀赋完全相同的国家也可以产生贸易活动，因此新贸易理论弥补了传统贸易理论对发达国家之间的贸易现象缺乏解释力的不足。

在战略管理领域，迈克尔·波特在1990年出版的《国家竞争优势》一书中提出，评价一国国际竞争力的唯一指标是生产力水平，而一国的生产力水平取决于该国企业的生产能力，因此国家之间的竞争归根到底是企业之间的竞争；一国不可能在所有产业都拥有竞争优势，而是集中于少数几个产业，所以研究国家竞争优势的基本单位是产业。波特将产业组织理论和战略管理理论相结合，构建了经典的钻石模型，是竞争优势理论形成的标志。钻石模型将决定国家竞争优势的因素分为四种：要素条件，是一国在特定的产业竞争中的生产要素状况；内需条件，指本国市场对该产业提供的产品或者服务的需求状况；相关和支持产业，指特定产业的相关产业或者上游产业是否具有国际竞争优势；企业战略、结构及竞争对手，指支持企业创造、组织、管理的国内条件，以及国内市场中竞争对手的表现。这四个要素相互独立，并且系统地构成国家竞争优势的钻石体系，这一体系是一个双向强化的系统，任何一种因素会对另一种因素产生影响。因此，拥有钻石体系中的一种优势并不代表拥有国际竞争优势，只有交叉运用各种优势并形成自我强化的优势，国外竞争对手才难以模仿。此外钻石模型中还包括机会、政府两个因素。产业发展的机会往往在技术、发明等出现重大突破，或政治环境、国外市场发生大的变革时出现。政府通过制定法律法规、制定经济政策等也会对钻石体系产生重大影响。可见，波特的国家竞争优势理论的核心是，一个国家的钻石体系特征塑造产业及企业发展的环境，影响国家的竞争优势。

波特的钻石模型一经提出，便受到管理学领域的广泛关注与认可，但与此同时也遭受各种批评与质疑。由于该模型只建立了理论分析框架，缺乏实证检验，遭到经济学特别是国际经济学界的尖锐批评。有的批评者认为，波特的理论逻辑和实证研究出现分歧。在实证研究中，既没有采用与竞争力定义一致的生产率指标，也没有从国家创造价值的能力出发使用利润指标，而是仅仅采用出口指标。尽管如此，他们仍难以否认波特比较优势理论的理论地位和应用价值，其主要表现在以下几个方面：第一，将产业国际竞争力视为由多种要素构成的复杂系统，它和比较优势理论的单一要素分析方法相比是一个大的突破。第二，钻石体系是一个具有自我强化功能的动态系统，比如国内市场的竞争会促进企业不断开展创新活动以赢得竞争优势，支持性产业或者相关产业的发展会带动产业升级等。第三，钻石体系强调要素的内生性，除了将生产要素纳入分析范围外，还特别强调制度环境的重要性。波特认为制度环境是影响产业国际竞争优势的重要因素，制度差异决定国际竞争力的差异。第四，钻石体系重新定位政府的作用。波特主张产业竞争力不完全是在市场机制作用下形成的，还需要政府“看得见的手”来影响竞争力。第五，强调集群的重要性。波特发现具有国际竞争力的产业往往表现出一定的区域集中性，即产业集群。波特将产业集群和竞争力相联系，提出特定的地区环境优势塑造了产业竞争优势，因此企业和政府必须不断强化集群的钻石体系，维持产业的环境优势。

竞争优势理论和比较优势理论是相互对立的吗？回答是否定的。竞争优势理论和比较优势理论在某些方面是一致的（陈立敏，2008）。首先，比较优势理论并没有错误理解生产要素的概念，没有将生产要素局限于波特所说的“劳动力、自然资源、金融资本等物质禀赋投入”，也没有否定生产率和后天创造的生产要素。其次，竞争优势理论将国家制度作为获取优势的最重要的因素，实质上是比较优势理论的拓展，和亚当·斯密对国家职能的论述是一致的。再次，竞争优势理论和比较优势理论的原理是相同的。比较优势理论的原理是，如果各个国家出口具有比较优势的产品，则贸易双方都能受益。波特提出的“差异化、取舍、整合”企业战略也适用于国家层面，其实质就是国家竞争优势理论是比较优势理论的一部分。这是因为：第一，竞争优势理论强调后天、内生、专业的高级要素，这与比较优势理论中的生产技术要素是一致的。第二，竞争优势理论的解释力有限。产业比较优势由生产率或工资率决定，波特解释了高级要素形成高生产率，而忽略了解释初级要素、一般要素带来的比较优势，放弃了解释工资率对产业竞争力的影响。

2.2.2 产业国际竞争力结构观的兴起

学术界在比较优势理论和竞争优势理论上存在一定的争论，但是基于出口数据的出口竞争力评价得到普遍认同，其成为衡量产业国际竞争力的主流方法。传统的出口竞争力评价为“量”的评价，聚焦于单个产业、部门或特定部门集合的总计性产出。随着联合国商品贸易统计数据库（UN Comtrade）的建立以及新的竞争力评价方法的引入，产业国际竞争力评价开始转向“质”的评价，其被广泛用于研究一国国际竞争力的产业关联性、多样性以及质量特征的结构性问题及其动态演化机制。“出口技术复杂度”概念（Hausmann 等，2007）、“产品空间”工具（Hidalgo 等，2009）相继出现，新的结构性指标不断加入。产业国际竞争力评价逐渐从静态、总计的“量”的评价转向动态、结构性“质”的评价（刘林青、谭畅，2014）。

1. 产业国际竞争力“量”的评价

（1）传统的产业国际竞争力“量”的评价

传统的产业国际竞争力“量”的评价指数包括显示性比较优势指数、国际市场份额指数、产业内贸易指数。

显示性比较优势指数（RCA）：为一国某种产业出口额占该国所有出口商品总额的份额与世界该类产业出口额占世界所有出口商品总额的份额之比，用于反映产业的相对比较优势。0<RCA<1，表示该产业不具有显示性比较优势，RCA 越接近 0 表示越处于比较劣势，竞争力越弱；RCA>1 表示该产业具有显示性比较优势，值越大竞争力越强。RCA 指标消除了出口额波动对产业国际竞争力的扰动，客观反映了产业在国际上的相对比较优势，除了可以对某产业的相对比较优势进行纵向比较外，还可以和国外相同产业及本国不同产业进行横向比较。但是该指标的重大缺陷在于忽略了进口以及产业内贸易因素，因此可能造成产业国际竞争力评价失真。

国际市场份额指数（IMS）：为一国某产业出口总额与该产业世界出口总额之比，值越大代表竞争力越强。该指标能直观地反映产业出口竞争力，但是如果一国转口贸易比重高，或者某产业采用低成本扩张战略以获取市场份额，则不能真实地反映该产业的国际竞争力。

产业内贸易指数（IIT）：为一国某产业净出口与该国进出口商品总额之比，该指数介于-1～1，如果指数大于 0，代表该产业出口大于进口，具有国际竞争力，指数越接近 1 代表该产业竞争力越强。反之，如果指数小于 0，代表该产业出口小于进口，缺乏竞争力，指数接近-1 代表竞争力越弱。该指标综合考虑进口和出口以评价出口竞争力，比单方面衡量出口更有说服力，但是缺陷在于没有考虑产业进出口规模，比如某产业进出口额都很高时，这一指标会低估产业国际竞争力；相反，如果产业进出口额都很低时，会高估产业国际竞争力。

以上指标的优点除了简单明了之外，还有容易获得公开的二手数据、产业细分程度高等，但是缺点也非常明显：低估内需大国的产业竞争力，高估加工贸易的产业竞争力（陈立敏，2013），因此近年来屡受诟病，尤其是中国这样国内市场巨大、加工贸易比重高的国家，这些指标往往不能真实反映产业国际竞争力水平，因此应有条件地慎重使用。

（2）改进的产业国际竞争力“量”的评价

为避免以上指标的缺陷，评价产业国际竞争力的改进指标有：

第一，Vollrath（1988）建立的显示性竞争优势指数。该指数在RCA指数的基础上引入进口因素，计算公式为：

$$CA=(E_j/E_t)/(W_{ej}/W_{et})-(I_j/I_t)/W_{ij}/W_{it})$$

式中，E_j、E_t表示一国j商品出口值和一国出口总值；

W_{ej}、W_{et}表示世界j商品出口值和世界出口总值；

I_j、I_t表示一国j商品进口值和一国进口总值；

W_{ij}、W_{it}表示世界j商品进口值和世界进口总值。

该指数大于0表示产业具有竞争优势，小于0代表处于竞争劣势。

第二，Balassa（1989）修正的RCA指标——净出口显示性比较优势指数（NERCA），为一国某产业出口比重与进口比重之差，计算公式为：

$$NERCA=(E_j/E_t-I_j/I_t)\times 100$$

公式中各个指标含义与CA指标相同，该指数大于0表示产业具有竞争优势，小于0代表处于竞争劣势。

第三，Vollrath（1992）提出的显示性竞争力指数，计算公式为：

$$RC=\ln[(E_j/E_t)/(W_{ej}/W_{et})]-\ln[(I_j/I_t)/W_{ij}/W_{it})]$$

公式中各个指标的含义与CA指标相同。

以上三类指标都是对RCA指数的改良，综合考虑出口因素和进口因素，也考虑产业内贸易的影响，尽可能真实全面地评价产业国际竞争力。

（3）基于投入产出比的评价

传统的总计层面的贸易统计不能真实反映国际贸易分工，容易扭曲贸易竞争力评价结果（OECD，2013）。

Hummels等（2001）提出垂直专业化概念，运用投入产出比来考察一国出口中包含的进口成分（VS），以及一国出口中作为中间品被别国进口的成分（VS1），从进口和出口两个方面考察一国参与国际垂直分工程度。Daudin（2011）纳入全球贸易的影响，提出增加值出口计算方法。随着供应链全球化，越来越多的零部件被进口用于出口（Feenstra，1998），全球价值链中出口的最终产品中包含的进口中间品投入比例逐渐增加。2009 年世界中间品出口超过最终产品和资本品出口价值总和，这一新兴模式被称为从“商品贸易”转向“增值贸易”“任务贸易”以及“能力贸易”（WTO & IDE-JETRO，2011）。WTO、OECD 等国际组织越来越关注新的增加值贸易统计方法，以便厘清成功的出口导向经济体在多大程度上使用本土或进口中间品推动经济增长。

近期具有代表性的研究为 Johnson 和 Noguera（2012）以及 Koopman 等（2014）提出的新理论（简称 KWW，2014）。Johnson 和 Noguera 提出一个由各国最终需求引发的增加值出口计算方法，这个增加值可以是本行业出口带来的，也可以是其他行业出口带来的，还可以是其他国家出口到第三国带来的。KWW（2014）把一个国家的出口分解为国内增加值、国外增加值两部分，并指出国内增加值和国外增加值中包含的纯粹重复计算成分，同时区分了两类不同情形：第一，贸易统计中重复计算，但不导致 GDP 重复计算；第二，贸易统计中和 GDP 核算时双重重复计算。此外，KWW（2014）对出口增加值分解结果——各项增加值的总计和传统的出口额统计保持一致，将传统的贸易核算方法与新的增加值出口核算法联系起来，并详细对照说明出口中分解的增加值与 Hummels 的垂直专业化、Johnson 和 Noguera（2012）方法的对应关系。Zhi Wang 等（2014）对 KWW（2014）分解模型进一步扩展到部门层面、双边层面以及双边部门层面，把各个层面的贸易分解为增加值出口、返回到国内的增加值、国外增加值、重复计算的中间品贸易等成分，根据贸易品价值来源、最终吸收地、吸收渠道不同，建立了包含 16 个部分的总贸易核算框架。

2. 产业国际竞争力“质”的评价

由于产业国际竞争力的“量”的评价存在维度简单、静态、总计层面等诸多弊端，多重维度、动态、结构性的“质”的评价越来越受到学术界的关注，评价指标日趋多元化，主要评价方法有：

（1）基于进出口数据

樊纲等（2006）提出显示性技术附加值（RTV）概念，其计算公式为：

$$RTV_j = \sum W_{ij}\ln(Y_i)$$

其中，Y_i 为 i 国人均 GDP，W_{ij} 为 i 国在 j 产品上的权重，计算公式为：

$W_{ij} = RCA_{ij}/\sum RCA_{ij}$，$RCA_{ij}$ 为 i 国 j 产品的显示性比较优势指数。

陈立敏(2013) 提出净出口技术高度水平概念，计算公式为：

$$TL_{净出口} = TL_{出口} - TL_{进口}$$

$$TL_{出口} = \sum (X_{ijt}/\sum X_{ijt})/ RTV_{jt}$$

其中 $X_{ijt}/\sum X_{ijt}$ 表示 t 年 i 国 j 贸易品的出口占比，RTV_{jt} 为 j 贸易品的显示性技术附加值。

$TL_{进口}$ 计算方法与 $TL_{出口}$ 相同。

（2）出口技术复杂度、产品空间、国家空间与贸易竞争力

关于出口产品的类型和经济增长的关系，传统的贸易理论认为不具研究价值，因为出口什么是受要素禀赋的影响。相反，新贸易理论认为，产品多样化会促进贸易多样性（Feenstra，2010）。对此，Hausmann 等（2007）构造出口技术复杂度指标，探究一国出口篮子的质量和经济增长的关系。研究表明，发展中国家生产、出口发达国家出口的产品会推动经济更快增长，即出口专业化模式对经济增长产生影响。其局限性在于，首先，采用人均加权 GDP 构造出口复杂度，带来实证研究的内生性问题；此外，富裕国家出口富裕国家商品的逻辑导致循环论证。Hausmann 等（2007）构造的产品出口技术复杂度指标测量的是产品出口复杂度指数，Hausmann 和 Hidalgo（2009）采用国家多样性、产品普遍性代替人均 GDP，构建了经济复杂性指数。该指标基于能力理论，利用反射法（the method of reflection）计算经济复杂性指数（Economy Complexity Index，ECI）和产品复杂性指数（Product Complexity Index，

PCI)。他们认为，产品是由不可交易的生产投入品（即能力）制造的，不同的国家拥有的能力数量和能力组合不同，生产不同产品的能力组合也不相同，因此能力越多的国家生产的产品越多样，只有少数国家能生产需要较多能力组合的产品。测量一个国家生产或者出口的产品种类的数量可以反映该国拥有的能力数量，同样，测量生产或者出口一种产品的国家的数量可以反映这种产品需要的能力数量。该方法利用多样性（diversification）表示经济复杂度，代表一个国家出口的具有显示性比较优势的产品数量；利用普遍性（ubiquity）表示产品复杂度，代表出口一种产品的国家数量。

Hidalgo等（2007）提出“产品空间”概念以研究出口产业结构。基于显示性比较优势指数（RCA），以RCA值大于1的出口产品为研究对象，采用“共现”方法来可视化产品空间，此方法不仅形象地展示每个国家的优势产业组合的产品空间结构性特征与演化，更生动地揭示结构转型的复杂性，并可形象地运用“森林—猴子”的比喻加以概括。刘林青、黄起海、闫志山（2013）提出“国家空间”的概念，认为国家空间的高度异质性是国家之间存在竞争关系的前提，采用“能力加值比赛”比喻国家之间的竞争如同长跑比赛，即国家凭借技术复杂度获得领先地位，通过能力价值扩大优势产业组合，进而拉开国家之间的差距，其中不同实力的国家聚集在不同的社群。

2.2.3 比较优势理论、竞争优势理论、结构观的比较

接下来，我们对比较优势理论、竞争优势理论、结构观三种理论观点加以比较（表2-4）。三种理论观点的视角不同，比较优势理论侧重于回答国际贸易为什么发生，竞争优势理论关注产业怎样赢得国际竞争优势，结构观聚焦出口产品种类对经济结构转型的影响。竞争优势理论和结构观是比较优势理论的补充与发展，二者都承认要素禀赋是决定一国出口专业化模式的因素之一。从某种意义而言，竞争优势理论可被视为结构观的萌芽。竞争优势理论和结构观研究的核心问题具有一致性：

二者都认可结构转型在经济发展中的重要性、困难性，但是竞争优势理论关注发展阶段与结构转型的总体运行特征，而结构观关注结构转型中产业或产品变迁方式；二者都承认产业或产品空间的异质性与结构化；二者都认同国家具有类似企业的行为，会相互竞争，因而可以利用微观层面的企业管理理论来解释国际竞争中的国家行为。

从以上分析可以看出，结构观作为一种正在兴起的独特研究视角，在研究发展中国家的产业国际竞争力上表现出较强的优越性，主要体现在其理论基础的客观性、研究方法的动态性、独具特色的可视化展示，被越来越多的学者所认可和接纳。

表 2-4　**比较优势理论、竞争优势理论、结构观比较**

	比较优势理论	竞争优势理论	结构观
学科领域	国际贸易	战略管理	发展经济学
核心问题	国际贸易发生的原因与方式	产业竞争力的来源	出口结构与经济增长、结构转型的关系
优势来源	比较优势	竞争优势	—
专业化基础	要素禀赋	钻石模型	要素禀赋、企业家数量、政府、出口结构
空间结构	同质性	异质性、高度结构化、集群化分布，通过专业化系数、个人调查、投入产出等测定相似性，利用集群地图工具实现可视化	异质性、高度结构化、表现出“核心—边缘”与“紧密—稀疏”分布特征，采用共现法测定相似性，利用产品空间实现可视化
政府作用	政府干预会扭曲市场	培育商业环境	刺激企业控制成本、鼓励创新，影响专业化模式

资料来源：根据刘林青、谭畅（2014）观点加以整理。

2.2.4 全球价值链背景下的产业国际竞争力研究

2.2.4.1 产业集群与国际竞争力

产业集群的概念由波特于1990年在《国家竞争优势》一书中提出，是一种介于市场和层级之间的网络组织形式，由处于特定地理区域的相互关联的企业以及服务提供商组成的共生体。自产业集群的概念提出以来，不少研究表明，产业集群里的中小企业之间相互协作可产生规模经济和范围经济，有利于降低企业成本，使得企业有能力与大企业在全球市场上竞争，从而提升产业集群竞争力。

早期的产业集群研究更多地关注集群内部企业之间的相互联系、学习机制。产品市场全球化和信息技术传播加速了生产系统、分销渠道和金融市场的变化，产业集群竞争力不能仅仅依靠内部力量，还需要外部创意，集群中的企业必须有能力从外部渠道获取互补、新颖性能力。经济全球化的深入推动产业在全球进一步分离和整合，地方产业集群加速嵌入全球价值链，形成“全球离散、区域集聚”的特征。产业集群是全球网络中的“节点”（Amin & Thrift，1992），发展中国家产业集群的成功在于将产业集群和全球市场联系起来（Schmitz & Nadvi，1999），产业集群和参与全球价值链越来越被发展经济学研究学者认为是提升国际竞争力的战略（Giuliani等，2005）。全球价值链理论提供了研究产业集群同本地和全球联系的框架（Nadvi等，2008），展示了分散于全球的生产商和采购商的复杂联系，强调全球采购商和领先企业在协调全球生产和分销中的重要性（Gereffi，1994），激发了产业集群研究者研究本地集群中的企业和全球采购商、本地集群和全球价值链之间联系的兴趣（Schmitz & Knorringa，2000）。处于全球价值链上的不同环节的产业往往表现为产业集群，因此全球价值链研究和产业集群研究具有一定的关联性。不少研究采用全球价值链框架来分析本地产业集群：Knorringa（1996）指出，最好通过审视本地生产商嵌入不同类型的本地和全球价值链的方式来理解集群的结构。Bair 和 Gereffi（2001）指出了本地产业升级和价值链治理相联系的复杂模式。这些研究强调外部联系和产业集群竞争力的意义，指出全球价值链影响产业集群升级的不同方式。Gereffi（2001）利用全球价值链工具分析产业关联和产业升级。Kaplinsky 等（2001）提出产业集群内的企业必须抓住全球价值链的战略环节才能获得控制权，并构建了四类产业集群升级模式。Humphrey（2002）研究全球价值链嵌入对产业集群升级的影响。Bazan 等（2004）的研究表明，全球价值链联系可能带来集群中差异化的深化。Rabellotti（2004）揭示了产业升级如何处理与价值链治理的关系。此外，不少学者关注发展中国家的产业集群：Bair 等（2003）通过研究墨西哥的服装产业集群，探寻在全球价值链中实现产业升级的路径。Giuliani 等（2005）研究拉美地区产业集群在全球价值链升级的经验与教训。

国内的研究主要集中于嵌入全球价值链对产业发展战略、产业升级、产业竞争优势的影响，以及可能带来的产业发展风险等方面。吕文栋、张辉（2005）提出在生产者驱动、购买者驱动、混合型驱动三种不同全球价值链驱动模式下，本地产业集群应该实施不同的发展战略：生产者驱动全球价值链模式下重点发展加工制造能力，通过垂直一体化实现规模经济来获取竞争优势；购买者驱动全球价值链模式下重点培育研发、营销能力，以水平一体化构建竞争优势；混合型驱动全球价值链模式下产业集群应结合产业特征制定相应的发展战略。文婷、曾刚（2005）强调产业集群竞争力源于与全球价值链的联系，区域经济发展是产业集群和全球价值链互动的结果。梅述恩（2006）将全球价值链背景下产业集群升级研究概括为升级方式研究、升级路径研究、动力机制。王发明等（2009）构建了全球价值链背景下产业集群风险的分析框架，通过提出空间分化、增值链、价值链治理、体制性因素这四个分析维度分析相应的产业集群特征，进而形成产业集群风险的过程。侯茂章、汪斌（2009）研究产业集群国际化发展，基于产业是否嵌入全球价值链，将发展阶段分为内源式、国际化阶段，并研究产业集群国际化的发展类型、方式、程度。曾咏梅（2011）基于全球价值链治理中权力不对称程度高低，针对层级型、俘获型、关系型、模块型、市场型五种治理模式，归纳出相对应的产业集群嵌入全球价值链的五种模式：被并购、OEM、互利合作、交钥匙工程、出口。王雷、姚洪心（2014）将产业集群嵌入全球价值链分为三个维度：结构嵌入、关系嵌入、认知嵌入，其中结构嵌入与关系嵌入间接推动集群中的企业创新绩效提升。

2.2.4.2 全球价值链治理与产业升级

基于全球价值链的升级是指面对经济全球化和竞争加剧的挑战，国家、企业、工人这些经济行动者在全球价值链中从低价值向相对高价值活动移动的过程（Gereffi，2005）。Kaplinsky 等（2001）划分了四种升级路径：过程升级、产品升级、功能升级、价值链升级。过程升级是由于生产技术提高、生产组织管理能力加强，使得企业能够更高效地生产，即投入相同要素增加产出、改进质量。产品升级是在同一个产业内从低层次简单产品向更复杂、更精细的产品转型。功能升级是指所从事的价值链活动增加，或者从低附加值活动转向高附加值活动，比如从简单的装配到零部件、中间品生产，从生产领域进入设计、市场营销和品牌运营等。价值链升级是指凭借在一条价值链上获得的技术和知识升级到另一条价值链更高的价值链上面去。Dunn 等（2006）提出渠道升级，即企业进入价值链中新的更高附加值终端市场，以便通过多元化降低风险增加销量，获取更高产品溢价。

Gereffi（1999）曾乐观地指出发展中国家参与全球价值链可以通过学习和追赶自动实现本土产业升级，供应商可以从中获取纵向溢出效应，进而提高技术能力，从技术跟随者成长为领导者（Hobday，1995；2004），垂直专业化分工促进各国生产效率和出口绩效的提升（Hummels，2001），使企业获得“干中学效应”带来的利益（Grossman & Helpman，2002）。Amighini（2005）基于对中国 ICT 产业（信息通信产业）的研究表明，国际垂直分工对中国 ICT 产业升级产生积极影响；

张小蒂、孙景蔚（2006）的研究也支持国际垂直专业化分工对提升中国产业竞争力的积极作用。安同良（2004）认为加工贸易促进了中国企业技术能力的提升。大部分文献对发展中国家加入全球价值链后产业升级持悲观态度。Schmitz（2004）、Gereffi 等（2001）指出跨国公司将发展中国家锁定在全球价值链低端，一旦发展中国家通过功能升级或价值链升级来提升自主创新能力时，就会采用各种手段阻碍，因此发展中国家参与全球价值链并不自动带来技术升级；控制知识产权成为全球价值链链主遏制发展中国家产业升级的利器，中国企业可能陷入“赶超陷阱”（张建忠、刘志彪，2011）。发展中国家参与全球价值链的低端制造环节获取的“干中学效应”和技术外溢是有限的，要想加速技术进步，改善在全球分工和贸易体系中的地位，除了通过参与全球价值链“干中学”获取技术外，更需要培育自主创新能力，通过技术赶超形成以自我为主导的技术发展轨道，从而不受制于发达国家企业（张杰、刘志彪，2007；邱斌等，2008；孙军等，2010；刘志彪，2011）。更重要的是，技术追赶要与市场追赶互动。Lee 等（2001）认为对后发企业而言，单纯依赖研发投入并不能从根本上解决企业技术能力薄弱的问题，创新能力提高是在以市场份额为基础的生产中积累的，因此技术追赶与市场份额追赶是互动的。要构建中国企业创新与市场势力的良性互动，通过创新带来市场势力提升，而市场势力获得的利益又促进创新能力的提升（张小蒂、朱勤，2007）。本土企业技术水平提升并不意味着缩小与跨国公司的技术差距，相反，跨国公司技术更快速提升可能会进一步挤压本土企业市场空间，进而削弱本土企业自主创新与技术升级的支撑基础，需要实现技术追赶与市场份额追赶互动，突破市场需求限制（陈爱贞等，2008）。

早期对全球价值链中的升级研究集中于经济升级，近年来越来越多的研究者在关注经济升级的同时希望实现社会升级。发展中国家的实践表明，经济升级不一定导致社会升级，在某些条件下二者的关系可能相反。社会升级是改善工人权益以及提高工作质量的过程（Barrientos 等，

2011），不仅包括因经济升级而带来更好的工作，也包括改善工作条件、保护与权益，全面提高工人的福利。社会升级的概念与企业社会责任有关联，但延伸了企业社会责任的概念，不仅聚焦于跨国公司改善劳动条件的努力，而且包括由 NGO 以及政府制定的一些措施。Barrientos 等（2012）建立了企业经济升级和工人社会升级之间联系的框架，经济升级均包含资本维度和劳动维度，资本维度包括使用新机械或者先进技术，劳动维度包括技能提升或者提高工人生产效率。由于全球价值链中的供应商需要在高质量和低成本之间寻求平衡，如何同时提升企业和工人在全球价值链中的地位是一个极大的挑战。分析经济升级和社会升级路径必须认识到，不同的全球价值链参与者处于不同的社会情境和背景中，并且国家和行业之间存在差异，经济升级并非总是最合适的长期可持续发展战略。由于全球价值链中的竞争和风险无处不在，从 OEM 到 ODM 到 OBM 的升级路径并不适合所有企业，所以一些企业采用“降级”战略，选择维持在更加安全的 OEM 阶段。Gereffi 和 Lee（2016）指出，现有的文献隐含的假设是，全球价值链中经济升级会通过工资和劳动条件改善而自动转变成社会升级。社会升级会受到经济升级的类型的影响。此外，由于全球价值链中存在性别偏见，妇女往往从事无保障、临时性和季节性低薪工作，随着产业升级对工人要求的提高，妇女通常被边缘化。他们据此提出六种社会升级路径：市场驱动、企业社会责任驱动、多重利益相关者、以劳工为中心、以集群为中心、公共治理。Marchi 等（2013）利用全球价值链工具分析环境升级，将环境升级定义为经济行动者采用新的生产系统，避免或减少从产品、生产过程或管理系统中对环境的损害，研究表明企业可以通过实施绿色发展战略实现经济利益、提高竞争力。

全球价值链升级与治理密切相关，企业在全球价值链中升级的机会极大地依赖于其在价值链中的自主程度（Henderson et al，2002；Humphrey & Schmitz，2002）。在竞争日益激烈的环境中，全球采购商需要确保供应商的制造能力符合其对产品质量的要求，准层级价值链有利于促进供应商快速实现过程升级和产品升级，但阻碍功能升级，因为领先企业不希望供应商进入设计、营销等这些价值俘获最大的核心能力领域。全球价值链领导企业通过强大的市场需求左右地方产业升级（陈仲常等，2012），一旦核心利益受到其威胁，不管是“过程升级”“产品升级” “功能升级”，还是“价值链升级”，都会被领先公司打压（文嫮、曾刚，2005）。市场型价值链中过程升级和产品升级缓慢，但有利于功能升级。网络型价值链提供了理想的升级条件，要求参与者具有较高的互补能力，最不适合发展中国家生产商升级（Humphrey & Schmitz，2002）。Dolan 和 Tewar（2001）指出购买者驱动的全球价值链治理架构为全球价值链中的发展中国家企业提供了学习和技能获取的机会，并且保护它们在短期不被替代。张少军、刘志彪（2013）对中国制造业的研究表明，全球价值链是一种领先企业控制和俘获本土企业的过程，对本土企业升级产生抑制效应，中国企业受全球价值链主导企业控制与俘获，全球价值链组织和治理下的贸易阻碍中国企业产业升级。中国“以市场换技术”的政策并没有达到获取国外先进技术的目的，尽管通过垂直专业化融入全球价值链促进了中国企业技术创新能力的提高，但只是掌握一些“应用型”的非核心技术，造成产业边缘化和空心化的问题（王建平，2006；Altenburg 等，2008）。中国企业通过主动嵌入全球价值链虽然可以得到更多的全球资源，解决创新动力不足和资源短缺问题，但是一旦从事低附加值贸易活动，很容易被跨国公司“俘获”并长期锁定在低端，落入国际外包陷阱，成为未来升级的障碍（刘志彪、张杰，2009；刘志彪，2015），原因是对发包企业的技术以及对低素质劳动力的过度依赖，导致承包企业与发包企业技术差距不断扩大（牛卫平，2012），造成产业边缘化和空心化（王建平，2006）。

综合来看，现有全球价值链治理与升级的研究存在几个缺陷。

首先，片面强调领先企业对全球价值链中的本土企业的把控力量，忽略了本地制度情境因素，比如劳动力的教育和技能水平、制度环境以及与其他企业的合作（Pavlínek & Ženka，2010）、企业内生技术能力

(包玉泽等，2009)、本地生产性服务业发展水平（江静、刘志彪，2009)。产业升级除了由产业在全球价值链中的地位决定外，还与产业发展战略和创新能力密切相关（刘志彪，2007)。此外，产业特征影响学习和创新模式，知识积累程度、知识基础的独占程度、可编码性以及复杂性影响企业升级的能力和方式（Giuliani 等，2005)。因此，理想的升级模式是既充分利用本地优势，又抓住参与全球价值链的学习机会，全面提升产业自身创新能力（聂鸣、刘锦英，2006)。

其次，假设治理模式是静态的（吴建新、刘德学，2008)。实际上，现实中治理模式是动态的，因而治理和升级存在共演，导致升级路径的多元性、升级结果的不确定性，比如发展中国家供应商的能力会随着升级而提升，从而缩小与主导企业的力量差距，加深相互依赖，有可能实现功能升级和价值链升级。

再次，机械地认为发展中国家应当遵循高端升级路径，在全球价值链中拥有更高的技术和知识成分（Gereffi，1999)。研究表明，全球价值链存在复杂的升级路径，尤其在非洲的农产品价值链中，传统的升级路径和降级路径同时存在（Ponte & Gibbon，2005)。Ponte 和 Ewert (2009) 将升级的范围扩大为“达成更好的交易”，包括在风险和报酬之间寻求平衡。因为发展中国家的企业“更好的交易”有时候可能需要功能降级，并且有时候产品降级可能是最佳选择，所以应当跳出传统的将升级看做沿着全球价值链攀升或生产增值产品的思维，此外，研究全球价值链升级必须分析风险和回报问题。

发展中国家产业升级不仅受全球价值链影响，还受到区域价值链或国家价值链影响，这是容易被学术界忽视的问题。厘清这一问题的意义在于，区域或国家价值链为发展中国家创造了极大的升级机会，为高附加值、更高回报、难以复制的活动如设计、品牌等提供了空间。同时服务于多个价值链的企业比主要通过全球价值链出口的企业有更好的升级前景（Navas-Alemán，2011)。过去绝大多数全球价值链治理与升级的文献之所以都对发展中国家在全球价值链中升级不乐观，主要是因为将发展中国家的产业集群局限在全球价值链背景之下，而忽略了其同时参与多条异质性价值链的事实和能力。企业可以充分利用不同价值链中的互补性机会，实现低成本产业升级。忽视产业集群中的企业参与多重价值链，容易悲观地认为发展中国家产业难以摆脱被低端锁定、无法成功升级的现状。相反，通过构建区域性价值链或者国家价值链，摆脱被发达国家跨国公司的依赖和俘获地位，拥有自己的话语权，从“受制于人”转变为“自我主导”，发展中国家完全有机会实现成功升级（刘志彪、张杰，2009）。

2.2.5 技术密集型制造业国际竞争力研究

国外文献中针对技术密集型制造业国际竞争力的研究并不多见，大致可以分为两大范畴：其一为竞争力指标的构建与比较，以来自佐治亚大学技术政策和评估中心的学者 Alan L. Porter，Nils C. Newman，J. David Roessner 等的研究为代表。David 等（1996）采用国家定位、社会经济基础设施、技术基础设施、生产能力这四个投入指标来比较 1990 年和 1993 年的 28 个国家高技术产业竞争力；Johnson 等（2010）采用相同的指标测度 1993—2005 年间 13 个东欧国家的高技术产业竞争力，结果表明其技术进步有限，相比亚洲国家竞争力的快速增强，欧洲国家发展前景不明朗。Roessner 等（2002）总结了 1999 年 33 个国家的技术竞争性指标，并与 1993 年和 1996 年的结果进行纵向比较，发现不同评价方法中国家排名的差异。Porter 等（2009）的研究中加入了中国元素，表明国外学者越来越关注中国的高技术产业竞争力。这篇文献比较传统的 HTI 指数、加入知识基础服务的出口能力以及高技术产品的修正后的 HTI 指数和 GCI（Global Competitiveness Index）三个指数的国家技术竞争力评价，结果表明采用传统的 HTI 指数评价中国为第一，而采用 GCI 指数中国排名为第 54 位。尽管结果存在较大差异，但是中国的技术竞争力正持续大幅增强。

国外文献的另一类研究为基于进出口数据的高技术产业竞争力评

价。Srholec（2007）指出高技术出口产品份额和本土技术能力没有必然联系，发展中国家电子产品出口高度专业化在很大程度上反映了全球生产网络的快速分散，因而夸大了这些产品的贸易统计数字，这一研究的重要意义在于认识到发展中国家高技术产品出口中包含的进口成分，从而客观评价其高技术产业竞争力。Vaidya 等（2007）的研究显示，以通信设备和自动数据处理设备为代表的中国高技术产业 RCA 指数逐渐提高，表明中国的部分高技术产业竞争力正在增强。

国内的研究主要从三个方面展开。

第一，国际竞争力指标构建及竞争力评价。穆荣平（2000）是较早构建高技术产业国际竞争力评价框架的学者，包括竞争实力、竞争潜力、竞争环境、竞争态势四大类指标。樊纲等（2006）基于显示技术附加值赋值原理，构建识别贸易品技术附加值高低的方法；陈立敏、侯再平（2012）沿袭樊纲等（2006）的方法，评价中国电子通信设备产业的技术高度水平，发现该产业处于“技术逆差”状态，国际竞争力与发达国家差距仍然较大。陈立敏（2013）提出采用净出口技术高度水平测量产业国际竞争力。林玮、张向前（2013）构建技术密集型产业国际竞争力评价模型，并提出相关政策建议。孙晓（2015）运用统计学的层次分析法，评价中、美、日、韩互联网及通信产业国际竞争力差距。张彬（2015）分别从研发、制造、销售三个环节测度中国高技术产业国际竞争力。

第二，采用传统的竞争力指标测度产业国际竞争力。郑明身等（2005）采用贸易竞争力、显示性比较优势、市场份额、质量与附加值等指数测度中国信息技术制造业国际竞争力，发现高附加值、高技术、新材料、新产品等领域国际竞争力薄弱，但呈增强趋势。金碚等（2006，2007）采用出口增长率优势指数、RCA、国际市场占有率、市场渗透率、贸易竞争指数等综合评价中国制造业国际竞争力；类似的，姚鸿雁等（2006）采用价格指数和贸易竞争力指数评价中国装备制造产品国际竞争力。汪素芹等（2004）、闫逢柱等（2010）的研究表明中国高新技术产品国际竞争力不均衡，整体较弱，附加值低的产业如计算机及办公设备、医药竞争力较强，但附加值高的航空航天产品、电子与通信设备产业竞争力较低。金碚等（2013）基于中国出口商品分析，提出机械及运输设备等中高技术产品将带动中国出口结构转型升级，欧美以及亚洲发达国家是中国高技术产品赶超的对象。刘芳、郭朝先（2013）从多维度评价中国电子信息产业国际竞争力，结果显示国际市场占有率及显示性比较优势指数不断提升，但仍处于全球价值链中低端。

第三，产业国际竞争力影响因素。龚艳萍、屈宁华（2008）指出技术创新投入、产出、环境三个指标对中国高技术产业国际竞争力产生不同影响。霍春辉（2008）、冯梅（2009）探讨利用创新产业集群提升装备制造业竞争力。李绍东（2013）从技术先进性、国际市场竞争力、经济贡献和产业关联三个方面比较分析中、美、德、日四国装备制造业先进水平。李拓晨、丁莹莹（2013）从FDI技术溢出的四个维度研究对中国高技术产业国际竞争力的不同影响。周威（2014）从基础性因素、决定性因素、系统性因素三个层面研究中国机械工程产业国际竞争力现状。莫莎、周晓明（2015）发现高技术服务贸易进口复杂度显著影响技术密集型制造业国际竞争力。魏守华、周斌（2015）提出技术进步和规模经济融合是影响中国高技术产业国际竞争力的关键因素，中国高技术产业应该发挥渐进式创新、集成式创新、产业融合优势。

2.2.6　现有研究述评

梳理现有文献不难看出，产业国际竞争力在某种程度上决定国家竞争力，产业竞争力研究范式正顺应贸易统计方式的转变和产业竞争力客观评价的需求，从传统的“量”的评价转向“质”的评价，从总量贸易评价转向增加值贸易评价，从静态评价转向动态评价，产业竞争力的结构观正在兴起。全球价值链背景下，积极参与全球价值链可以推动发展中国家产业升级和技术进步，但是产业升级和技术进步并非自动形成，其受全球价值链治理模式、企业战略、市场创新、企业吸收能力和技术保护等多重因素影响。现有研究存在以下不足：

第一，相当一部分技术密集型制造业国际竞争力研究文献采用传统的贸易竞争力指标测度产业竞争力。传统的贸易竞争力指标没有充分考虑进口因素的影响，适合分析发达国家产业竞争力。发展中国家主要通过加工贸易等方式低端嵌入全球价值链分工，传统的贸易竞争力指标只能从“量”的层面衡量其产业竞争力，无法从“质”的层面加以结构性评价。

第二，产业成功升级是产业国际竞争力提升的重要标志，现有文献侧重于讨论技术密集型制造业升级是遵循比较优势、偏离比较优势还是介于二者之间的中间道路，缺乏全球价值链背景下的实证检验，比如采用产品空间分析工具来直观展示竞争力演变与升级的研究。对中国而言，探寻适合本国国情的技术密集型制造业升级路径，有利于加快产业升级步伐，缩小与发达国家之间的差距。

第三，后发国家产业成功升级源自企业通过赶超发达国家企业实现竞争力提升，以中国为典型代表的后发国家企业赶超战略是学术界讨论的热点，但是以全球价值链为背景的研究较为缺乏。揭示发展中国家企业通过参与全球价值链来实现赶超的逻辑，无疑会丰富现有后发企业追赶理论，并为产业升级提供有益指导。

结构观为研究产业竞争力提供了独特的视角，本书将采用结构观来进行整合研究，试图弥补上述研究缺口。

2.3 本章小结

本章为文献综述部分，从四个方面回顾相关文献。第一，回顾产业国际竞争力相关理论。首先采用文献计量方法直观地展示产业国际竞争力学科演变、研究主题演变、理论基础。接下来分别回顾产业国际竞争力研究的两大理论基础——比较优势理论、竞争优势理论的演变。第二，总结相关产业国际竞争力相关评价指标与方法，全面展示产业国际竞争力从“量”的评价到“质”的结构性评价的变迁历程。第三，回顾全球价值链背景下的产业国际竞争力研究，包括产业集群与产业国际竞争力、全球价值链治理与产业升级。第四，回顾技术密集型制造业国际竞争力相关研究。

3 技术密集型制造业贸易格局

如前文所述，技术密集型制造业在国民经济中占有重要地位。在全球价值链背景下，世界各国广泛参与价值链上的垂直专业化分工，贸易能力成为产业国际竞争力的重要表征。技术密集型制造业呈现怎样的贸易格局？具体来说，世界各国技术密集型制造业的贸易规模有多大？主要的进口国和出口国有哪些？世界各国在技术密集型制造业国际贸易中的地位如何？特别是作为全球最大的发展中国家，中国在全球贸易网络中扮演何种角色？影响力、控制力如何？回答这些问题可以作为深入研究技术密集型制造业国际竞争力的基础。

3.1 常用的贸易格局分析方法

3.1.1 传统的贸易格局分析法

传统的贸易格局分析法在本质上是一种描述性统计法，分析单元侧重于部门，以贸易金额、贸易数量、贸易价格为基础，通过研究产业贸易格局的演变特征、市场变化趋势、竞争特点，来判断贸易国家的贸易地位。常用的分析指标包括：在产业层面，分析贸易地理分布状况，主要进口国、出口国及其贸易比重，市场占有率等；在国家层面，分析进口来源国、出口目的国及相应的贸易指标，以便识别一国贸易伙伴的地位、特征等。

图表是传统的贸易格局分析最常使用的工具。借助图表，便于简洁直观地展示贸易特征，判断贸易发展趋势。一些经济地理学者还探索采用贸易地图工具，将贸易指标和世界地图叠加（图 3-1），可清晰地揭示贸易伙伴之间的贸易强度、贸易流向，大致判断各国的贸易地位。

传统的贸易格局分析法的主要优点是：第一，简洁明了，便于不同层次的读者阅读和使用，因此应用领域广泛；第二，用数据说话，数据来自各类官方统计数据库，客观真实，具有说服力；第三，便于比较分析，通过披露各类贸易数据与指标，从横向和纵向多维度比较贸易特征以及贸易格局变化；第四，容易和计量分析工具对接，从而更深入地揭示影响贸易格局演变背后的各类因素。

但是这种分析法也存在诸多局限性：第一，不能清晰地反映多边贸易流向。图表工具的最大优势在于客观披露贸易流量，但是无法简洁地展示贸易流向，因此不利于从总体上判断贸易格局。第二，不能直观地展示复杂的贸易结构。贸易往来的本质不仅仅体现在贸易量上，更表现为贸易各方的相互依赖关系。第三，不能反映各国的相对贸易地位。一国的贸易地位不仅取决于与他国的直接贸易关系，还取决于贸易系统中其他贸易伙伴的地位，传统的贸易格局分析工具只能揭示双边贸易流，而无法反映多边关系。

3.1.2 基于社会网络的贸易格局分析法

社会网络分析法最初是社会学领域的分析工具。社会网络由不同的行动者及其相互关系形成，因此其研究对象是网络中的行动者及其相互关系的集合，其中行动者的内涵非常丰富，可以是个人、组织或者社会单位，比如国家、省份、地区、城市、乡村、企业、班级等；行动者之间的关系也多样，比如政治关系、贸易关系、合作关系、同学关系、上下级关系等。此外，社会网络关系研究的特别之处是，网络关系是相互依赖的，不能仅仅孤立地分析两个行动者 i 和 j 之间的双边关系，还要聚焦于其结构性维度，即将第三个行动者 z 对 i 和 j 之间关系的影响纳

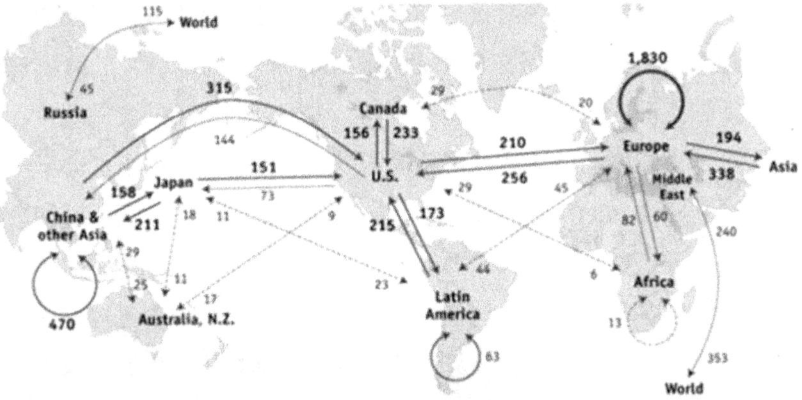

图 3-1 2000 年世界商品贸易地图

资料来源：Feenstra & Taylor（2008）。

入分析范畴。

社会网络分析法可以识别社会网络中的特殊现象、网络结构，因此近年来该方法得到各个学科研究者的广泛追捧，从社会学和人类学的小社群分析到物理学和计算机科学的大型网络研究，再到聚焦数量模型的图论研究，以及网络实证研究，各类研究方兴未艾。网络数据分析、模拟、可视化软件日益丰富并进一步加快社会网络的实证研究发展，特别是社会网络图已经成为经典的可视化工具，其由代表网络行动者个体的向量或节点以及代表其相互关系的连线构成，可以直观地显示复杂的网络关系。

国际贸易网络是一种典型的社会网络形式，贸易各国构成网络的主体，各国之间的双边或多边贸易关系构成网络的关系集合，采用社会网络分析法有利于深度揭示国际贸易网络的各种宏观和微观特征。将国际贸易关系表现为贸易流网络，使得贸易国家和网络本身结构之间关系的可视化成为可能，得以获得采用其他研究方法不能得到的结果，因此从传统的研究国际贸易地理分布的物理空间转向国际贸易网络分布的拓扑空间是一个质的飞越，借助社会网络图可以获取多边效应对双边贸易流的影响，从而能够在更深的层面分析各国在整个贸易体系中的相对地位及其互动性。

直到20世纪90年代，大多数采用网络分析国际贸易流的研究目的是证实国家在网络中的结构性、对等性，或者存在贸易不对称性。在此情境下关注的是应当考虑哪一种贸易流，以及哪一种中心度测量指标能准确把握一国在贸易体系中的地位（De Benedictis 等，2011）。比如在Smith 和 White（1992）的重要研究中，他们选择有限数量商品来研究贸易，采用关系距离算法来测量贸易网络特征，发现贸易国家存在核心、半边缘、边缘三个随时间推移缓慢演化的分区。该研究的分区通过贸易关系数据实现，没有考虑单个国家的属性，因而处于核心的国家比半边缘国家有更高的人均 GDP，半边缘国家比边缘国家更富裕。

2000 年后贸易网络研究转向复杂网络概念。相比随机网络，复杂网络容易产生于社会情境之中，因为网络单元中的合作性力量和竞争性力量效应影响网络结构。Serrano 等（2003）发现国际贸易网络具有复杂网络特征，国际贸易因企业和国家之间的经济竞争而发生，因此是一种互惠的活动，国家之间的联系不可能表现为随机分布，如果国际贸易体系可以被界定为一个自组织复杂网络，则可以从整体层面进行研究。这一波研究探讨国际贸易网络的拓扑属性，更关注贸易体系的整体特征。Wilhite（2001）认为全球各国双边贸易演变成“小世界”的贸易网络；Garlaschelli 等（2005）通过探索国际贸易网络的特殊互惠结构，来揭示世界贸易渠道的双向本质，并且研究国际贸易网络拓扑参数的时间依赖性以分析国际贸易网络演化；Raja 等（2007）绘制国际贸易网络拓扑图，并提出新的基于网络的国际经济一体化测量方法，结果表明，全球贸易具有核心—边缘结构的层级关系，贸易网络表现出一定的分割性，一国在网络中的地位对其经济增长具有极大影响；Fagiolo（2008）采用加权网络方法研究国际贸易网络拓扑特性及其演变，研究表明，加权网络方法与传统的二值网络方法的统计特征不同，特别是大多数联系与弱贸易关系相关，加权贸易网络仅仅表现轻度异配性(disassortative)，贸易关系更强的国家之间具有更高聚集度。

国内学者一方面沿袭国外学者的网络层面研究，一方面探索特定产业层面研究。在产业国际贸易格局研究上主要采用网络密度、中心性分析、核心—边缘分析、聚类分析等各类指标。王云林等（2007）利用结构洞理论，对全球主要经济体的贸易角色及地位进行比较静态分析。陈银飞（2011）通过比较2000—2009年国际贸易格局，以及次贷危机前后的变化，揭示国际贸易变化趋势。张勤等（2012）对比研究了中国入世以来在全球贸易网络中的角色和地位变迁。刘建（2013）分析了国际原油贸易网络格局的演化。肖建忠等（2013）研究了天然气贸易网络结构演变以及区域特征。徐斌（2015）研究了国际铁矿石贸易网络格局。张春博等（2015）研究了航空航天产品国际贸易格局。杨青龙等（2015）从贸易关系、贸易强度分析2003—2012年煤炭与焦炭的贸易格局及演变。

采用社会网络分析法研究贸易格局也存在一定的局限性。首先，该方法侧重于贸易网络关系、贸易国的地位与权力，但不能反映贸易价值、贸易价格、贸易数量等信息，不便于了解总量信息；其次，一张贸易网络图只能显示一个年度的贸易格局，对于时间跨度大的研究则只能选取少数观测点来分析，因此不能完整地揭示贸易格局变化过程。鉴于传统的贸易格局分析法和社会网络分析法各有所长，本研究基于总量层面的世界各国技术密集型制造业贸易状况研究，整合现有国际贸易社会网络分析框架，全面分析技术密集型制造业贸易格局。

3.2 数据来源及处理

本研究的数据来自联合国商品贸易统计数据库，该数据库涵盖200多个国家或地区从1962年至今的国际商品贸易统计数据。本研究剔除数据库中商品出口额占全球比重不足0.01%的国家，从而选择全球126个主要国家作为研究样本，这些国家涵盖了全球99%以上的贸易额，具有很强的代表性。参照OECD的制造业技术分类法，本研究将技术密集型制造业分为高技术制造业、中高技术制造业两大类产业，具体来说，高技术制造业包含ISIC代码为54、75、76、774、776、87、792共八个子产业，中高技术制造业包含ISIC代码为51、52、53、55、56、57、58、59、71、72、73、74、771、772、773、775、778、781、782、783、784、785、786、791共24个子产业。本研究的时间跨度设定为十年，以便对比十年间技术密集型制造业贸易格局变迁。由于2015年数据库中部分国家统计数据缺失，因此选择2005年、2009年和2014年三个观测年度，分别下载126个国家三个年度两大类产业的双边贸易（包含进口和出口）数据。

本研究分为两部分，第一部分为技术密集型制造业贸易总量研究；第二部分为技术密集型制造业贸易社会网络分析，该部分分析过程如下：

使用Ucinet软件作为分析工具。由于Ucinet仅识别矩阵形式数据，本文的矩阵数据生成步骤是：第一步，汇总126个国家各年度两大类产业的双边贸易数据，形成126×126原始方阵M_1；第二步，由于各国贸易统计口径不一致，两国各自统计的双边贸易额并不一定相等，为构建对称矩阵M_2，取两国贸易的最大值作为贸易额，即max（T_{ij}，T_{ji}），T_{ij}为i国和j国的贸易额，T_{ji}为j国和i国的贸易额，这种取值方法尽管存在误差，但处于可接受的范围；第三步，将矩阵M_2标准化，处理方法是矩阵M_2的各个单元格除以矩阵中的最大值，生成矩阵标准化M_3；第四步，将0.001作为门槛值，移除部分门槛值低的网络关系，从而生成0-1二值矩阵M_4，即将矩阵M_3中大于或等于0.001的单元格赋值为1，小于或等于0.001的单元格赋值为0。

3.3 实证分析

3.3.1 技术密集型制造业贸易总量分析

本部分通过对比2005年、2009年、2014年三个年度的技术密集型制造业贸易数据，剖析该产业的贸易特征。具体来说，分别包括全球高技术制造业、全球中高技术制造业、中国高技术制造业、中国中高技术制造业贸易特征分析。

1. 高技术制造业贸易特征分析

表3-1和表3-2分别为2005年、2009年、2014年三个年度高技术制造业出口和进口排名前30国家的贸易数据。

从表3-1和表3-2可以看出，高技术制造业贸易额呈上升态势，三个年度出口额分别为16295.08亿美元、18418.04亿美元、53685.74亿美元，进口额分别为17971.97亿美元、20646.24亿美元、28787.27亿美元，对比2014年和2005年进出口额，出口额增长229.5%，进口额增长60.2%。

从贸易额来看，出口、进口排名前4位的国家主要包括美国、中国、德国、日本（2014年法国居第四位），四个国家进出口额约占全球贸易额的40%，新加坡、英国、韩国、荷兰四个国家进出口额约占全球贸易额的20%，可见技术密集型制造业贸易主要集中于少数国家。

从贸易国家构成来看，排名前30的国家主要分布于欧洲、亚洲、美洲，既包括发达国家也包括新兴市场国家。美洲国家包括美国、加拿大、墨西哥、巴西；欧洲发达国家包括德国、英国、法国、荷兰、比利时、瑞士、爱尔兰、意大利、瑞典、西班牙、芬兰、奥地利、丹麦，其中北欧国家贸易比重较低；欧洲新兴市场国家包括匈牙利、捷克、俄罗斯、波兰、土耳其、斯洛伐克；亚洲国家除了日本、以色列、新加坡、韩国几个发达国家外，其余均为新兴市场国家，包括中国、马来西亚、泰国、菲律宾、印尼、印度、阿联酋、越南、沙特。

表 3-1 2005 年、2009 年、2014 年高技术制造业出口排名前 30 国家

排名	2005 年			2009 年			2014 年		
	国家	出口额（亿美元）	市场份额	国家	出口额（亿美元）	市场份额	国家	出口额（亿美元）	市场份额
1	美国	2314.49	14.20	中国	2907.75	15.79	中国	9126.90	17.00
2	中国	1820.60	11.17	美国	2056.10	11.16	美国	7334.35	13.66
3	德国	1546.10	9.49	德国	1804.83	9.80	德国	4512.27	8.40
4	日本	1156.34	7.10	日本	978.80	5.31	法国	2350.14	4.38
5	新加坡	938.58	5.76	韩国	944.49	5.13	日本	2323.84	4.33
6	英国	824.11	5.06	法国	929.63	5.05	荷兰	2039.21	3.80
7	韩国	812.51	4.99	新加坡	888.30	4.82	英国	2035.20	3.79
8	荷兰	797.12	4.89	荷兰	803.92	4.36	新加坡	2020.30	3.76
9	法国	786.47	4.83	比利时	710.64	3.86	韩国	1997.27	3.72
10	马来西亚	560.03	3.44	瑞士	637.83	3.46	墨西哥	1615.16	3.01
11	比利时	535.22	3.28	墨西哥	593.16	3.22	瑞士	1423.98	2.65
12	墨西哥	476.86	2.93	英国	556.65	3.02	比利时	1407.40	2.62

续表

排名	2005年			2009年			2014年		
	国家	出口额（亿美元）	市场份额	国家	出口额（亿美元）	市场份额	国家	出口额（亿美元）	市场份额
13	瑞士	426.28	2.62	马来西亚	542.86	2.95	马来西亚	1144.82	2.13
14	爱尔兰	382.36	2.35	爱尔兰	366.04	1.99	意大利	1037.96	1.93
15	意大利	338.84	2.08	意大利	358.00	1.94	加拿大	963.36	1.79
16	加拿大	290.41	1.78	加拿大	315.14	1.71	阿联酋	859.76	1.60
17	瑞典	245.39	1.51	泰国	299.23	1.62	泰国	711.81	1.33
18	泰国	234.70	1.44	匈牙利	259.14	1.41	越南	657.50	1.22
19	菲律宾	205.43	1.26	瑞典	232.88	1.26	西班牙	644.37	1.20
20	西班牙	178.95	1.10	西班牙	207.51	1.13	印度	624.94	1.16
21	匈牙利	177.64	1.09	捷克	199.10	1.08	捷克	580.69	1.08
22	芬兰	154.19	0.95	菲律宾	176.03	0.96	俄罗斯	572.82	1.07
23	奥地利	122.87	0.75	波兰	158.13	0.86	波兰	508.97	0.95
24	捷克	103.91	0.64	奥地利	152.86	0.83	爱尔兰	494.63	0.92
25	丹麦	90.75	0.56	以色列	144.09	0.78	瑞典	471.55	0.88
26	巴西	80.00	0.49	印度	126.45	0.69	奥地利	465.01	0.87

续表

	2005 年			2009 年			2014 年		
排名	国家	出口额（亿美元）	市场份额	国家	出口额（亿美元）	市场份额	国家	出口额（亿美元）	市场份额
27	印尼	67.97	0.42	斯洛伐克	123.70	0.67	澳大利亚	447.10	0.83
28	以色列	65.48	0.40	丹麦	101.57	0.55	巴西	426.91	0.80
29	澳大利亚	52.97	0.33	芬兰	97.51	0.53	匈牙利	378.64	0.71
30	波兰	49.51	0.30	巴西	80.38	0.44	菲律宾	357.42	0.67
	126 国总额	16295.08		126 国总额	18418.04		126 国总额	53685.74	

数据来源：根据 UN Comtrade 数据库数据整理。

表 3-2　**2005 年、2009 年、2014 年高技术制造业进口排名前 30 国家**

	2005 年			2009 年			2014 年		
排名	国家	进口额（亿美元）	市场份额	国家	进口额（亿美元）	市场份额	国家	进口额（亿美元）	市场份额
1	美国	3219.00	17.91	美国	3459.29	16.76	美国	4788.83	16.64
2	中国	1780.27	9.91	中国	2472.56	11.98	中国	4311.81	14.98

续表

排名	2005年			2009年			2014年		
	国家	进口额（亿美元）	市场份额	国家	进口额（亿美元）	市场份额	国家	进口额（亿美元）	市场份额
3	德国	1513.94	8.42	德国	1731.45	8.39	德国	2024.29	7.03
4	日本	913.29	5.08	法国	918.46	4.45	日本	1327.47	4.61
5	英国	906.88	5.05	日本	904.31	4.38	英国	1160.83	4.03
6	法国	771.72	4.29	荷兰	751.65	3.64	法国	1122.14	3.90
7	新加坡	755.79	4.21	新加坡	747.49	3.62	荷兰	972.66	3.38
8	荷兰	736.79	4.10	比利时	663.11	3.21	新加坡	873.32	3.03
9	比利时	530.67	2.95	英国	553.59	2.68	墨西哥	802.40	2.79
10	意大利	489.75	2.73	墨西哥	553.11	2.68	韩国	732.12	2.54
11	韩国	488.42	2.72	意大利	546.57	2.65	比利时	665.36	2.31
12	加拿大	486.86	2.71	加拿大	528.83	2.56	加拿大	634.38	2.20
13	墨西哥	440.20	2.45	韩国	501.24	2.43	阿联酋	594.18	2.06
14	马来西亚	419.42	2.33	西班牙	422.69	2.05	意大利	573.08	1.99
15	西班牙	375.06	2.09	马来西亚	384.84	1.86	马来西亚	514.79	1.79
16	瑞士	278.38	1.55	瑞士	337.19	1.63	俄罗斯	502.10	1.74
17	澳大利亚	255.80	1.42	澳大利亚	294.21	1.43	瑞士	463.99	1.61

续表

排名	2005年			2009年			2014年		
	国家	进口额（亿美元）	市场份额	国家	进口额（亿美元）	市场份额	国家	进口额（亿美元）	市场份额
18	泰国	216.96	1.21	印度	292.91	1.42	西班牙	397.41	1.38
19	爱尔兰	209.44	1.17	俄罗斯	257.69	1.25	印度	389.67	1.35
20	菲律宾	206.23	1.15	泰国	241.13	1.17	泰国	367.22	1.28
21	瑞典	168.50	0.94	波兰	231.72	1.12	澳大利亚	364.69	1.27
22	奥地利	161.40	0.90	巴西	228.84	1.11	巴西	354.99	1.23
23	印度	148.53	0.83	捷克	223.95	1.08	越南	308.04	1.07
24	俄罗斯	143.65	0.80	瑞典	191.30	0.93	捷克	290.48	1.01
25	巴西	139.08	0.77	奥地利	189.14	0.92	波兰	279.07	0.97
26	匈牙利	130.04	0.72	爱尔兰	180.18	0.87	土耳其	243.49	0.85
27	波兰	125.33	0.70	匈牙利	168.84	0.82	沙特	237.49	0.82
28	土耳其	122.79	0.68	土耳其	151.67	0.73	瑞典	236.70	0.82
29	捷克	119.15	0.66	阿联酋	148.87	0.72	奥地利	231.72	0.80
30	丹麦	110.65	0.62	菲律宾	142.11	0.69	匈牙利	163.99	0.57
	126国总额	17971.97		126国总额	20646.24		126国总额	28787.27	

数据来源：同表3-1。

进一步分析三个年度进出口地位变化。在出口方面，部分新兴市场国家贸易地位明显上升。2009 年中国取代美国成为全球最大的出口国家，而且出口份额呈上升趋势，2005 年、2009 年、2014 年中国的出口份额分别为 11. 17%、15. 79%、17%，表明中国在高技术制造业出口地位进一步提高。类似的，墨西哥、波兰、印度、俄罗斯出口地位也逐年提升。相比之下部分发达国家贸易地位明显下滑，如爱尔兰、瑞典、芬兰、奥地利、丹麦。进口方面，三个年度美国、中国、德国均位居前三位，其中中国的比重持续上升，分别为 9. 91%、11. 98%、14. 98%；美国持续下降，分别为 17. 91%、16. 76%、16. 64%，中国和美国的进口占比差距逐年缩小。墨西哥、印度、俄罗斯、巴西四个新兴市场国家进口占比上升明显，而瑞典、奥地利、丹麦等北欧国家进口下滑。

总的来看，高技术制造业贸易地位较高的主要是美国、中国、德国、日本、英国、法国、新加坡、韩国、荷兰、比利时等国家，作为最大的发展中国家，中国表现极为抢眼。部分新兴市场国家的贸易地位日益提升，如墨西哥、印度、俄罗斯、巴西、波兰，瑞典、芬兰、奥地利、丹麦等经济体量较小的北欧国家贸易地位下降明显。

2. 中高技术制造业贸易特征分析

表 3-3 和表 3-4 分别为 2005 年、2009 年、2014 年三个年度中高技术制造业出口和进口排名前 30 国家的贸易数据。

从表 3-3 和表 3-4 中可以看出，中高技术制造业贸易额明显波动，三个年度出口额分别为 26408. 75 亿美元、18011. 67 亿美元、37055. 71 亿美元，进口额分别为 27065. 61 亿美元、16482. 09 亿美元、38324. 1 亿美元，可见 2009 年进出口额大幅下降，2008 年全球金融危机对中高技术制造业贸易冲击较大；但随着全球经济逐渐复苏，与 2009 年相比，2014 年出口增长一倍以上，进口增长 132. 5%。

表 3-3 **2005 年、2009 年、2014 年中高技术制造业出口排名前 30 国家**

排名	2005 年			2009 年			2014 年		
	国家	出口额（亿美元）	市场份额	国家	出口额（亿美元）	市场份额	国家	出口额（亿美元）	市场份额
1	德国	4341.28	16.44	德国	2928.80	16.26	德国	5513.19	14.88
2	美国	3167.65	11.99	美国	1978.91	10.99	美国	4047.07	10.92
3	日本	2761.74	10.46	日本	1775.07	9.86	日本	3608.11	9.74
4	意大利	1357.30	5.14	中国	1436.85	7.98	中国	2982.39	8.05
5	比利时	1225.48	4.64	意大利	824.55	4.58	法国	1651.19	4.46
6	英国	1187.44	4.50	韩国	683.94	3.80	意大利	1636.30	4.42
7	中国	1170.45	4.43	比利时	651.15	3.62	韩国	1547.41	4.18
8	加拿大	1170.00	4.43	英国	632.63	3.51	比利时	1387.88	3.75
9	法国	1087.97	4.12	加拿大	619.00	3.44	英国	1270.27	3.43
10	韩国	915.63	3.47	西班牙	588.00	3.26	加拿大	1062.51	2.87
11	西班牙	758.93	2.87	法国	575.57	3.20	墨西哥	1047.18	2.83
12	荷兰	681.94	2.58	墨西哥	424.28	2.36	荷兰	977.23	2.64
13	新加坡	480.47	1.82	荷兰	376.68	2.09	西班牙	904.27	2.44
14	奥地利	442.79	1.68	捷克	297.60	1.65	新加坡	690.25	1.86

续表

	2005年			2009年			2014年		
排名	国家	出口额（亿美元）	市场份额	国家	出口额（亿美元）	市场份额	国家	出口额（亿美元）	市场份额
15	瑞士	433.90	1.64	波兰	289.85	1.61	泰国	572.14	1.54
16	墨西哥	424.06	1.61	泰国	278.11	1.54	瑞士	560.46	1.51
17	瑞典	407.03	1.54	新加坡	251.03	1.39	波兰	551.75	1.49
18	捷克	326.71	1.24	奥地利	215.77	1.20	捷克	536.96	1.45
19	波兰	305.49	1.16	巴西	213.29	1.18	奥地利	526.69	1.42
20	巴西	293.13	1.11	瑞士	208.16	1.16	瑞典	471.35	1.27
21	泰国	292.89	1.11	瑞典	192.28	1.07	巴西	365.01	0.99
22	爱尔兰	291.97	1.11	土耳其	186.76	1.04	爱尔兰	358.04	0.97
23	匈牙利	234.40	0.89	印度	184.71	1.03	印度	356.91	0.96
24	马来西亚	211.26	0.80	爱尔兰	177.85	0.99	匈牙利	338.24	0.91
25	俄罗斯	170.05	0.64	匈牙利	149.44	0.83	土耳其	301.54	0.81
26	土耳其	169.10	0.64	斯洛伐克	133.51	0.74	马来西亚	281.38	0.76
27	丹麦	168.54	0.64	马来西亚	130.64	0.73	斯洛伐克	239.82	0.65
28	印度	162.25	0.61	俄罗斯	113.43	0.63	俄罗斯	230.59	0.62

续表

排名	2005年			2009年			2014年		
	国家	出口额（亿美元）	市场份额	国家	出口额（亿美元）	市场份额	国家	出口额（亿美元）	市场份额
29	芬兰	154.47	0.58	阿根廷	96.60	0.54	丹麦	227.33	0.61
30	斯洛伐克	119.18	0.45	印尼	95.57	0.53	芬兰	205.05	0.55
	126国总额	26408.75		126国总额	18011.67		126国总额	37055.71	

数据来源：同表3-1。

表3-4　**2005年、2009年、2014年中高技术制造业进口排名前30国家**

排名	2005年			2009年			2014年		
	国家	进口额（亿美元）	市场份额	国家	进口额（亿美元）	市场份额	国家	进口额（亿美元）	市场份额
1	美国	4787.90	17.69	美国	2341.59	14.21	美国	5104.46	13.32
2	德国	2160.42	7.98	中国	1644.53	9.98	中国	3553.16	9.27
3	中国	1675.17	6.19	德国	1339.49	8.13	德国	2783.43	7.26
4	英国	1495.91	5.53	加拿大	792.83	4.81	法国	1721.41	4.49

续表

	2005年			2009年			2014年		
排名	国家	进口额（亿美元）	市场份额	国家	进口额（亿美元）	市场份额	国家	进口额（亿美元）	市场份额
5	加拿大	1289. 98	4. 77	英国	668. 74	4. 06	英国	1585. 73	4. 14
6	意大利	1082. 03	4. 00	意大利	600. 68	3. 64	加拿大	1459. 98	3. 81
7	比利时	1075. 94	3. 98	比利时	599. 00	3. 63	比利时	1288. 64	3. 36
8	法国	1003. 32	3. 71	法国	444. 36	2. 70	意大利	1244. 14	3. 25
9	西班牙	992. 41	3. 67	日本	423. 17	2. 57	日本	1103. 08	2. 88
10	日本	835. 16	3. 09	韩国	421. 73	2. 56	韩国	1014. 68	2. 65
11	韩国	613. 84	2. 27	西班牙	421. 59	2. 56	西班牙	882. 57	2. 30
12	荷兰	527. 27	1. 95	澳大利亚	315. 69	1. 92	俄罗斯	811. 75	2. 12
13	墨西哥	473. 68	1. 75	巴西	313. 06	1. 90	墨西哥	797. 97	2. 08
14	澳大利亚	417. 24	1. 54	荷兰	310. 14	1. 88	荷兰	741. 02	1. 93
15	奥地利	408. 63	1. 51	墨西哥	298. 65	1. 81	巴西	736. 32	1. 92
16	新加坡	407. 83	1. 51	俄罗斯	267. 13	1. 62	澳大利亚	641. 99	1. 68
17	土耳其	391. 22	1. 45	印度	261. 28	1. 59	印度	637. 92	1. 66
18	瑞士	364. 81	1. 35	新加坡	240. 28	1. 46	新加坡	637. 41	1. 66

续表

排名	2005年			2009年			2014年		
	国家	进口额（亿美元）	市场份额	国家	进口额（亿美元）	市场份额	国家	进口额（亿美元）	市场份额
19	俄罗斯	359.92	1.33	泰国	233.52	1.42	土耳其	578.56	1.51
20	瑞典	350.49	1.29	土耳其	218.92	1.33	波兰	553.09	1.44
21	波兰	340.02	1.26	波兰	201.65	1.22	泰国	528.14	1.38
22	泰国	326.20	1.21	阿联酋	196.01	1.19	瑞士	498.14	1.30
23	巴西	287.24	1.06	马来西亚	194.64	1.18	奥地利	483.01	1.26
24	马来西亚	272.16	1.01	印尼	193.39	1.17	印尼	440.05	1.15
25	捷克	261.15	0.96	奥地利	173.05	1.05	瑞典	438.33	1.14
26	印度	249.81	0.92	瑞士	158.87	0.96	马来西亚	407.37	1.06
27	匈牙利	232.60	0.86	捷克	158.11	0.96	沙特	401.64	1.05
28	沙特	232.26	0.86	沙特	141.98	0.86	捷克	370.81	0.97
29	印尼	190.40	0.70	瑞典	136.85	0.83	阿联酋	348.93	0.91
30	阿联酋	189.23	0.70	阿根廷	131.13	0.80	阿根廷	279.11	0.73
	126国总额	27065.61		126国总额	16482.09		126国总额	38324.1	

数据来源：同表3-1。

从贸易额来看，出口、进口排名前4位的国家主要包括德国、美国、日本、中国（2005年意大利居第四位），四个国家进出口额约占全球贸易额的43%，比利时、英国、法国、韩国四个国家进出口额约占全球贸易额的20%，和高技术制造业类似，中高技术密集型制造业贸易也是主要集中于少数国家。

排名前30的贸易国家构成和高技术制造业基本相同，除了欧美发达工业国家外，还包括中国、俄罗斯、印度、巴西、墨西哥、泰国、马来西亚、印尼、阿根廷、匈牙利、捷克、波兰、土耳其、斯洛伐克等新兴市场国家。

进一步分析三个年度进出口地位变化。在出口方面，德国、美国、日本地位较稳定，位居前三。部分新兴市场国家贸易地位明显上升，中国位居前列，2005年、2009年、2014年中国的出口份额占比分别为4.43%、7.98%、8.05%，其中2009年上升到全球第四位；新兴市场国家中墨西哥排名仅次于中国，其次分别为捷克、波兰、巴西、泰国、土耳其、印度、斯洛伐克。进口方面，三个年度美国、中国、德国均位居前三位，其中中国的进口额呈上升态势，三个年度占比分别为6.19%、9.98%、9.27%，2009年上升到第二位；美国持续下降，三个年度占比分别为17.69%、14.21%、13.32%。此外，墨西哥、印度、俄罗斯、巴西四个新兴市场国家进口占比上升明显，而奥地利、瑞士、瑞典等北欧国家进口下滑。

总的来看，和高技术制造业贸易类似，中高技术制造业地位较高的主要是美国、德国、中国、日本、英国、加拿大、意大利、比利时、法国、韩国等国家；部分新兴市场国家贸易地位提升明显，如墨西哥、印度、俄罗斯、巴西，奥地利、瑞士、瑞典等经济体量较小的北欧国家贸易地位下降明显。和高技术制造业相比，中国中高技术制造业进出口占比略低。

3. 中国高技术制造业贸易特征分析

表3-5和表3-6分别为2005年、2009年、2014年三个年度中国高技术制造业出口目的国、进口来源国排名前十的数据。

表 3-5　**2005 年、2009 年、2014 年中国高技术制造业出口目的国前 10 排名**

排名	2005 年			2009 年			2014 年		
	国家	出口额（亿美元）	市场份额	国家	出口额（亿美元）	市场份额	国家	出口额（亿美元）	市场份额
1	美国	588.61	32.33	美国	817.97	28.13	美国	1356.35	28.17
2	日本	220.14	12.09	日本	233.85	8.04	日本	422.27	8.77
3	荷兰	149.51	8.21	荷兰	194.96	6.70	韩国	381.59	7.92
4	德国	146.04	8.02	韩国	191.06	6.57	荷兰	348.95	7.25
5	韩国	87.46	4.80	德国	183.97	6.33	德国	215.71	4.48
6	新加坡	79.03	4.34	新加坡	122.76	4.22	新加坡	151.34	3.14
7	英国	54.50	2.99	印度	91.37	3.14	英国	131.44	2.73
8	马来西亚	51.39	2.82	英国	85.52	2.94	印度	130.67	2.71
9	法国	41.10	2.26	法国	76.55	2.63	墨西哥	127.86	2.66
10	澳大利亚	26.51	1.46	马来西亚	71.58	2.46	越南	107.53	2.23

数据来源：同表 3-1。

表 3-6　**2005 年、2009 年、2014 年中国高技术制造业进口来源国前 10 排名**

排名	2005 年			2009 年			2014 年		
	国家	进口额（亿美元）	市场份额	国家	进口额（亿美元）	市场份额	国家	进口额（亿美元）	市场份额
1	韩国	353. 66	24. 79	韩国	475. 80	25. 12	韩国	948. 27	28. 87
2	日本	308. 83	21. 65	日本	366. 78	19. 37	日本	456. 81	13. 91
3	美国	151. 46	10. 62	美国	215. 29	11. 37	美国	454. 75	13. 84
4	马来西亚	135. 16	9. 48	马来西亚	198. 85	10. 50	马来西亚	338. 74	10. 31
5	菲律宾	115. 55	8. 10	泰国	128. 00	6. 76	德国	200. 40	6. 10
6	新加坡	77. 95	5. 47	德国	96. 82	5. 11	菲律宾	131. 87	4. 01
7	泰国	64. 83	4. 55	菲律宾	89. 91	4. 75	泰国	126. 38	3. 85
8	德国	54. 97	3. 85	新加坡	65. 70	3. 47	法国	108. 81	3. 31
9	法国	34. 87	2. 44	法国	42. 87	2. 26	新加坡	99. 04	3. 02
10	印尼	13. 36	0. 94	哥斯达黎加	25. 86	1. 37	越南	81. 04	2. 47

数据来源：同表 3-1。

从表3-5可以看出，中国高技术制造业出口主要流向美国、日本、荷兰、德国、韩国五个发达国家，总共约占出口的60%。美国是最大的出口目的国，约占出口的30%，并且出口额持续攀升，2014年出口额高达1356.35亿美元，相比2005年的588.61亿美元增长130.4%。2009年印度进入中国高技术制造业出口目的国前十，2014年墨西哥和越南也进入前十，表明主要出口目的国日益多元化，除了欧美主要发达国家外，新兴市场国家所占比例逐渐提升。

从表3-6可以看出，中国高技术制造业进口来源国集中度非常高，亚洲国家进口占比高达70%以上；三个年度韩国、日本、美国、马来西亚四个国家稳居前四，共占进口额的65%以上。从韩国的进口比重高达25%以上，且进口额快速增长，2005年进口额353.66亿美元，2014年上升为948.27亿美元，增幅高达168.1%；从日本的进口占比也相当高，但呈下降趋势，2005年为21.65%，2014年下降到13.91%，而从美国的进口占比稳步上升，三个年度分别为10.62%、11.37%、13.84%。2014年越南进入进口来源国前十，表明越南参与高技术制造业全球价值链分工加深。

进一步比较表3-5和表3-6，可以看出中国和美国、德国、新加坡存在贸易盈余，并且中美之间的盈余进一步扩大；中国和日本、韩国、马来西亚存在贸易赤字而且逐年扩大。

4. 中国中高技术制造业贸易特征分析

表3-7和表3-8分别为2005年、2009年、2014年三个年度中国中高技术制造业出口目的国、进口来源国排名前十的数据。

从表3-7可以看出，中国中高技术制造业主要出口流向是美国、日本、韩国、德国，四个国家出口占比约为40%，出口集中度低于高技术制造业。中国对印度、越南、巴西、俄罗斯出口逐渐上升，其中2009年越南和巴西排名分别上升到第四位和第五位，2014年印度上升到第三位，表明新兴市场国家正超越发达国家，成为中国中高技术制造业的重要出口目的国。

表 3-7　**2005 年、2009 年、2014 年中国中高技术制造业出口目的国前 10 排名**

	2005 年			2009 年			2014 年		
排名	国家	出口额（亿美元）	市场份额	国家	出口额（亿美元）	市场份额	国家	出口额（亿美元）	市场份额
1	美国	261. 44	22. 34	日本	221. 15	15. 39	美国	520. 44	17. 45
2	日本	157. 39	13. 45	美国	190. 00	13. 22	日本	295. 83	9. 92
3	韩国	63. 43	5. 42	韩国	117. 03	8. 14	印度	184. 07	6. 17
4	德国	53. 37	4. 56	越南	53. 97	3. 76	韩国	147. 07	4. 93
5	英国	34. 35	2. 93	巴西	49. 89	3. 47	德国	126. 71	4. 25
6	意大利	31. 71	2. 71	澳大利亚	45. 79	3. 19	巴西	85. 31	2. 86
7	印度	29. 35	2. 51	泰国	45. 32	3. 15	俄罗斯	73. 51	2. 46
8	新加坡	27. 70	2. 37	新加坡	39. 87	2. 77	印尼	72. 74	2. 44
9	荷兰	27. 41	2. 34	阿联酋	36. 99	2. 57	越南	70. 55	2. 37
10	印尼	26. 93	2. 30	俄罗斯	36. 84	2. 56	英国	70. 02	2. 35

数据来源：同表 3-1。

表 3-8　　**2005 年、2009 年、2014 年中国中高技术制造业进口来源国前 10 排名**

	2005 年			2009 年			2014 年		
排名	国家	进口额（亿美元）	市场份额	国家	进口额（亿美元）	市场份额	国家	进口额（亿美元）	市场份额
1	日本	466. 52	30. 16	日本	637. 29	38. 75	日本	936. 64	28. 56
2	韩国	241. 14	15. 59	韩国	342. 92	20. 85	德国	534. 14	16. 29
3	德国	205. 46	13. 28	美国	180. 28	10. 96	韩国	451. 63	13. 77
4	美国	170. 52	11. 03	德国	89. 87	5. 46	美国	360. 94	11. 00
5	新加坡	50. 68	3. 28	新加坡	53. 13	3. 23	新加坡	80. 93	2. 47
6	意大利	38. 53	2. 49	泰国	52. 19	3. 17	意大利	79. 27	2. 42
7	法国	36. 68	2. 37	沙特	40. 64	2. 47	泰国	73. 90	2. 25
8	泰国	33. 87	2. 19	俄罗斯	20. 77	1. 26	法国	65. 74	2. 00
9	沙特	28. 44	1. 84	奥地利	19. 67	1. 20	沙特	65. 03	1. 98
10	马来西亚	26. 71	1. 73	西班牙	15. 13	0. 92	英国	59. 86	1. 83

数据来源：同表 3-1。

从表 3-8 中可以看出，中国中高技术进口来源国集中度非常高，主要集中于发达国家，日本、韩国、德国、美国稳居前四位，四个国家进口占比高达 70%以上，其中日本是最大的进口来源国，三个年度占比分别为 30.16%、38.75%、28.56%。

对比表 3-7 和表 3-8，可以看出中国中高技术制造业对美国存在一定的贸易盈余，对日本、韩国、德国存在贸易赤字，其中对日本和韩国的赤字逐年扩大。

3.3.2 技术密集型制造业贸易社会网络分析

本研究采用社会网络分析法研究技术密集型制造业贸易格局，通过分析贸易网络中国家之间的贸易关系，可以识别各个国家在网络中的相对位置、重要性以及权力，从而揭示网络中国家的异质性。具体而言，在个体层面，采用中心性分析指标、结构洞分析指标，研究各国在贸易网络中的地位、权力、控制力、影响力、竞争优势；在整体层面，采用“核心—半边缘—边缘”分析框架，识别贸易网络的差序格局，便于了解各国在贸易网络中所处的层次，结合块模型分析法和可视化工具，直观展示贸易网络布局和结构，以及网络中不同结构的行动者之间的贸易往来关系。

3.3.2.1 中心性分析

中心性指标是反映社会网络中行动者的权力（power）或者地位的量化指标，是社会网络分析的重要研究对象，包括两个测量概念，一个是整体中心度，用来测量一个行动者与其他行动者的距离；另一个是个体中心度，用来测量与一个行动者处于网络中心的程度，主要包括点度中心度（degree centrality）、中间中心度（betweenness centrality）、接近中心度（closeness centrality）、特征向量中心度（eigenvector centrality）几类指标，本研究测量个体中心度，利用 Ucinet 软件分别计算 2005 年及 2014 年高技术制造业、中高技术制造业贸易网络中心性指标，见表

3-9 和表 3-10。

表 3-9 **2005 年与 2014 年高技术制造业贸易网络中心性指标对比**

	2005 年				2014 年		
国家	点度中心度	中间中心度	特征向量中心度	国家	点度中心度	中间中心度	特征向量中心度
美国	77	1189.79	0.21	中国	88	1577.31	0.21
德国	72	623.61	0.21	美国	71	625.78	0.21
中国	69	402.65	0.21	德国	67	401.13	0.21
法国	65	676.71	0.20	法国	65	465.34	0.20
英国	56	120.68	0.19	瑞士	56	143.54	0.20
荷兰	53	82.78	0.19	荷兰	51	81.52	0.19
日本	51	94.56	0.19	英国	50	86.47	0.19
芬兰	49	110.72	0.18	阿根廷	46	503.22	0.15
意大利	49	89.19	0.18	意大利	46	53.62	0.18
瑞士	48	61.18	0.18	比利时	42	28.31	0.17
韩国	46	43.34	0.18	韩国	42	26.61	0.18
瑞典	46	62.06	0.18	日本	41	22.47	0.17
比利时	43	30.26	0.18	墨西哥	39	75.04	0.15
新加坡	43	99.20	0.17	马来西亚	39	19.57	0.17
马来西亚	39	15.71	0.17	新加坡	39	72.83	0.16
匈牙利	38	19.96	0.16	印度	38	82.35	0.15
爱尔兰	37	9.83	0.16	捷克	37	19.85	0.16
墨西哥	37	90.20	0.14	俄罗斯	37	69.30	0.15
西班牙	36	14.72	0.16	瑞典	37	17.96	0.16
加拿大	33	6.98	0.15	爱尔兰	36	11.53	0.16

数据来源：基于 UN Comtrade 数据库数据，使用 Ucinet 软件计算。

表 3-10　**2005 年与 2014 年中高技术制造业贸易网络中心性指标对比**

	2005 年				2014 年		
国家	点度中心度	中间中心度	特征向量中心度	国家	点度中心度	中间中心度	特征向量中心度
美国	73	955. 31	0. 21	中国	96	1372. 97	0. 21
德国	72	473. 20	0. 22	美国	84	1009. 27	0. 20
日本	70	621. 57	0. 21	德国	78	463. 06	0. 20
中国	66	414. 00	0. 21	日本	76	473. 96	0. 19
意大利	64	360. 44	0. 21	意大利	72	341. 70	0. 19
韩国	60	246. 51	0. 20	法国	71	687. 56	0. 19
法国	56	371. 69	0. 19	英国	66	153. 26	0. 19
英国	56	173. 13	0. 20	韩国	65	155. 69	0. 18
荷兰	49	66. 19	0. 19	印度	59	220. 63	0. 17
西班牙	47	100. 19	0. 18	荷兰	55	56. 62	0. 17
比利时	46	46. 11	0. 18	比利时	54	60. 29	0. 17
印度	42	105. 86	0. 16	西班牙	54	87. 29	0. 17
土耳其	40	67. 02	0. 16	土耳其	52	209. 53	0. 16
瑞士	39	22. 11	0. 17	巴西	49	82. 21	0. 15
奥地利	38	33. 76	0. 16	泰国	49	207. 81	0. 15
巴西	36	276. 55	0. 14	俄罗斯	46	88. 19	0. 14
瑞典	36	23. 51	0. 16	瑞士	44	21. 43	0. 15
俄罗斯	35	94. 61	0. 14	墨西哥	44	120. 41	0. 14
新加坡	35	60. 13	0. 14	瑞典	43	26. 17	0. 15

数据来源：同表 3-9。

1. 点度中心度

点度中心度是测量节点在网络中位置的最简单指标，分为绝对中心度和相对中心度两种。

绝对中心度测量与行动者直接相连的其他行动者的个数：

$$C_d = d_i(M) = \#\{i: M_{ij} = 1\} = \sum_{j \neq i}^{N} M_{ij} \tag{1}$$

公式（1）中 N 是网络中所有节点数，M_{ij} 代表贸易邻接矩阵 M 中国家 i 和 j 的关系，i 代表出口国，j 代表进口国，如果 $M_{ij}=1$，则 i 和 j 是贸易伙伴，如果 $M_{ij}=0$，则两国不存在贸易关系。可见，网络最大的绝对中心度为（$N-1$），最小为 0。

当比较不同规模网络中节点的点度中心度时，绝对中心度不适用，需要采用相对中心度指标：

$$C_d^N = \frac{\sum_{j \neq i}^{N} M_{ij}}{N - 1} \tag{2}$$

相对中心度是绝对中心度的标准形式，即绝对中心度与网络中行动者的最大可能度数之比。本书采用绝对中心度指标。行动者的点度中心度越高，则在社会网络中的权力越大。在贸易网络中，一个国家的点度中心度越高，其贸易地位和权力越高。

从表 3-9 和表 3-10 可以看出，点度中心度相对高的国家主要是欧美以及亚洲发达国家。中国的技术密集型制造业在国际贸易体系中占有重要地位，高技术制造业的点度中心度从 2005 年排名第三位上升到 2014 年的第一位，中高技术制造业从 2005 年排名第四位上升到 2014 年排名第一位。此外，一些新兴市场国家的点度中心度上升较快，2014 年高技术产业中墨西哥、印度、俄罗斯、捷克进入前二十；2005 年中高技术产业中除中国外，印度、土耳其、巴西、俄罗斯居前二十位，2014 年墨西哥和波兰也加入其中，可见新兴市场国家的贸易地位正逐渐提升。

2. 中间中心度

中间中心度的概念是，假设在点与 X 和 Y 之间直接存在 n 条最短路径，点 Z 相对于 X 和 Y 的中间中心度是其处于 X 和 Y 的捷径上的能力，即经过点 Z 并连接 X 和 Y 的最短路径，测量 Z 在多大程度处于 X 和 Y 的中间。计算公式如下：

$$C_z^b = \sum_{x \neq y} \frac{D_{xy}^z}{D_{xy}} \tag{3}$$

式中 C_z^b 代表节点 Z 的中间中心度，D_{xy} 是任意两个节点 x 和 y 之间的最短连接路径总数，D_{xy}^z 是通过节点 Z 连接节点 X 和 Y 的路径数。贸易网络中一个国家的中间中心度可以衡量其对网络中其他行动者的控制力，值越高，控制力越强，反之亦然。

从表 3-9 和表 3-10 可以看出，就高技术制造业贸易而言，中国 2005 年排名第四，2014 年跃居第一位，表明中国在高技术制造业贸易中的控制力明显增强。2014 年阿根廷的中间中心度跃升至第三位，印度、墨西哥、俄罗斯、捷克的中间中心度也较高。中高技术制造业贸易中，2005 年中国排名第四，2014 年上升到第一位；巴西、印度、俄罗斯、土耳其、墨西哥五个新兴市场国家的中间中心度较高，仅次于美国、法国、日本、德国、意大利。不难看出，新兴市场国家的贸易控制力正在兴起。

3. 特征向量中心度

和点度中心度、中间中心度不同，特征向量中心度描述节点之间的相关性，网络中一个行动者的重要性除了取决于其相邻行动者的数量（即点度中心度）之外，还取决于相邻行动者的重要性。特征向量中心度用来测量一个行动者在网络中的影响力，其核心思想是，与比自己重要的行动者相联系会提升自身在网络中的地位，行动者的特征向量中心度越高，其影响力越大。特征向量计算公式如下：

$$C_E(x) = M_{x1}C_E(1) + M_{x2}C_E(2) + \cdots + M_{x(n-1)}C_E(n-1) + M_{xn}C_E(n) \tag{4}$$

式中 $C_E(x)$ 代表 x 国的特征向量值，$C_E(n)$ 代表 n 国的特征向量值，M_{xn} 代表贸易邻接矩阵中 x 国和 n 国的贸易关系，含义同公式(1)。贸易网络中，一国的特征向量值越高，代表其影响力越大。

表 3-9 和表 3-10 中各国特征向量中心度和点度中心度排名基本一致，高技术制造业贸易中，2014 年中国居第一位，墨西哥、印度、捷

克、俄罗斯等新兴市场国家的影响力也明显增强；欧美发达国家中，美国、德国、英国、法国、荷兰等国的影响力较高。中高技术制造业贸易中，2014年中国居第一位，印度、土耳其、巴西、俄罗斯、墨西哥、波兰的影响力明显增强，美国、德国、日本、意大利、法国、英国、韩国、荷兰等发达国家的影响力较高。

3.3.2.2 结构洞分析

Burt（1992）提出结构洞是两个行动者之间的一种非冗余联系。图3-2中，（a）图自我处于结构洞位置，因为X、Y、Z之间的信息传递都必须通过自我；相比之下，（b）图中不存在信息传递障碍，因而不存在结构洞。可见结构洞是一种社会资本，处于结构洞上的行动者具有信息优势和控制优势，因而比其他行动者更具竞争优势，能为自己谋取更多利益。

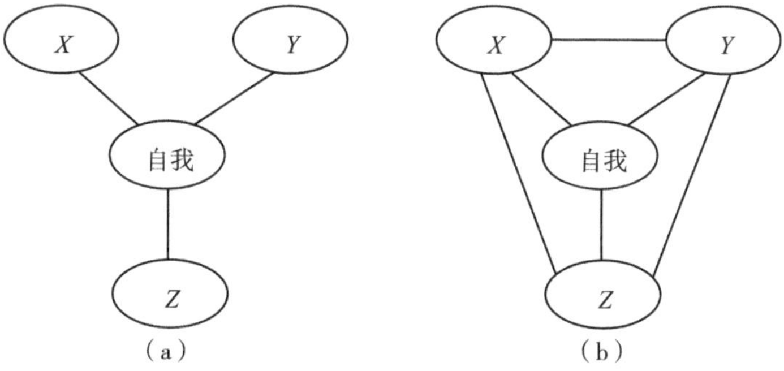

图3-2 信息流动网

资料来源：刘军（2004）。

Burt的结构洞指数包括四个指标：有效规模、效率、限制度、等级度，其中限制度最重要，一个行动者受到的限制度指其在网络中拥有的利用结构洞的能力，该指标越高，运用结构洞的能力越弱，竞争优势越低。本研究采用限制度指标分析高技术制造业贸易国的竞争优势，计算公式为：

$$C_{xy} = (p_{xy} + \sum_{q} p_{xq}p_{qy})^2 \qquad (5)$$

式中 C_{xy} 代表 x 国受 y 国的限制度，p_{xy} 为直接投入，$\sum_{q} p_{xq}p_{qy}$ 为间接投入，p_{xq} 为 x 国的全部关系中投入 q 的关系占总关系的比重。限制度指数 C_{xy} 最小值为 p_{xy} 的平方，即 y 国和其他国家都不存在贸易关系，最大值为 1。

表 3-11 列举了 2005 年和 2014 年技术密集型制造业贸易网络限制度指标排名前二十的国家。两个年度中国排名显著上升：高技术产业和中高技术产业均从 2005 年第四位上升到 2014 年第一位，在技术密集型制造业贸易中的竞争优势进一步增强。高技术制造业中，美国、德国、法国、英国、荷兰等国家的竞争优势明显，阿根廷、墨西哥、印度、捷克、俄罗斯的竞争优势提升。中高技术制造业中，美国、德国、日本、意大利、法国、英国、韩国等发达国家竞争优势明显，印度、巴西、俄罗斯、墨西哥、波兰的竞争优势提升较快。

表 3-11 **2005 年、2014 年高技术与中高技术制造业限制度指标对比**

高技术				中高技术			
国家	2005	国家	2014	国家	2005	国家	2014
美国	0.055	中国	0.053	美国	0.059	中国	0.049
德国	0.064	美国	0.066	德国	0.065	美国	0.053
法国	0.065	德国	0.068	日本	0.065	德国	0.058
中国	0.068	法国	0.069	中国	0.068	法国	0.059
英国	0.078	瑞士	0.078	意大利	0.069	意大利	0.061
荷兰	0.081	荷兰	0.081	法国	0.074	日本	0.061
日本	0.083	英国	0.084	韩国	0.074	英国	0.067
芬兰	0.084	阿根廷	0.085	英国	0.078	韩国	0.068

续表

高技术				中高技术			
国家	2005	国家	2014	国家	2005	国家	2014
意大利	0.085	意大利	0.09	荷兰	0.085	印度	0.073
瑞士	0.087	韩国	0.095	西班牙	0.088	荷兰	0.076
韩国	0.089	比利时	0.096	比利时	0.09	比利时	0.077
瑞典	0.089	日本	0.097	印度	0.098	西班牙	0.077
新加坡	0.093	马来西亚	0.102	瑞士	0.102	土耳其	0.079
比利时	0.094	新加坡	0.103	土耳其	0.102	泰国	0.083
马来西亚	0.102	墨西哥	0.104	奥地利	0.105	巴西	0.084
匈牙利	0.106	印度	0.105	巴西	0.106	俄罗斯	0.089
爱尔兰	0.106	捷克	0.107	瑞典	0.11	墨西哥	0.09
墨西哥	0.108	俄罗斯	0.107	俄罗斯	0.112	瑞士	0.091
西班牙	0.11	瑞典	0.107	新加坡	0.114	瑞典	0.093
加拿大	0.119	爱尔兰	0.109	泰国	0.114	波兰	0.095

数据来源：同表 3-9。

3.3.2.3 核心—半边缘—边缘结构分析

世界体系理论将世界分为核心地区、半边缘地区、边缘地区。Borgatti 和 Everett（1999）将这一理论引入社会网络分析，建立“核心—半边缘—边缘”结构分析框架，用于揭示一个社会网络中各个参与者处于何种地位，以及这些结构之间的关系。本研究采用这一分析框架，利用 Ucinet 软件计算 2005 年、2014 年各国的核心度（coreness），分析高技术制造业和中高技术制造业贸易网络的结构变化。

必须指出，核心度并不等同于中心度，核心度是一种中心度，但中心度不一定是核心度，中心度高的行动者之间可能不存在关系，所以核心度可能低，相反核心度高的行动者中心度一定高。国际贸易网络中，贸易总量大的国家中心度高，但核心度并不一定高（陈银飞，2012）。

本研究将核心度大于 0.15 的国家归于核心国家，核心度在 0.05～0.15 的国家归于半边缘国家，核心度小于 0.05 的国家归于边缘国家（表 3-12）。结果表明：

表 3-12　　**2005 年、2014 年高技术与中高技术制造业“核心—半边缘—边缘”国家分类**

	高技术		中高技术	
	2005 年	2014 年	2005 年	2014 年
核心（核心度≥0.15）	美国、德国、中国、法国、英国、荷兰、日本、意大利、芬兰、瑞士、瑞典、韩国、新加坡、比利时、马来西亚、匈牙利	美国、德国、日本、中国、意大利、韩国、法国、英国、荷兰、西班牙、比利时、印度、土耳其、瑞士、奥地利	中国、美国、德国、法国、瑞士、荷兰、英国、意大利、阿联酋、韩国、比利时、日本、马来西亚、新加坡、墨西哥、印度	中国、美国、德国、日本、意大利、法国、英国、韩国、印度、荷兰、西班牙、比利时、土耳其、巴西、泰国
半边缘（0.05≤核心度<0.15）	爱尔兰、墨西哥、西班牙、加拿大、巴西、印度、奥地利、捷克、泰国、波兰、俄罗斯、丹麦、阿联酋、澳大利亚、以色列、菲律宾、土耳其、南非、葡萄牙、印尼、挪威、斯洛伐克、希腊、沙特、巴基斯坦、斯洛文尼亚、罗马尼亚、乌克兰、克罗地亚、新西兰	瑞典、巴西、新加坡、俄罗斯、泰国、沙特、加拿大、澳大利亚、波兰、芬兰、墨西哥、捷克、匈牙利、爱尔兰、南非、丹麦、马来西亚、阿联酋、印尼、罗马尼亚、斯洛伐克、乌克兰、挪威、伊朗、希腊、智利、以色列、葡萄牙、斯洛文尼亚、阿根廷、巴基斯坦、埃及、菲律宾、委内瑞拉	瑞典、捷克、俄罗斯、爱尔兰、波兰、越南、西班牙、泰国、加拿大、奥地利、匈牙利、巴西、丹麦、斯洛伐克、土耳其、澳大利亚、以色列、沙特、菲律宾、芬兰、印尼、南非、罗马尼亚、挪威、斯洛文尼亚、葡萄牙、保加利亚、哥伦比亚、阿根廷、克罗地亚	爱尔兰、俄罗斯、瑞士、墨西哥、瑞典、波兰、新加坡、奥地利、加拿大、阿联酋、捷克、沙特、澳大利亚、南非、丹麦、马来西亚、芬兰、印尼、匈牙利、罗马尼亚、以色列、阿根廷、斯洛伐克、乌克兰、伊朗、智利、斯洛文尼亚、葡萄牙、尼日利亚、越南、哥伦比亚、埃及、巴基斯坦、希腊、摩洛哥、阿尔及利亚、委内瑞拉、立陶宛、白俄罗斯、秘鲁、哈萨克斯坦、保加利亚

续表

	高技术		中高技术	
	2005年	2014年	2005年	2014年
边缘（核心度<0.05）	瑞士、哥斯达黎加、斯里兰卡、安哥拉、孟加拉国、白俄罗斯、古巴、阿尔及利亚、埃及、爱沙尼亚、克罗地亚、伊朗、利比亚、立陶宛、拉脱维亚、毛里求斯、突尼斯、越南、阿根廷、阿塞拜疆、保加利亚、智利、科特迪瓦、喀麦隆、加蓬、约旦、哈萨克斯坦、柬埔寨、科威特、黎巴嫩、摩洛哥、尼日利亚、卡塔尔、塞内加尔、叙利亚、哥伦比亚、多米尼加、厄瓜多尔、埃塞俄比亚、危地马拉、洪都拉斯、牙买加、肯尼亚、尼加拉瓜、阿曼、巴拿马、秘鲁、巴拉圭、萨尔瓦多、特立尼达和多巴哥、乌拉圭、委内瑞拉、阿尔巴尼亚、亚美尼亚、波斯尼亚、玻利维亚、刚果、格鲁吉亚、加纳、几内亚、塔吉克斯坦、老挝、利比里亚、摩尔多瓦、马达加斯加、马其顿、马里、缅甸、蒙古、莫桑比克、毛里塔尼亚、巴布亚新几内亚、多哥、吉尔吉斯斯坦、土库曼斯坦、坦桑尼亚、乌干达、乌兹别克斯坦、也门、赞比亚、津巴布韦	安哥拉、白俄罗斯、玻利维亚、哥斯达黎加、多米尼加、厄瓜多尔、危地马拉、洪都拉斯、牙买加、尼加拉瓜、巴拉圭、萨尔瓦多、特立尼达和多巴哥、乌拉圭、孟加拉国、哥伦比亚、约旦、哈萨克斯坦、肯尼亚、科威特、黎巴嫩、斯里兰卡、缅甸、阿曼、巴拿马、秘鲁、卡塔尔、越南、也门、阿尔巴尼亚、保加利亚、波斯尼亚、科特迪瓦、古巴、阿尔及利亚、爱沙尼亚、加蓬、克罗地亚、利比亚、立陶宛、拉脱维亚、摩洛哥、尼日利亚、新西兰、塞内加尔、叙利亚、突尼斯、柬埔寨、老挝、巴布亚新几内亚、亚美尼亚、喀麦隆、刚果、埃塞俄比亚、格鲁吉亚、加纳、几内亚、吉尔吉斯斯坦、利比里亚、摩尔多瓦、马达加斯加、马其顿、马里、蒙古、莫桑比克、毛里塔尼亚、毛里求斯、多哥、塔吉克斯坦、土库曼斯坦、坦桑尼亚、乌干达、赞比亚、津巴布韦、阿塞拜疆、俄罗斯、乌兹别克斯坦	哥斯达黎加、新西兰、智利、白俄罗斯、科特迪瓦、阿尔及利亚、埃及、爱沙尼亚、希腊、立陶宛、拉脱维亚、塞内加尔、乌克兰、安哥拉、孟加拉国、玻利维亚、喀麦隆、多米尼加、厄瓜多尔、埃塞俄比亚、加纳、危地马拉、洪都拉斯、哈萨克斯坦、柬埔寨、老挝、斯里兰卡、摩洛哥、缅甸、莫桑比克、尼加拉瓜、巴拿马、秘鲁、巴拉圭、萨尔瓦多、特立尼达和多巴哥、突尼斯、坦桑尼亚、乌拉圭、乌兹别克斯坦、越南、阿塞拜疆、伊朗、约旦、肯尼亚、吉尔吉斯斯坦、科威特、黎巴嫩、利比亚、毛里求斯、尼日利亚、阿曼、巴基斯坦、卡塔尔、叙利亚、阿尔巴尼亚、亚美尼亚、波斯尼亚、刚果、古巴、加蓬、格鲁吉亚、几内亚、牙买加、利比里亚、摩尔多瓦、马达加斯加、马其顿、马里、蒙古、毛里塔尼亚、巴布亚新几内亚、多哥、塔吉克斯坦、土库曼斯坦、乌干达、也门、赞比亚、津巴布韦	莫桑比克、赞比亚、爱沙尼亚、格鲁吉亚、爱尔兰、摩尔多瓦、挪威、土库曼斯坦、亚美尼亚、几内亚、利比里亚、摩尔多瓦、毛里塔尼亚、毛里求斯、玻利维亚、哥斯达黎加、古巴、多米尼加、厄瓜多尔、加纳、危地马拉、洪都拉斯、牙买加、吉尔吉斯斯坦、柬埔寨、拉脱维亚、马里、缅甸、蒙古、尼加拉瓜、巴拿马、葡萄牙、萨尔瓦多、多哥、塔吉克斯坦、特立尼达和多巴哥、坦桑尼亚、乌拉圭、也门、津巴布韦、阿尔巴尼亚、阿塞拜疆、孟加拉国、波斯尼亚、埃塞俄比亚、克罗地亚、约旦、肯尼亚、科威特、老挝、黎巴嫩、利比亚、斯里兰卡、马其顿、新西兰、阿曼、菲律宾、巴布亚新几内亚、叙利亚、突尼斯、乌干达、乌兹别克斯坦、安哥拉、科特迪瓦、喀麦隆、刚果、加蓬、塞内加尔

资料来源：同表3-9。

第一，2005 年和 2014 年两个年度里，少数国家处于技术密集型制造业国际贸易网络的核心并且数量基本稳定，约占全部国家的八分之一，发达国家主要包括美国、德国、法国、英国、荷兰、日本、意大利、韩国、比利时、瑞士。中国具有较高的核心度，高技术制造业中，2005 年和 2014 年中国的核心度排名分别为第三位和第四位；中高技术制造业中，两个年度中国均排名第一。部分新兴市场国家也加入核心国家行列，比如高技术制造业中，2005 年匈牙利核心度排名第十六，2014 年印度、土耳其分别排名第十二和第十三；中高技术制造业中，2005 年墨西哥、印度分别排名第十五和第十六，2014 年印度、土耳其、巴西分别排名第九、十三、十四。相比之下，2014 年部分发达国家滑入半边缘地带，比如高技术制造业中芬兰、瑞典、新加坡、马来西亚，中高技术制造业中阿联酋、马来西亚、新加坡等。

第二，约四分之一的国家位于半边缘地带。大部分新兴市场国家均位于此区域，约占总数的四分之一，2014 年高技术制造业中包括土耳其、南非、印尼、斯洛伐克、巴基斯坦、斯洛文尼亚、罗马尼亚、乌克兰、克罗地亚等国，中高技术制造业包括俄罗斯、墨西哥、波兰、捷克、南非、印尼、匈牙利、罗马尼亚、阿根廷、斯洛伐克、乌克兰、伊朗、智利、斯洛文尼亚、越南、哥伦比亚、埃及、巴基斯坦、阿尔及利亚、委内瑞拉、立陶宛、白俄罗斯、秘鲁、哈萨克斯坦、保加利亚等国。部分发达国家如澳大利亚、加拿大、爱尔兰、丹麦、阿联酋、以色列、葡萄牙、沙特等也位于半边缘地区，2014 年中高技术制造业中新西兰、挪威、菲律宾滑入边缘国家地带。

第三，三分之二以上的国家处于边缘地带。除新西兰、挪威等极少数发达国家外，均为亚洲、非洲、南美洲欠发达国家，这些国家受经济发展缓慢、资源匮乏、高素质人才短缺、产业结构不完善、基础设施建设滞后，或者战乱、政局动荡等诸多因素制约，技术密集型制造业发展落后，国际贸易水平相对低下，在贸易网络中处于边缘化状态。

从上述核心—半边缘—边缘结构分析中可以看出，技术密集型制造业贸易网络较为分化，全球贸易围绕少数核心国家开展，欧美发达国家在贸易网络中占据核心地位；新兴市场国家正在兴起，以中国为代表的一部分国家已经进入核心区域，处于半边缘地区的新兴市场国家最具发展潜质，升级到核心地区行列中的潜力巨大；占全球国家总数最多的欠发达国家均位于边缘地区。

3.3.2.4 块模型分析法

块模型分析法由 White 等（1976）提出，是一种研究社会网络位置模型的方法，认为社会结构是由相互联系的角色系统构成的。块模型分析法得到了广泛运用，比如在科学共同体、世界经济体系、组织问题等研究中就广泛使用它。块模型的构建步骤是：首先，将网络中的行动者分块，一般采用 CONCOR 和层次聚类法；其次，确定各个块的值，取值标准有完全拟合、α-密度标准、0-块标准、1-块标准、最大值标准、平均值标准。

CONCOR 是一种迭代相关性收敛法，重复计算矩阵的行或者列的相关系数，最终形成由 1、-1 构成的相关系数矩阵，得以将矩阵简化并对行动者分块（网络分块并没有一个明确的标准，经验数据是每个块中的行动者宜多于三个），形成像矩阵（image matrix）。本节首先采用 Ucinet 的 CONCOR 功能的交互（interactive）算法分别将 2005 年、2015 年的高技术、中高技术四个贸易网络中的国家各分为六块，每块代表一个独特的贸易关系聚类，然后利用 Ucinet 内嵌绘图工具 Netdraw 及 Pajek 分别绘制贸易网络图（图 3-3～3-6），以便直观地展示网络中贸易各国的位置及相互关系，各个节点大小以各自点度中心度为准，每个结点标签包含相应 ISO 国家代码及所在块，并使用不同色块对分块加以区分。

图 3-3 是 2005 年高技术密集型制造业贸易关系网络图。块一（见国家前标号，后同）和块二的点度中心度高，占据网络的中心位置；其中块一是网络的中枢，和块二、块三联系密切；块四和块五属于网络

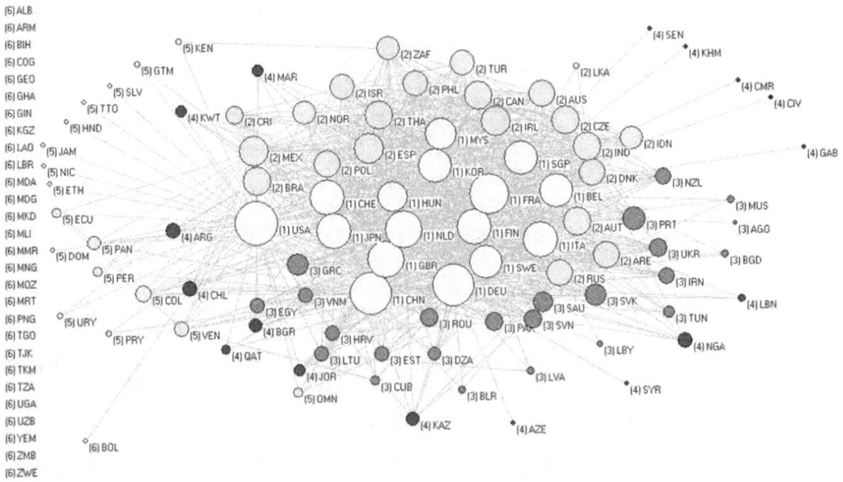

图 3-3　2005 年高技术密集型制造业贸易网络图

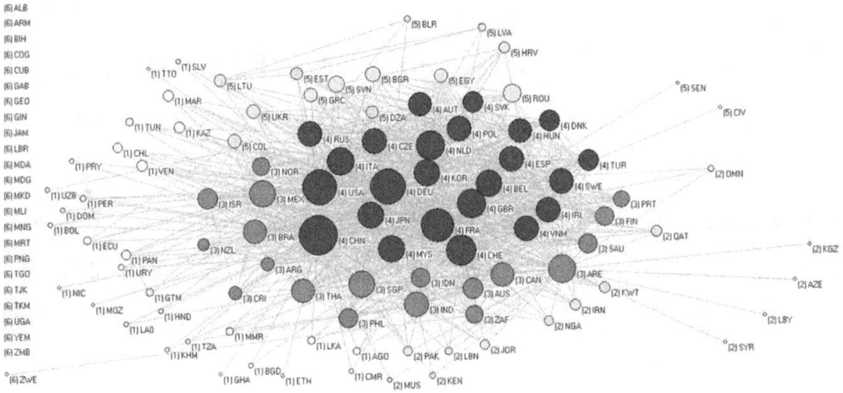

图 3-4　2014 年高技术密集型制造业贸易网络图

的“外环”，点度中心度较低；块六的点度中心度最低，位于网络边缘。具体来看，块一由比利时、瑞士、中国、德国、芬兰、法国、英国、匈牙利、意大利、日本、韩国、马来西亚、荷兰、新加坡、瑞典、美国这 16 个国家组成，除了中国和匈牙利两个发展中国家外，其他基本上是发达国家。块二由新兴市场国家和发达国家共同组成，新兴市场

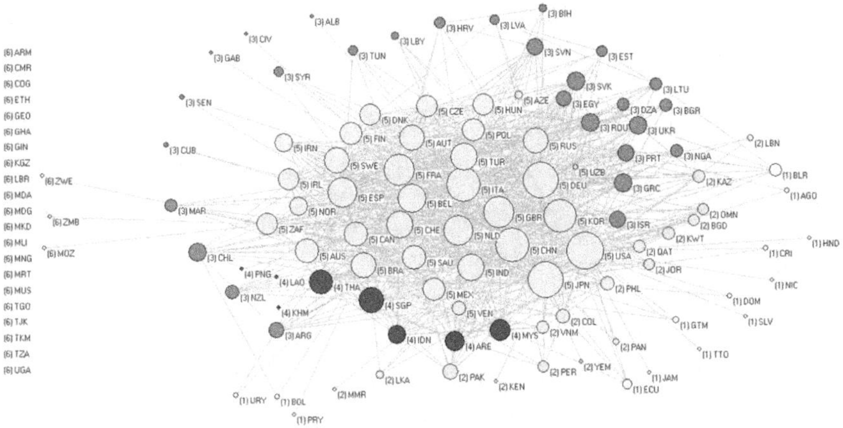

图 3-5 2005 年中高技术密集型制造业贸易网络图

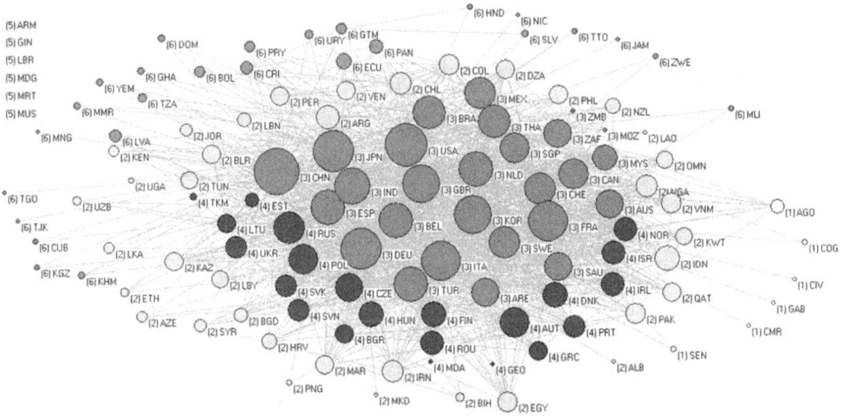

图 3-6 2014 年中高技术密集型制造业贸易网络图

国家包括巴西、捷克、印尼、印度、墨西哥、菲律宾、波兰、俄罗斯、泰国、土耳其、南非，发达国家包括阿联酋、澳大利亚、奥地利、加拿大、哥斯达黎加、丹麦、西班牙、爱尔兰、以色列、挪威。块六在网络中处于孤立状态，和其他板块贸易往来不频繁，主要是非洲、独联体国家以及老挝、缅甸、蒙古。

图3-4是2014年高技术密集型制造业贸易关系网络图。块三和块四的点度中心度高，块四处于网络中心，和邻近的块三、块五联系密切；块一、块二、块五位于网络外围，其中块六游离于网络之外。具体来说，块四集中了网络中的中心国家，相比2005年，中心国家数增加到24个，英国、新加坡、瑞典三个国家退出核心区，新增奥地利、捷克、丹麦、西班牙、爱尔兰、波兰、俄罗斯、斯洛伐克、瑞典、土耳其、越南，新兴市场国家占新增国家半数以上。块三由阿联酋、澳大利亚、加拿大、哥斯达黎加、芬兰、以色列、挪威、新西兰、葡萄牙、沙特、新加坡11个发达国家以及阿根廷、巴西、印度、印尼、墨西哥、菲律宾、泰国、南非8个新兴市场国家组成。块一、块二、块五环绕在块三和块四周围，其中块一主要由非洲、拉美发展中国家构成，块二由亚洲发展中国家构成，块五包括北欧发达国家以及部分东欧国家。块六中大部分国家来自非洲。

图3-5是2005年中高技术密集型制造业贸易关系网络图。块五点度中心度最高，处于网络核心，由32个国家组成，包含发达国家和新兴市场国家，发达国家包括奥地利、澳大利亚、比利时、加拿大、瑞士、德国、丹麦、西班牙、芬兰、法国、英国、爱尔兰、意大利、日本、韩国、荷兰、挪威、沙特、瑞典、美国，新兴市场国家包括中国、巴西、印度、俄罗斯、墨西哥、波兰、土耳其、捷克、匈牙利、伊朗、乌兹别克斯坦、阿塞拜疆。块二、块三同块五关系密切，其中块三点度中心度略高，构成较为复杂，既包含希腊、荷兰、葡萄牙、以色列几个发达国家，也包括罗马尼亚、保加利亚、立陶宛、阿根廷等新兴市场国家和部分拉美国家，块二主要由东欧以及亚洲发展中国家构成。块一主要由南美、拉美国家构成。块六处于孤立状态，主要来自非洲欠发达国家。

图3-6是2014年中高技术密集型制造业贸易关系网络图。块三是网络中心，和2005年相比，国家数目减少到27个，阿联酋、莫桑比克、马来西亚、新加坡、泰国、南非、赞比亚进入中心区。块四是网络

的次中心，由挪威、以色列、爱尔兰、丹麦、葡萄牙、奥地利、希腊、芬兰几个发达国家以及东欧和独联体国家组成。块二国家数目较多，构成网络的外围，主要由亚洲和拉美发展中国家组成。块一和块五处于网络边缘，主要由非洲国家组成。块六在网络中处于孤立状态，以非洲国家为主，相比2005年国家数目大幅减少。

综合上述块模型结构分析可以得出如下结论：

首先，不同类型经济体在网络中表现出明显的梯队。经济总量大、技术实力雄厚的发达国家，以及金砖国家、部分东欧国家处于第一梯队，贸易总量高，贸易伙伴多，是贸易网络的中枢。经济总量低、市场规模小的发达国家，以及亚洲新兴工业化国家处于第二梯队，是重要的出口国，和第一梯队国家贸易往来紧密。大部分东欧新兴市场国家和部分独联体国家如爱沙尼亚、立陶宛、拉脱维亚等处于第三梯队，这些国家区位优势明显，经济发展速度快，是重要的技术密集型产品进口市场。亚洲欠发达国家、拉美国家以及少部分非洲国家处于第四梯队，这些国家经济发展相对缓慢，存在一定的进口需求。两类国家共同构成第五梯队：第一类为大部分非洲国家，这些国家科技发展落后，经济发展乏力，贸易水平低下；第二类为部分独联体国家如格鲁吉亚、塔吉克斯坦、吉尔吉斯斯坦、土库曼斯坦、乌兹别克斯坦等，一部分国家政局动荡造成经济低迷，一部分国家的优势产业是自然资源，在技术密集型制造业中不具竞争优势，所以在贸易网络中处于边缘地位。

其次，一部分新兴市场国家跻身中心贸易国家行列。除金砖国家外，以墨西哥、阿根廷、土耳其、波兰、匈牙利、保加利亚等为代表的新兴市场国家正在崛起，作为后起之秀，这些国家积累了大量人力资本，在技术密集型制造业中已经形成了一定的技术基础和产品竞争力，市场开发能力日益增强，在贸易网络中的地位逐渐提高，由发达国家主导的贸易格局正在发生改变。

再次，非洲国家在贸易网络中的边缘化地位没有得到明显改善。高技术、中高技术两个产业2005年和2014年的贸易网络图显示，除2014

年中高技术贸易网络中边缘国家明显减少外，其余网络中均包含大量以非洲国家为主的边缘国家，这些国家产业基础薄弱，在贸易网络中犹如孤岛，贸易能力低下。

最后，产业集中度正在发生改变。对比 2005 年和 2014 年两个年度中心国家的数量不难看出，高技术制造业中心国家数量明显增多，表明新兴市场国家的力量逐渐增强，产业集中度有降低趋势；而中高技术制造业中心国家数量明显减少，产业集中度有上升趋势，减少的国家中大部分进入高技术制造业的核心国家队伍，可见两大类产业的产业集中度存在此消彼长的关系。

3.4 结论

第一，从贸易网络整体来看，贸易网络结构呈现差序格局，分为核心、半边缘和边缘三个层次。核心国家约占总数的四分之一，核心国家主要包括美国、德国、法国、英国、荷兰、日本、意大利、韩国、比利时等发达国家，也包括中国、印度等新兴市场国家，可见核心国家构成并非是单极的；边缘国家主要是非洲欠发达国家，约占非洲国家总数的三分之二；其余国家处于半边缘地带，新兴市场国家占多数。三个层次的国家在贸易网络中的活跃程度依次递减，核心地带的国家发挥技术优势或成本优势，表现最活跃，除了和其他不同地带的国家发生贸易往来外，国家内部之间也存在贸易关系；半边缘地带国家活跃度次之，主要与核心地带国家发生贸易关系，同时内部也存在贸易关系；边缘地带国家最不活跃，以内部贸易关系为主，和其他不同地带国家贸易不频繁。

第二，从贸易网络个体来看，在贸易地位和贸易影响力方面，2005 年美国居第一位，2014 年被中国取代；排名前十的发达国家有美国、德国、意大利、韩国、法国、英国、荷兰，发展中国家包括中国和印度。在贸易控制力上，2005 年高技术制造业中美国独占鳌头，中国排名第二，2014 年中国上升到第一位；中高技术制造业排名靠前的国家包括美国、德国、日本、中国、法国。在竞争优势方面，高技术产业中美国、德国、中国居前列；2005 年中高技术制造业德国排名第一，2014 年被中国取代。

第三，受益于 30 多年来的对外开放政策，中国在技术密集型制造业贸易网络中扮演重要角色，对外贸易量快速攀升，成功跻身核心国家之列，贸易能力明显增强。以 2014 年各项指标为例，无论是贸易地位、贸易影响力、控制力还是竞争优势，中国均名列前茅。但是应该清醒地意识到，这些指标都是基于“量”的分析，在某种程度上掩盖了中国技术密集型制造业加工贸易比重高、国内增值成分偏低的现状，我们在为中国贸易地位显著提升倍感欣慰和自豪的同时，还必须冷静客观地深入评价其“质”的地位。

3.5 本章小结

本章基于联合国商品贸易统计数据库，采用传统的贸易格局分析法和社会网络分析法，研究技术密集型制造业贸易格局。

本章采用传统的贸易格局分析法分析全球高技术制造业、全球中高技术制造业、中国高技术制造业、中国中高技术制造业贸易特征。结果表明，高技术制造业贸易地位较高的主要是美国、中国、德国、日本、英国、法国、新加坡、韩国、荷兰、比利时等国家，部分新兴市场国家贸易地位日益提升，瑞典、芬兰、奥地利、丹麦等经济体量较小的北欧国家贸易地位下降明显。中高技术制造业地位较高的主要是美国、德国、中国、日本、英国、加拿大、意大利、比利时、法国、韩国等国家；部分新兴市场国家贸易地位提升明显，如墨西哥、印度、俄罗斯、巴西、奥地利、瑞士、瑞典等经济体量较小的北欧国家贸易地位下降明显。中国高技术制造业出口主要流向美国、日本、荷兰、德国、韩国五个发达国家，美国是最大的出口目的国；中国高技术制造业进口来源国集中度非常高，从亚洲国家进口占比高达 70%以上，韩国、日本、美国、马来西亚四个国家共占进口额的65%以上。中国中高技术制造业主要出口国是美国、日本、韩国、德国，四个国家出口占比约40%，中国对印度、越南、巴西、俄罗斯出口逐渐上升；中国中高技术进口来源国集中度非常高，主要集中于发达国家，日本、韩国、德国、美国四个国家进口占比高达70%以上，其中日本是最大的进口来源国。

本章采用社会网络分析法分析各国的贸易网络关系。个体层面指标包括中心性分析指标、结构洞指标，研究各贸易国在贸易网络中的地位、权力、控制力、影响力、竞争优势；在整体层面，采用“核心—半边缘—边缘”分析框架，识别贸易网络的差序格局。点度中心度相对高的国家主要是欧美以及亚洲发达国家，中国的技术密集型制造业在国际贸易体系中占有重要地位，新兴市场国家贸易地位正逐渐提升。中国的中间中心度上升较快，2014年排名第一，巴西、印度、俄罗斯、土耳其、墨西哥五个新兴市场国家的中间中心度较高，仅次于美国、法国、日本、德国、意大利、荷兰等国，新兴市场国家的贸易控制力正在兴起。中国的特征向量中心度也显著上升，2014年位居第一，美国、德国、日本、法国、英国、意大利、荷兰等国家的竞争优势明显，阿根廷、墨西哥、印度、捷克、俄罗斯的竞争优势提升较快。核心—半边缘—边缘结构分析显示，技术密集型制造业贸易网络较为分化，全球贸易围绕少数核心国家开展，欧美发达国家在贸易网络中占据核心地位；新兴市场国家正在兴起，以中国为代表的一部分国家已经进入核心区域，处于半边缘地区的新兴市场国家最具发展潜质，升级到核心地区行列中的潜力巨大；占全球国家总数最多的欠发达国家均位于边缘地区。块模型分析的结论是：首先，不同类型经济体在网络中表现出明显的梯队。经济总量大、技术实力雄厚的发达国家，以及金砖国家、部分东欧国家处于第一梯队，贸易总量高，贸易伙伴多，是贸易网络的中枢；经济总量低、市场规模小的发达国家，以及亚洲新兴工业化国家处于第二梯队，是重要的出口国，和第一梯队国家贸易往来紧密；大部分东欧新兴市场国家和部分独联体国家处于第三梯队，这些国家区位优势明显，经济发展速度快，是重要的技术密集型产品进口市场；亚洲欠发达国家、拉美国家以及少部分非洲国家处于第四梯队，这些国家经济发展相对缓慢，存在一定的进口需求；大部分非洲国家、独联体国家共同构成第五梯队。其次，一部分新兴市场国家跻身中心贸易国家行列。除金砖国家外，以墨西哥、阿根廷、土耳其、波兰、匈牙利、保加利亚等为代表的新兴市场国家正在崛起，由发达国家主导的贸易格局正在发生改变。再次，非洲国家在贸易网络中的边缘化地位没有得到明显改善。最后，产业集中度正在发生改变。高技术制造业中心国家数量明显增多，新兴市场国家的力量逐渐增强，产业集中度有降低趋势；而中高技术制造业中心国家数量明显减少，产业集中度有上升趋势。

4 技术密集型制造业国际竞争力测量、国际比较及实证分析

4.1 引言

第3章综合运用传统的贸易格局分析法、社会网络分析法，全面展示了技术密集型制造业的贸易格局，包括贸易规模、主要进出口国、各国在贸易网络中的地位以及影响力等。尽管贸易格局分析可以在某种程度上反映贸易各国的产业国际竞争力，但是这种分析方法过于粗略，不可避免带来一定的偏差，因而不是主流的产业国际竞争力评价工具。传统的国际竞争力评价方法包括各类基于贸易总量层面、静态的“量”的评价，最具代表性的是显示性比较优势指数、产业内贸易指数、国际市场份额指数等。近十多年来，随着学术界对国际竞争力评价研究的逐渐深入，各类新的评价方法不断涌现，尤其值得注意的是国际竞争力评价正转向基于贸易结构层面、动态的“质”的评价，比如Hummels等（2001）提出的垂直专业化分工概念，Hausmann等（2007）提出的产品出口复杂度指数，KWW（2014）、WWZ（2014）提出的增加值贸易核算法。将“量”的评价和“质”的评价相结合，便于从不同角度透视技术密集型制造业的国际竞争力。在评价产业国际竞争力基础上，下一个问题是，影响产业国际竞争力的主要因素有哪些？回答这一问题便

于为提升产业国际竞争力提供重要参考。本章研究框架见图4-1。

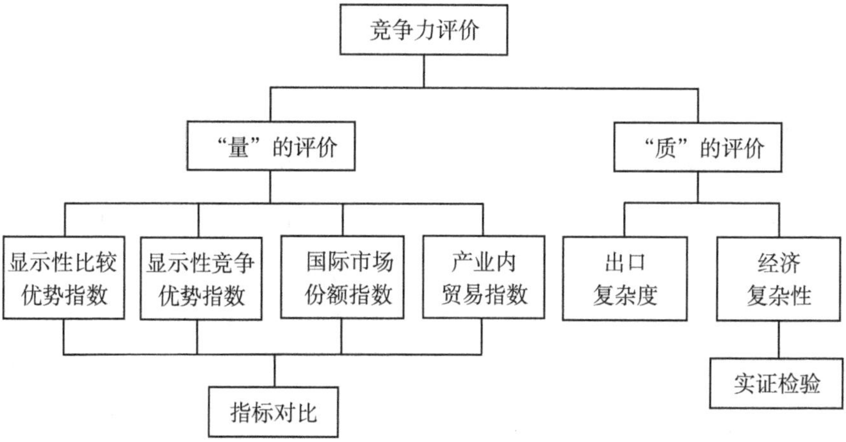

图4-1 研究框架

4.2 技术密集型制造业国际竞争力评价的理论基础

在国际市场上为什么一个国家的某些产业比其他国家更占优势？国际经济学研究和战略管理研究给出了不同的回答。国际经济学沿着亚当·斯密的绝对优势理论发展，而管理学以波特的竞争优势理论为发展主线。

亚当·斯密在《国富论》中提出绝对优势理论。他认为各国的竞争力来源于生产技术的绝对优势所带来的生产成本、劳动生产率的绝对优势，从而一个国家应该出口占绝对优势的产品，进口绝对劣势的产品。根据这一逻辑，产业国际竞争力体现在具有绝对优势的产业之中。亚当·斯密的理论缺乏对现实贸易状况的解释力，因为在现实中产品不占绝对优势的国家也在出口该产品。

基于对亚当·斯密绝对优势理论的批判，大卫·李嘉图在《政治经济学及赋税原理》中提出比较优势理论（Ricardo，1817）。该理论认为，国际贸易的基础是劳动生产率差异导致相对成本差异，进而带来专业化分工，各国应当出口拥有比较优势的产品，进口具有比较劣势的产品。比较优势理论的现实意义在于，为自由贸易提供了有力的证据，从劳动生产率差异入手诠释了国际贸易发生的原因。该理论存在诸多缺陷：首先，建立在一系列严格的静态均衡假设基础之上——不存在规模经济、自由贸易发生在完全竞争的市场之中、生产要素不能跨国流动、不存在技术进步等，事实上在贸易自由化背景下这些假设都受到严峻挑战；其次，没有深入阐述导致各国之间劳动生产率存在差异的原因；再次，在比较优势原则指导下，各国应该完全进行专业化生产，但是现实中不存在这种现象；最后，根据比较优势原理，如果国家之间比较优势差距越大，那么贸易空间越大，但现实中这种情况并不成立。

1919 年赫克歇尔发表《外贸对收入分配的影响》一文，该文是赫克歇尔-俄林模型（H-O 模型）的起源。H-O 模型奠定了现代国际贸易理论的基础，批判地继承了大卫·李嘉图的比较优势理论，使用与大卫·李嘉图基本一致的假设，将生产要素比例差异而非生产效率差异作为比较优势来源，采用一般均衡分析法，研究世界各国的要素禀赋结构和商品贸易模式间的关系，认为资本、劳动力、土地等生产要素均在生产中发挥重要作用，对生产效率和生产成本产生重要影响，生产不同商品需要不同的生产要素组合，因而各国的要素禀赋差异形成了国际贸易的基础，一个国家出口用其相对富裕的资源生产的产品，进口相对缺乏的资源生产的产品。

经济学家们对 H-O 模型提出了各种挑战，最具代表性的是里昂惕夫将 1947 年的投入产出表应用于美国的贸易模型，结果表明美国出口相对劳动密集型商品，而进口相对资本密集型商品，这与 H-O 模型的结论截然相反（Leontief，1947），被称为“里昂惕夫之谜”。针对“里昂惕夫之谜”，Kenen（1965）提出了“人力资本”论，认为里昂惕夫在资本界定上存在局限，即仅仅包含了机器、设备、厂房等实物资本，而忽略了人力资本。美国的劳动相比其他国家包含着更多人力资本，将其加入实物资本之中，使得美国出口产品的资本密集度将高于进口替代品。

此外，Vernon（1965）提出产品生命周期理论。弗农将产品和人相类比，产品的生命经历导入期、成长期、成熟期、衰退期四个周期。产品的不同生命周期阶段在不同技术水平的国家发生的时间不同，因而存在一定的时差，这一时差表现为不同国家之间的技术差距，并且同一产品在不同国家的竞争地位不同，进而决定了国际投资和国际贸易的变化。

总之，比较优势理论可以较好地解释某些贸易形态，成为国际分工与贸易的主流理论，但是其最大的缺陷在于仅仅从供给层面分析国际贸易，而忽略了需求因素。此外，国际贸易逐渐转向收入水平、要素禀赋接近的国家之间，进一步加大了对要素禀赋理论的挑战。

战略管理学领域的迈克尔·波特教授思考在国际竞争中为什么有的国家取得了成功，有的国家则失败？波特认为现有的国际贸易理论存在一定的缺陷，即问题的关键是应当揭示为何一个国家在某些行业能够获得国际性的成功并取得垄断性的行业地位。从国家资源角度论述国际经济贸易的 H-O 模型无法圆满回答这些问题，比较优势理论也只能给出部分的解释。Porter（1990）构建了著名的钻石模型，试图回答这一问题；更重要的是，波特提出了竞争优势概念，这一概念与比较优势概念相对应。波特的竞争逻辑是：不断提高民众生活水平是一个国家发展经济的根本目标，一个国家的生产力水平决定其国际竞争力；而一个国家的生产力水平取决于其企业生产能力，因此事实上国家之间的竞争发生在企业之间；一个国家的所有产业不可能都具有竞争优势，而是集中在少数几个优势产业，基于此波特将产业作为分析国家竞争优势的基本单元；此外，波特认为一个国家产业国际竞争优势来源不只是比较优势，而是更依赖于产业发展的由机会、生产要素、需求条件、相关支持产业、政府、企业战略与同业竞争几个相互关联的要素构成的钻石体系，这一体系可以产生自我强化机制，得以推动产业国际竞争力不断提升。

总体而言，波特采用竞争优势替代比较优势来解释产业竞争力，本质上是从静态转向动态以便解决问题。波特的竞争优势理论提出后，在管理学领域得到管理学者的高度评价，相比之下在经济学领域尤其是国际经济学领域受到尖锐批评，原因是竞争优势理论强调产业如何获得垄断利润，而经济学则关注如何消除垄断利润，二者之间存在矛盾；此外，钻石模型没有经过严格的数学推理和实证检验，缺少说服力。

4.3 技术密集型制造业国际竞争力指标的选取

4.3.1 指标选取原则

1. 客观性

客观性要求在国际竞争力评价指标的选取上必须从实际出发，排除评价者的个人因素干扰，综合权衡各类评价指标的优缺点，确定最合适的评价指标，确保评价结果的有效性，以便真实地揭示产业国际竞争力现状。

2. 科学性

科学性强调评价指标的严谨性。评价一个指标是否严谨的重要准则是检验其理论基础是否可靠、假设条件是否合理、推理过程是否严密，此外还必须检验其适用范围，评价指标的科学性越强，评价结果的可信度就越高。

3. 全面性

产业国际竞争力评价指标具有多样性和复杂性的特点，任何一个指标都不可能全面衡量产业国际竞争力的状况，因此必须综合利用各种评价指标的优势，力争从不同角度、不同层面，通过动态与静态相结合，全方位扫描和测量产业国际竞争力，保证评价过程的全面性、评价结果的说服力。

4. 新颖性

新颖性要求选择评价指标时必须与时俱进。科学研究进步的特征是新的知识不断涌现，就国际竞争力评价指标而言，旧的指标有其存在的合理性，但是其局限性也难以避免，随着世界政治经济格局不断变幻，必然会动摇其假设前提，因而不再具有适应性，必须补充前沿新颖的评价指标，从而客观真实地反映产业国际竞争力。

4.3.2　评价指标的选取

产业国际竞争力是一个多学科研究范畴，各类评价指标不断涌现，常见的指标包括贸易竞争力指数、显示性比较优势指数、国际市场份额指数等。在全球价值链背景下，产业国际分工发生了深刻变化，产业边界也越来越模糊，贸易结构日益复杂，传统的基于贸易总量的评价方法已经不能满足客观评价产业国际竞争力的需要，来自国际经济学、发展经济学、社会学等不同学科的学者提出了各种评价方法，力求反映真实国际竞争力水平，不断推动国际竞争力评价从“量”的评价向“质”的评价发展，本章将从这两个层面综合评价技术密集型制造业国际竞争力现状。

4.3.2.1　基于“量”的评价

虽然学术界在比较优势理论和竞争优势理论方面存在分歧，但是出口竞争力评价得到了管理学和经济学的一致认可。出口竞争力评价以出口数据为基础，侧重于总计层面的“量”的评价，是传统的测量国际竞争力的主流方法。表4-1列举了本章选取的四个“量”的层面国际竞争力评价指标及各自优缺点。

表4-1　**基于“量”的出口竞争力评价指标优缺点**

指标	含义	优点	缺点
显示性比较优势指数（RCA）	一国某产业或产品的相对出口的表现	简洁明了，容易获得数据	忽略了国内市场规模、进口因素、产业内贸易

续表

指标	含义	优点	缺点
显示性竞争优势指数（CA）	一国某产业或产品的出口比较优势与进口比较优势之差	相比显示性比较优势，考虑了进口因素	忽略了国内市场规模
国际市场份额指数（IMS）	一国某产业或产品的出口总额占世界出口额的比重	直观地反映产业出口竞争力	忽视加工贸易以及产业发展战略的影响
产业内贸易指数（IIT）	一个产业或产品的产业内贸易程度	综合考虑进口和出口因素	忽略产业进出口规模

资料来源：本书综合整理。

4.3.2.2 基于“质”的评价

如前所述，传统的产业国际竞争力评价的出发点是“量”，忽略了价值增值与产品技术因素。近年来，随着联合国商品贸易数据库的建立以及各种新的评价方法不断被引入，产业国际竞争力评价逐渐从总计层面静态的“量”的评价向结构层面动态的“质”的评价转变，基于出口复杂性的评价为越来越多的学者所接受。

传统的贸易理论认为出口产品种类受一国要素禀赋的影响，因而出口产品类型同经济增长之间的关系不具研究价值；相比之下，新贸易理论则认为一个国家的产品多样化会促进贸易多样性（Feenstra，2010），国家的竞争力依赖于产业组合而不是单一优势产业，因此对一国产业关联性、多样性、出口复杂性的研究层出不穷。

在出口复杂性方面的研究主要沿着出口复杂度（export sophistication）和经济复杂性（economic complexity）这两条路径开展。

Michaely（1984）是出口复杂度研究的先驱。他提出贸易专业化指标，其假设前提是某种出口品包含的技术与出口国的人均收入水平相关联，Michaely 的研究奠定了产品出口复杂度研究的基础。Lall 等（2006）提出产品层面的出口复杂度，利用人均 GDP 加权来测量一国出口商品技术含量。Hausmann 等（2007）构建了产品出口复杂度指数，研究一个国家出口篮子的质量和经济增长的关系，认为产品出口质量比出口数量重要，其假设前提是一个国家出口的产品复杂度越高，则技术水平也越高；出口专业化模式对经济增长产生影响，发展中国家生产和出口发达国家出口的产品会推动经济更快增长。产品出口复杂度指数可以直接利用出口国家的收入水平来测量包含在出口产品中的技术含量，能反映产品、产业以及国家出口复杂度，被广泛用于评价出口技术含量以及发展中国家的出口竞争力。该指数局限性包括：首先，建立在理想的出口贸易状况之上，不考虑贸易干预和贸易摩擦；其次，产品出口复杂度受到除技术水平因素之外的诸多因素影响，比如运输成本、基础设施状况、市场需求、产业分工等（黄永明、张文洁，2012）；此外，采用人均加权 GDP 测量出口复杂度，必然带来实证研究的内生性问题；最后，富裕国家出口富裕国家商品的逻辑导致循环论证。

Hidalgo 和 Hausmann（2009）以 RCA 指数大于或者等于 1 的产业作为研究对象，形成国家—产品矩阵，采用反射法经过多次迭代来计算经济复杂性指数，并以乐高积木做类比来阐述其核心思想：每一块积木代表一种能力，不同产品由不同的积木所堆积而成，一个国家要生产并且出口一种产品，必须拥有堆积起这个模型的所有积木。一个国家拥有的积木越多，则出口多样性越高，能力集合越丰富，从而经济复杂性指数越高，因此通过每个国家的优势产业组合可以判断其能力集合，也就是经济复杂性。Taccella 等（2013）指出 Hidalgo 和 Hausmann（2009）的反射法存在概念、数量计算等瑕疵，不能准确测量国家竞争力，原因是出口矩阵中产品复杂性和国家竞争力之间为线性关系，为此应构建非线性模型加以改进，以计算国家出口适合度和产品出口复杂度。

本研究选择出口复杂度指数和经济复杂性指数两个指标从“质”的层面测量技术密集型制造业国际竞争力。

4.4 指标测量及分析

4.4.1 数据来源

本研究的指标计算是基于哈佛大学 Feenstra 等编制的全球贸易数据库，该数据库搜集了 1962 年到 2013 年全球二百多个国家或地区的 ISIC 四位数代码的产品进出口数据。本研究选择 1993 年为起始计算年份，原因是中国自 1992 年实行市场经济体制以来，对外开放力度进一步加大，经济活力被进一步激发，产业国际竞争力开始明显增强。

4.4.2 基于“量”的评价

4.4.2.1 指标计算公式

1. 显示性比较优势指数

显示性比较优势指数是最常用的传统的贸易竞争力指标，计算公式为：

$$\mathrm{RCA}_{ij} = \frac{X_{ij}/\sum_{j=1}^{n} X_{ij}}{\sum_{i=1}^{m} X_{ij}/\sum_{i=1}^{m}\sum_{j=1}^{n} X_{ij}}$$

该式中 RCA_{ij}为 i 国 j 类商品或产业显示性比较优势，X_{ij}为 i 国 j 类商品或产业出口额。

如果 $0<\mathrm{RCA}<1$，表示该商品或产业不具有比较优势，RCA 接近 0 表示具有明显劣势；如果 $\mathrm{RCA}>1$，表示该商品或产业具有比较优势。

2. 显示性竞争优势指数

显示性竞争优势指数和显示性比较优势指数的区别在于，前者考虑了进口因素，因而在测量加工贸易比重较高的国家的贸易竞争力时更准确，计算公式为：

$$\mathrm{CA}_{ij}=\mathrm{RCA}_{ij}-\frac{M_{ij}/\sum_{j=1}^{n}M_{ij}}{\sum_{i=1}^{m}M_{ij}/\sum_{i=1}^{m}\sum_{j=1}^{n}M_{ij}}$$

该式中 CA_{ij}为 i 国 j 类商品或产业显示性竞争优势，M_{ij}为 i 国 j 类商品或产业进口额。

如果 CA_{ij}大于 0，则该类商品或产业具有显示性竞争优势；如果 CA_{ij}小于 0，则该类商品或产业不具有显示性竞争优势。

3. 国际市场份额指数

国际市场份额指数反映一国某商品或产业出口额在世界同类商品或产业出口额的比重，计算公式为：

$$\mathrm{IMS}_{ij}=\frac{E_{ij}}{\sum_{i=1}^{m}E_{ij}}$$

该式中 IMS_{ij}为 i 国 j 商品或产业国际市场份额，E_{ij}为 i 国 j 商品或产业出口额。IMS_{ij}越高，该商品或产业竞争力越强。

4. 产业内贸易指数

产业内贸易指数用来测量某商品或产业的产业内贸易程度，计算公式为：

$$\mathrm{IIT}_{ij}=1-\frac{|X_{ij}-M_{ij}|}{X_{ij}+M_{ij}}$$

该式中 IIT_{ij}为 i 国 j 商品或产业的产业内贸易指数，X_{ij}为 i 国 j 商品或产业出口额，M_{ij}为 i 国 j 商品或产业进口额。

一般认为，一国产业内贸易水平与其经济发展水平相关，经济越发达，产业内贸易水平越高，竞争力越强；该指数位于 0 和 1 之间，值越大表明产业内贸易程度越高，值为 0 表明不发生产业内贸易，值为 1 表明为完全的产业内贸易。

4.4.2.2 计算结果分析

本研究的行业选择与第三章一致。为分析方便，选择 G20 国家作为样本，G20 成员中的“欧盟”选择荷兰、比利时、丹麦、希腊、西班牙、葡萄牙、奥地利、芬兰、瑞典、波兰、匈牙利 11 个主要国家，因此总的国家样本为 30 个，占全世界 GDP 的 85%以上，约占总人口的三分之二，具有较强的代表性；此外，本书选择 1993 年、2003 年、2013 年三个观测年度作为纵向比较，研究十个技术密集型产业的 RCA、CA、IMS、IIT 四个指标值变化，从多个层面综合评判各个国家的竞争力，其中前五个行业为高技术密集型制造业，后五个行业为中高技术密集型制造业。

1. 制药业

制药业三个年度 RCA 和 CA 两个指数的变化趋势基本同步。就 RCA 指数而言，丹麦居第 1 位，其次是瑞典、英国、比利时、法国。中国的 RCA 指数在 30 个国家中排名靠后且呈下降趋势，从 1993 年第 18 位降到 2003 年第 24 位，2013 年降到第 25 位（图 4-2~图 4-4）。

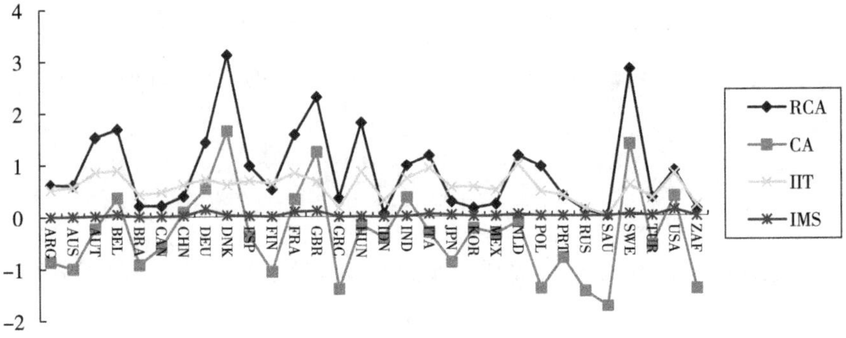

图 4-2　1993 年制药业指标

CA 指数大于零的国家中，丹麦排名第 1 位，其次是瑞典、英国、法国、德国、印度。值得注意的是，印度作为发展中国家，三个年度指数均较高且呈上升趋势，从 1993 年排名第 7 位上升到 2003 年第 4 位，2013 年排名第 2 位；相比之下，中国的指数呈下降趋势，从 1993 年排名第 9 位下降到 2013 年第 15 位，可见在制药行业中印度的竞争力高于

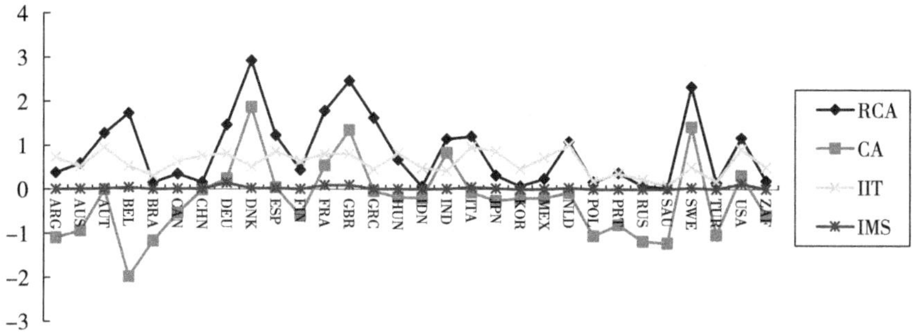

图 4-3 2003 年制药业指标

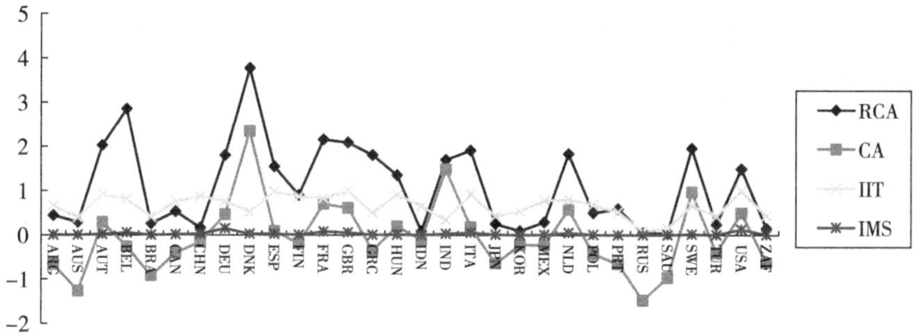

图 4-4 2013 年制药业指标

中国。

三个年度 IMS 排名前两位的分别是德国和美国，其次是英国、法国、比利时、意大利，这些国家拥有众多顶尖制药跨国公司。和印度相比，尽管 1993 年和 2003 年中国的制药业市场份额高于印度，但考虑到中国的制药业出口中的外资成分，并不代表中国的本土企业竞争力高于印度；2013 年印度的出口份额超过中国，排名第 8 位。

从 IIT 指数来看，荷兰、意大利、比利时、美国、英国排名靠前。中国的指标呈上升态势，2003 年进入前 10 位，2013 年上升到第 7 位，表明中国的制药业在全球价值链上参与垂直专业化分工的程度逐渐加深，结合前面三个指标来看，中国处于国际分工低端，竞争力并没有同步上升。

2. 办公室、会计和计算机械

三个年度办公室、会计和计算机械行业 RCA 指数排名发生显著变化，1993 年日本、美国、英国、荷兰、韩国靠前，2003 年、2013 年中国、匈牙利、墨西哥几个新兴市场国家快速提升（图 4-5~图 4-7）。

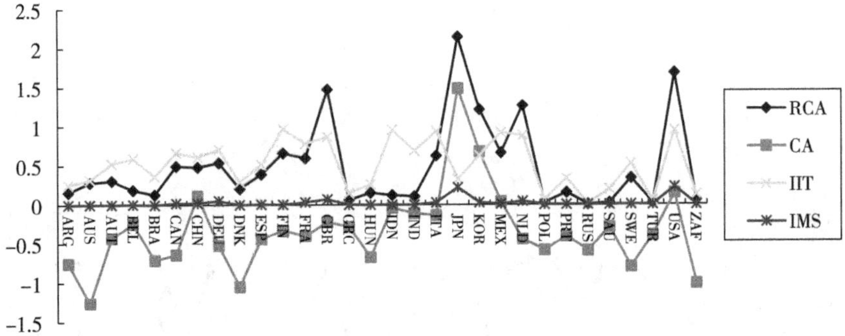

图 4-5　1993 年办公室、会计和计算机械指标

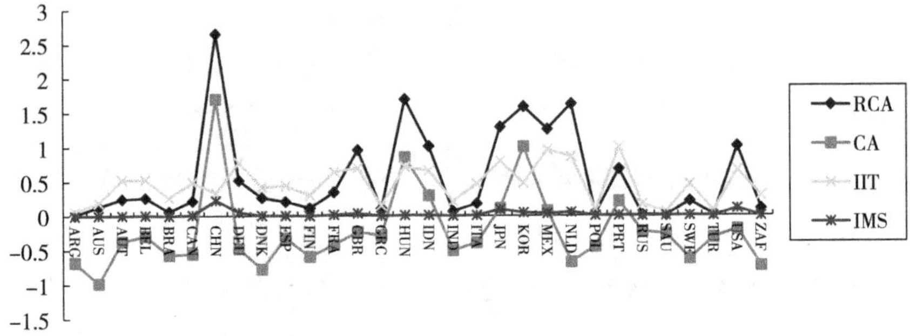

图 4-6　2003 年办公室、会计和计算机械指标

CA 指数大于 0 的国家中，1993 年只有日本、韩国、美国、中国、墨西哥；2003 年中国上升到第 1 位，匈牙利、印尼、葡萄牙三个国家上升较快；2013 年中国、匈牙利、韩国、墨西哥的指数大于 0。

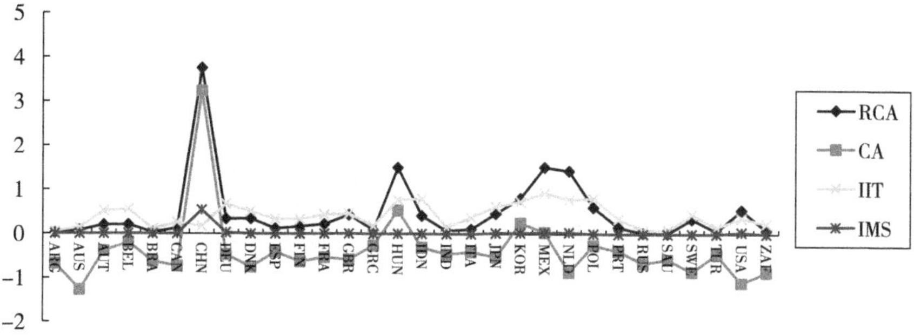

图 4-7　2013 年办公室、会计和计算机械指标

就 IMS 指数而言，1993 年以美国、日本、英国、德国、荷兰为代表的发达国家指数较高，2003 年中国超过美国跃居第 1 位，墨西哥也上升较快。

IIT 指数波动较大，印尼、墨西哥、荷兰、美国、日本等国家排名相对靠前。中国的 IIT 指数明显下降，从 1993 年第 13 位下降到 2003 年第 20 位，2013 年进一步下降到第 23 位。中国的 IIT 指数排名和 RCA、CA、IMS 指数排名形成鲜明对比，可能的原因是该行业中加工贸易成分逐渐下降，进口中间品数量减少，国内增值部分逐渐增加。

3. 无线电、电视和通信设备和装置

无线电、电视和通信设备和装置行业中，三个年度韩国的 RCA 指数均居第 1 位；中国上升较快，2013 年排名第 2 位；RCA 指数较高的其他国家包括日本、墨西哥、匈牙利、美国。对比 CA 指数，韩国和日本仍高居前列，值得注意的是 2013 年中国 CA 指数大于 0，并且超越日本居第 2 位，表明该产业中进口因素对中国的影响减少，产业中的加工贸易成分进一步降低。IMS 指数排名前 5 位的国家是日本、美国、韩国、中国、德国，其中 2013 年中国上升到第 1 位；其他靠前的国家包括墨西哥、法国、英国、荷兰（图 4-8～图 4-10）。

奥地利、葡萄牙、瑞典的 IIT 指数上升较快，相比之下匈牙利、墨

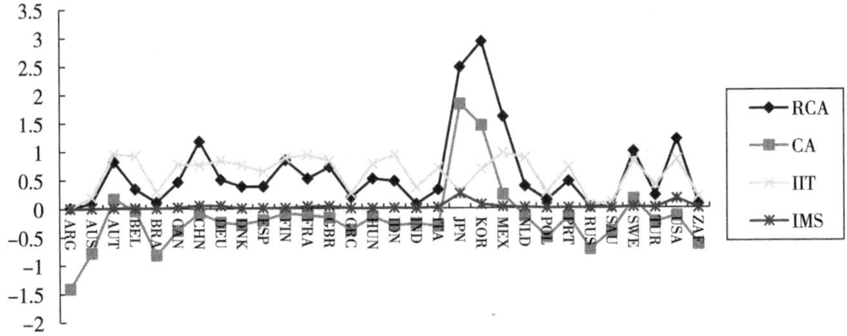

图 4-8　1993 年无线电、电视和通信设备和装置指标

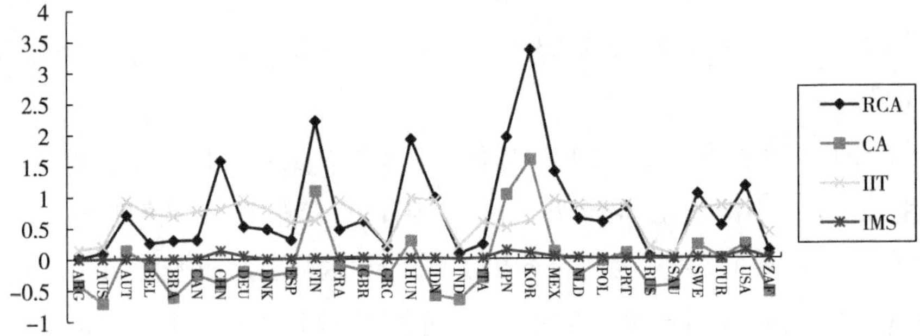

图 4-9　2003 年无线电、电视和通信设备和装置指标

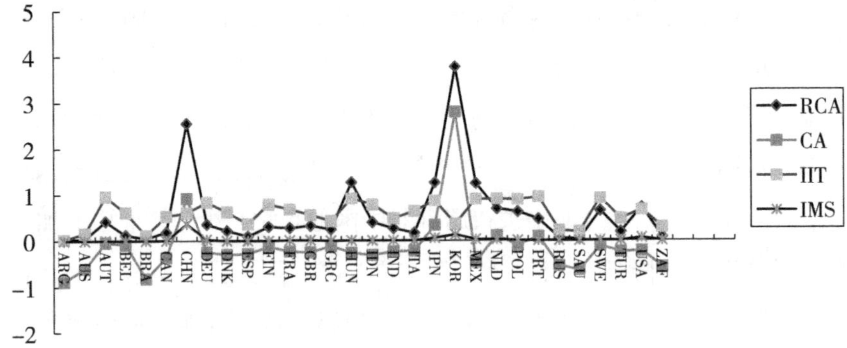

图 4-10　2013 年无线电、电视和通信设备和装置指标

西哥有所下滑，以墨西哥为例，1993 年排名第 1 位，2003 年和 2013 年分别下滑到第 2 位和第 6 位，但 2013 年 IIT 指数仍高达 0.9；三个年度中国的 IIT 指数处于平均水平，分别为 0.76、0.81、0.6，表明中国参与产业内分工的程度略低。

综合上述分析可以看出，无线电、电视和通信设备和装置行业日本、美国、韩国竞争力较强，中国作为后来者竞争力正逐渐增强。

4. 医疗器械、精密仪器和光学仪器、钟表

医疗器械、精密仪器和光学仪器、钟表行业 RCA 较高的国家是以日本、美国、德国、英国为代表的传统优势国家，中国的排名较为稳定并且 RCA 指标逐渐增长，2013 年大于 1。RCA 指数和 CA 指数变化趋势基本一致，但中国的 CA 指数小于零，表明扣除进口因素后中国的竞争力并不强（图 4-11～图 4-13）。

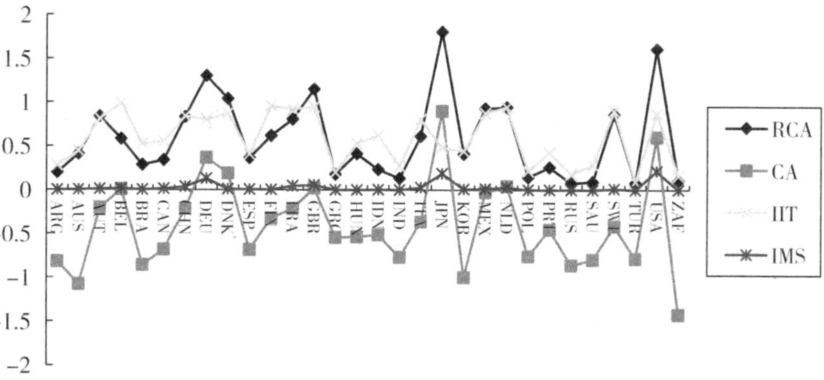

图 4-11　1993 年医疗器械、精密仪器和光学仪器、钟表指标

从 IMS 指标来看，美国、日本、德国、中国、英国等国市场份额较高，其中中国上升较快，2013 年排名第 2 位；墨西哥和韩国也上升较快。IIT 指数变动较大，1993 年处于前四的比利时、芬兰、荷兰三个国家到 2013 年只有芬兰排第 10 位。中国、意大利、奥地利逐年上升，尤其是中国，2013 年上升到第 1 位，中国参与产业内分工的程度逐渐

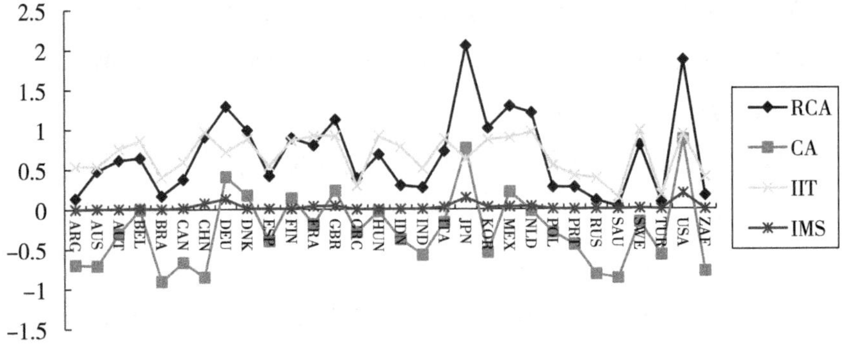

图 4-12　2003 年医疗器械、精密仪器和光学仪器、钟表指标

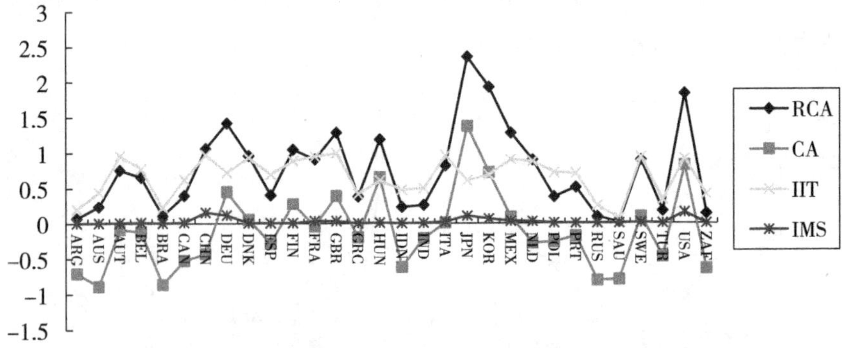

图 4-13　2013 年医疗器械、精密仪器和光学仪器、钟表指标

加深，结合前几个指数综合判断，中国的中间品进口成分较高，中国在该行业的产业内贸易表现为垂直型，产业缺乏竞争力。

由此可见，美国、日本、德国、英国这些发达国家在该行业中具有较强的竞争力；虽然中国的市场份额较高，但产业竞争力较弱。

5. 飞机和航天器

RCA 指数表明，法国和美国一直都高居前列，并且 RCA 指数增长明显，1993 年法国的 RCA 指数为 3.97，2003 年增长到 4.55，2013 年高达 7.09。可以推断，空客和波音两家公司分别给法国和美国的行业竞争力做出了巨大贡献。新兴市场国家中，巴西和阿根廷的RCA指数排名上升较快，2003年巴西上升到第4位，2013年阿根廷排名上升到第8位。中国的竞争力较弱，1993年排名第24位，RCA仅为0.086；2003年RCA下降到0.022，排名第30位；2013年尽管RCA指数有所回升，但仍处于较低水平，仅为0.063，低于1993年。除俄罗斯外，其他国家的CA指数和RCA近似，1993年俄罗斯的CA指数居前4位，而2003年和2013年均小于0，表明俄罗斯的竞争力逐渐削弱。值得注意的是，2013年印度的CA指数上升到0以上（图4-14~图4-16）。

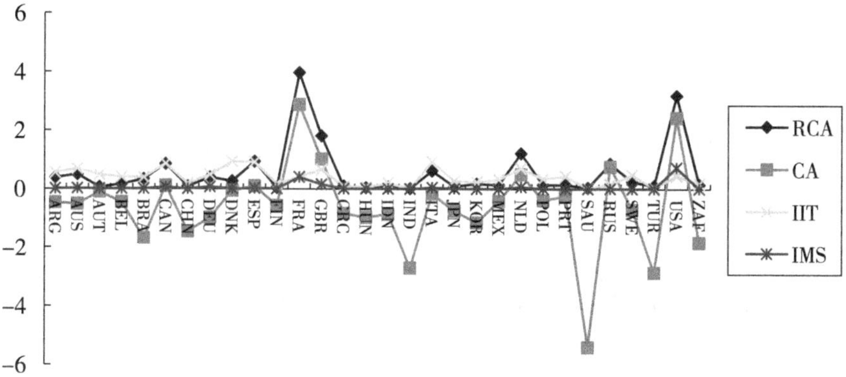

图4-14 1993年飞机和航天器指标

美国、法国、德国、英国、加拿大的IMS指数靠前，可见该市场主要为发达国家控制。巴西的国际市场份额指数排名上升较快，2003年和2013年均位居前10位；2013年印度的排名上升到第10位。三个年度IIT指数变化较大，1993年排名前10位的国家到2013年被奥地利、墨西哥、波兰、英国、比利时、日本、德国、印尼、希腊、巴西所替代；法国和美国两个强国均不在前10位之列，表明该行业的产业内分工主要分散在零部件供应国。

从以上分析可以看出，飞机和航天器行业的两大巨头是美国和法

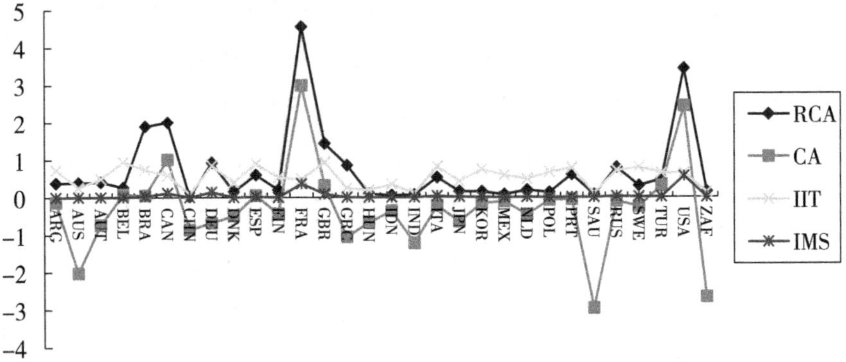

图 4-15　2003 年飞机和航天器指标

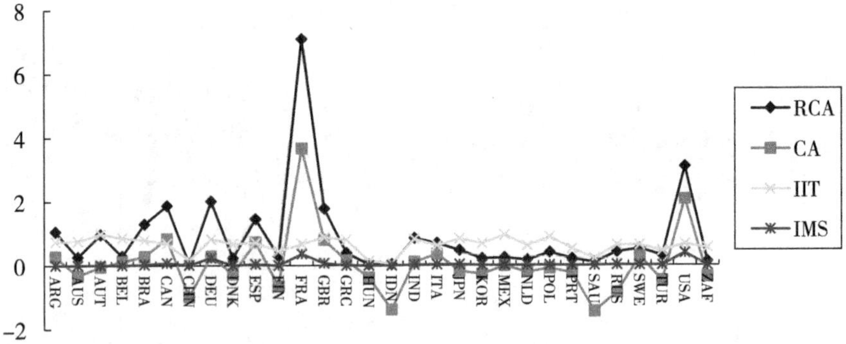

图 4-16　2013 年飞机和航天器指标

国，持续保持领先优势；以巴西为代表的新兴市场国家的竞争力正在形成；中国的产业竞争力较弱。

6. 化学品

化学品行业 RCA 指数较高的国家主要有比利时、荷兰、英国、法国、美国、德国。中国的 RCA 指数排名靠后，相比之下印度的 RCA 指数较高，2003 年和 2013 年两个年度均大于 1。CA 指数较高的国家主要有英国、美国、法国、日本、荷兰、印度、俄罗斯，中国的 CA 指数小于 0。

IMS 指数较高的国家主要是美国、德国、法国、英国、荷兰、日本、英国、意大利、中国。中国的指数排名在三个年度逐年上升，2013 年居第 3 位，尽管市场份额较高，但是结合其他指标来看，中国在化学品产业中缺乏竞争力，远远落后于印度（图 4-17~图 4-19）。

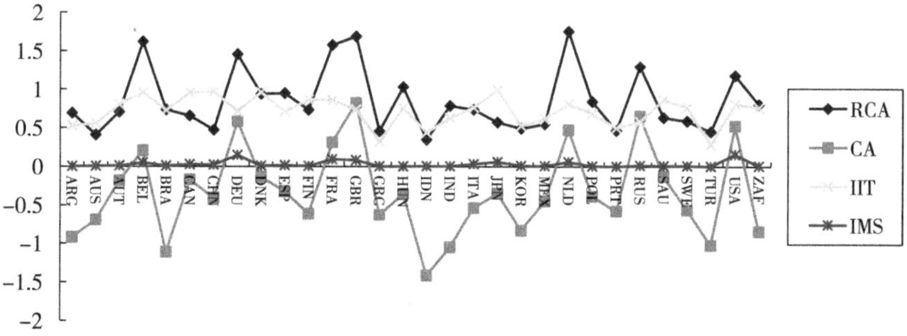

图 4-17　1993 年化学品指标

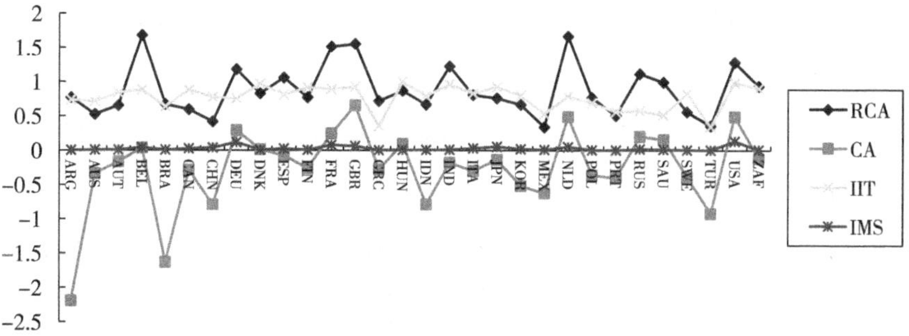

图 4-18　2003 年化学品指标

从 IIT 指数来看，化学品行业产业内贸易结构变化较大，1993 年排名前 10 位的国家到 2013 年除加拿大、中国、美国外基本退出前 10 位，但三个年度总体水平高于 0.5，这是化学品行业的特性决定的，产业链各个环节的依赖性较强，决定了各国之间的贸易互补性高。加拿大、韩国、中国、美国、南非、西班牙、芬兰、奥地利、英国、意大利保持较

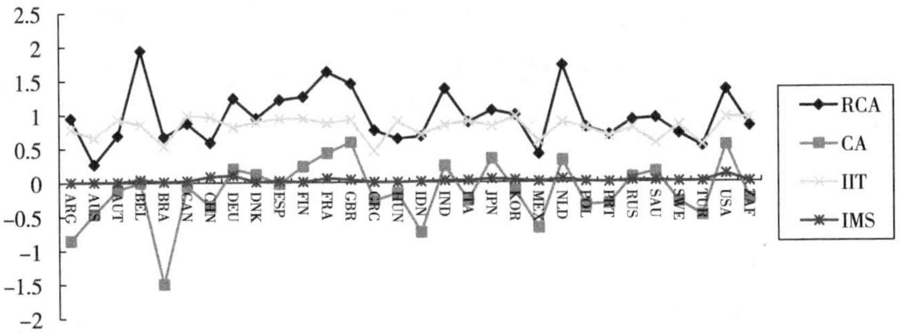

图 4-19　2013 年化学品指标

高水平，平均值高于 0.9。

综合上述分析，中国的化学品行业对国外中间品依赖较高，竞争力较弱，处于全球价值链的低端。

7. 未另分类的机械和设备

未另分类的机械和设备行业中 RCA 大于 1 的国家主要是意大利、德国、日本、瑞典、奥地利等。从 CA 指数来看，日本、意大利、德国、美国、芬兰、瑞典等国家排名靠前，这些国家是传统的机械制造强国，拥有极强的竞争优势（图 4-20~图 4-22）。

IMS 指数排名靠前的国家主要是美国、德国、日本、意大利、法国、英国、中国。中国的市场份额排名逐年上升，从 1993 年排名第 13 位上升到 2003 年的第 7 位，2013 年居第 3 位；尽管中国的 IMS 指数相对靠前，但是对比 RCA 和 CA 等指数，中国的竞争力较弱。

三个年度 IIT 指数排名波动较大，法国、荷兰、英国、美国、匈牙利、西班牙较靠前，表明优势国家之间的贸易互补性更强。中国排名逐年上升，从 1993 年排名第 24 位上升到 2003 年的第 17 位，2013 年进一步上升到第 14 位，表明中国与发达国家之间的贸易互补性有增强趋势，产业内贸易以垂直型为主。

8. 未另分类的电力机械和装置

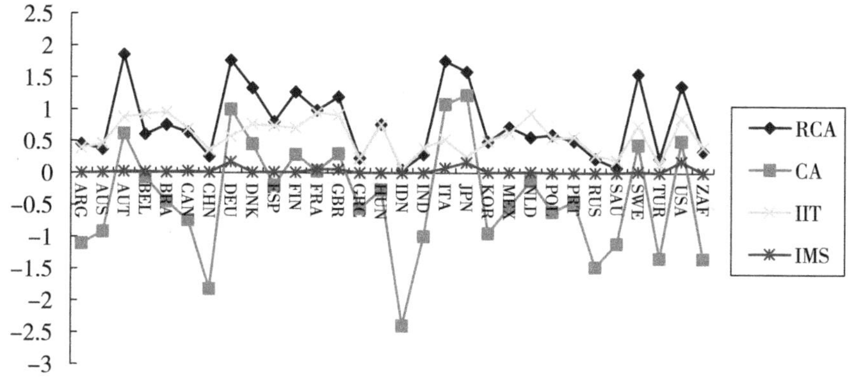

图 4-20　1993 年未另分类的机械和设备指标

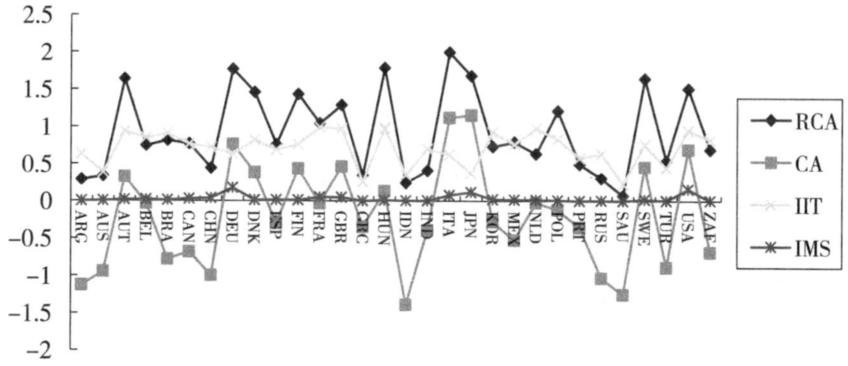

图 4-21　2003 年未另分类的机械和设备指标

未另分类的电力机械和装置行业中，RCA 指数大于 1 的国家主要包括匈牙利、墨西哥、中国、日本、波兰、葡萄牙、德国、韩国、奥地利。CA 指数较高的国家主要是中国、日本、匈牙利、土耳其、波兰、意大利；中国的 CA 指数和排名持续提升，三个年度分别为 0.53、0.75、1.24，2003 年和 2013 年均居第一位（图 4-23～图 4-25）。

进一步分析 IMS 指数可以看出，1993 年排名前 5 位的国家是美国、日本、德国、法国、中国，2003 年排名前 5 位的国家是中国、德国、

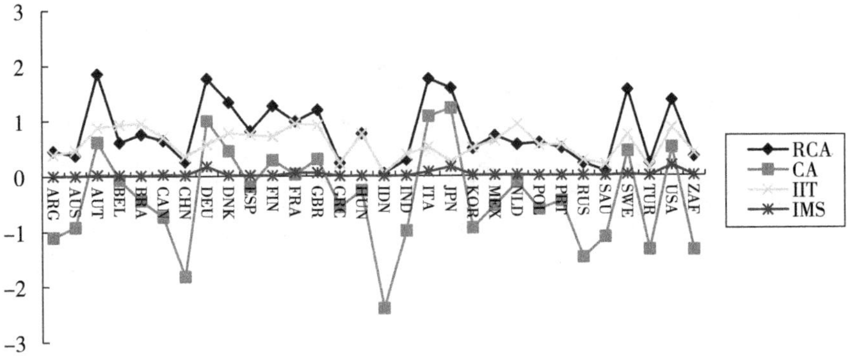

图 4-22　2013 年未另分类的机械和设备指标

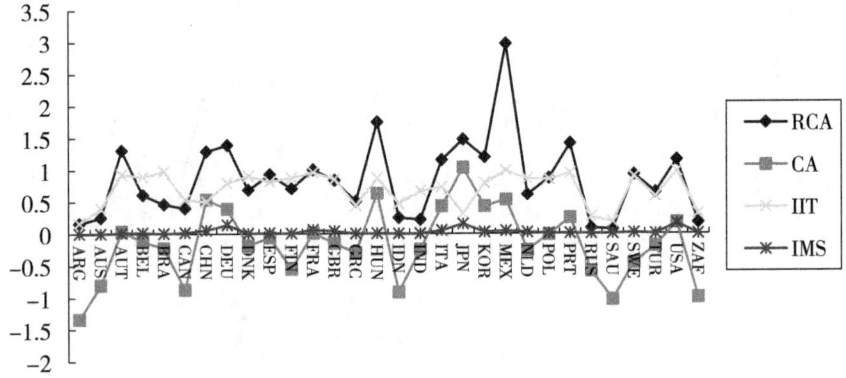

图 4-23　1993 年未另分类的电力机械和装置指标

美国、日本、墨西哥，2013 年是中国、德国、日本、美国、韩国，此外三个年度中意大利和墨西哥的 IMS 指数也较高；中国的 IMS 指数持续增长，并且和 RCA、CA 指数保持同步增长，表明中国的机电产品拥有较强的竞争力。

从 IIT 指数来看，1993 年墨西哥、巴西、美国、法国、葡萄牙、奥地利、丹麦保持较高水平；2003 年匈牙利、印度、印尼、法国、墨西哥、奥地利、土耳其、波兰、葡萄牙、韩国、瑞典 IIT 指数大于 0.9；

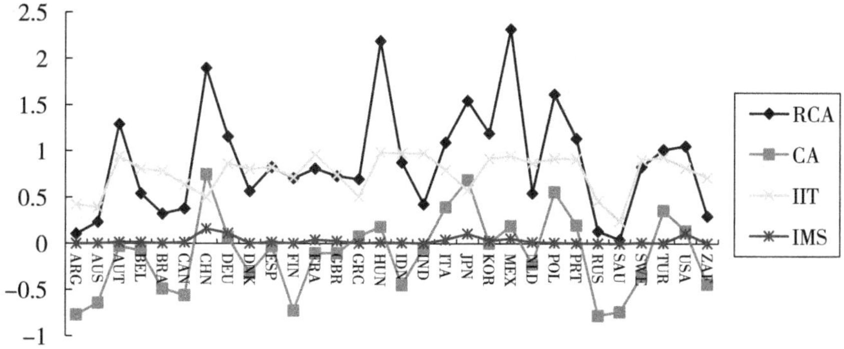

图 4-24 2003 年未另分类的电力机械和装置指标

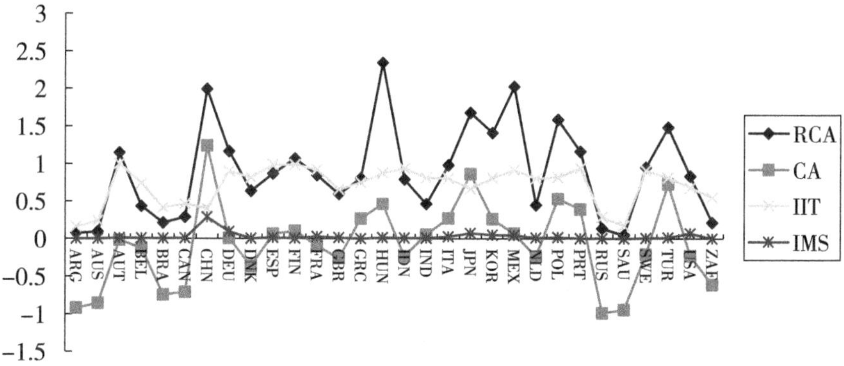

图 4-25 2013 年未另分类的电力机械和装置指标

2013 年奥地利、西班牙、芬兰、印尼、葡萄牙、法国、墨西哥、瑞典的指数大于 0.9。可以看出，墨西哥、法国、葡萄牙均维持在高位。三个年度中国的指数处于 0.5 以下，表明中国在该行业中与其他国家的贸易互补性水平不高。

9. 汽车、挂车和半挂车

汽车、挂车和半挂车业 RCA 指数大于 1 的国家主要是日本、德国、西班牙、墨西哥、加拿大、比利时、瑞典、法国、葡萄牙、韩国，这些国家拥有众多汽车制造巨头企业及知名品牌，其竞争力不言而喻。中国的 RCA 指数较低，2013 年仅为 0.25，和领先国家相差甚远。就 CA 指数而言，日本、墨西哥、韩国、德国、西班牙、瑞典、法国较高，尤其是韩国，2003 年上升到第 2 位；中国的 CA 指数虽然有上升趋势，但是处于较低水平，2013 年为-0.37（图 4-26~图 4-28）。

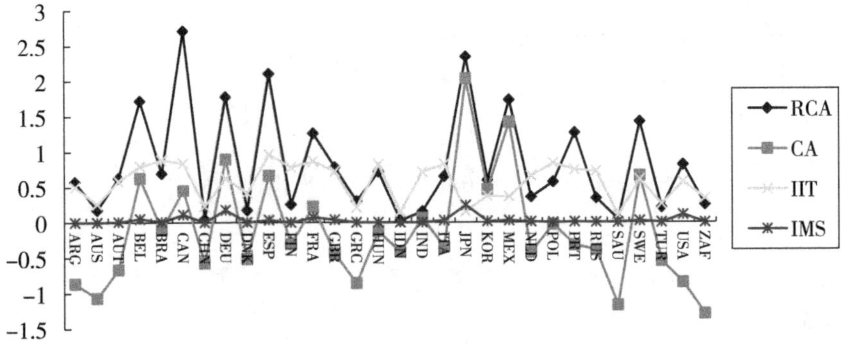

图 4-26　1993 年汽车、挂车和半挂车指标

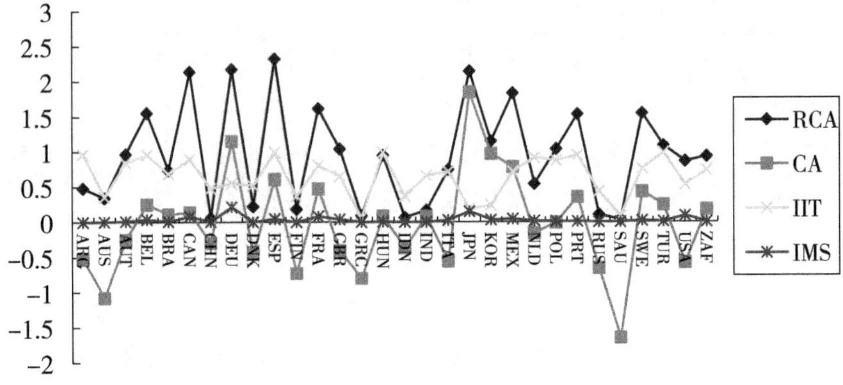

图 4-27　2003 年汽车、挂车和半挂车指标

德国、日本、美国三个汽车大国占据 IMS 指数前 3 位，其次是加拿大、法国等国家。韩国的 IMS 排名上升较快，2003 年进入前 10 位，2013 年进一步上升到第 5 位。1993 年和 2003 年中国的 IMS 排名在 20

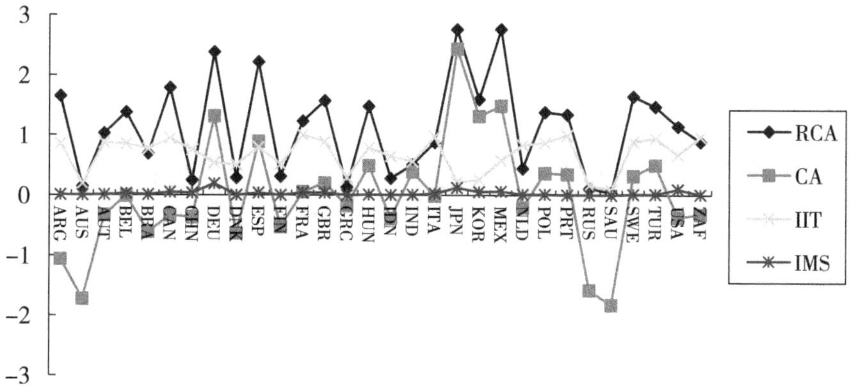

图 4-28 2013 年汽车、挂车和半挂车指标

位之后；2013 年上升到第 10 位。

法国、波兰、加拿大、意大利、匈牙利、葡萄牙等国家的 IIT 指数较高；中国的 IIT 指数排名逐年上升，从 1993 年排名第 26 位上升到 2003 年的第 22 位，2013 年排名第 17 位，表明汽车行业中国和其他国家的贸易互补性增强，但总的来看中国的汽车行业竞争力较弱，中国的"市场换技术"战略并没有提升汽车行业的竞争力，必须走自主创新之路来实现技术跨越。

10. 铁道设备及未另分类的运输设备

铁道设备及未另分类的运输设备业 RCA 指数较高的国家主要是日本、奥地利、意大利、中国、印度、德国、波兰、西班牙等国家，其中 1993 年和 2003 年日本的指数分别高达 3.24 和 3.08；2013 年奥地利的 RCA 指数为 4.12。CA 指数大于 0 的国家主要是日本、中国、印度、奥地利、波兰几个国家，日本和奥地利仍然高居前列；中国排名上升较快，2003 年和 2013 年均位于第 2 位（图 4-29~图 4-31）。

日本、德国、意大利、美国、法国、中国、奥地利的 IMS 指数较高，其中中国 2003 年排名上升到第 2 位，2013 年位于第 1 位，可以看出中国在该产业中的竞争力已经超越了发达国家，近十年来中国大力发

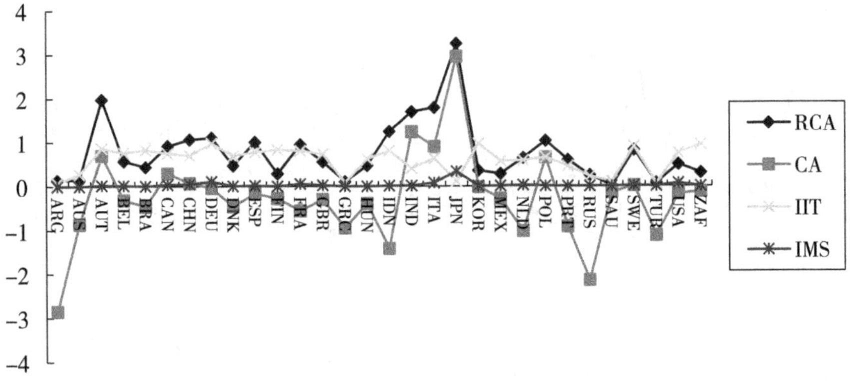

图 4-29 1993 年铁道设备及未另分类的运输设备指标

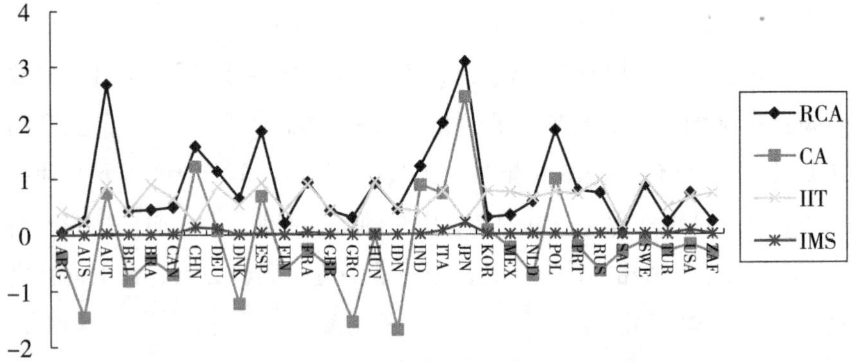

图 4-30 2003 年铁道设备及未另分类的运输设备指标

展高速铁路产业并取得重大突破，建设成世界上里程最长的高速铁路网络，拥有具有自主知识产权的核心技术，并成为技术的输出国，海外市场不断扩张，国际影响力不断增强。

德国、韩国、奥地利、法国、西班牙等国家的 IIT 指数较高；中国的 IIT 指数较低，1993 年为 0.7，2003 年降到 0.22，2013 年进一步降低到 0.14，这与中国在该行业中奉行自主创新战略有关。

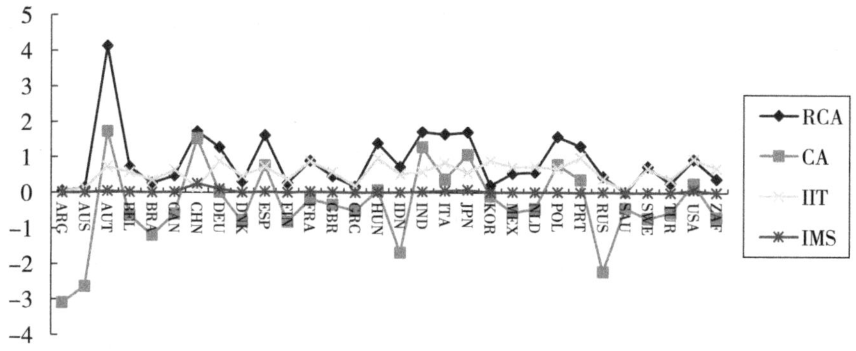

图 4-31　2013 年铁道设备及未另分类的运输设备指标

4.4.2.3　基于"量"的评价的中国技术密集型制造业国际竞争力总结

制药业国际竞争力较弱，RCA 和 CA 两个指数均处于下降态势，相比之下印度的国际竞争力要远远高于中国；中国参与垂直专业化分工的程度进一步加深，有望通过积极参与全球价值链逐步缩小差距。

办公室、会计和计算机械行业国际竞争力迅速增强。RCA、CA、IMS 指数均上升较快，2003 年超越美国上升到第 1 位；与此同时 IIT 指数逐渐下降，中国在该行业中加工贸易成分逐渐降低，进口中间品数量减少，国内增值部分逐渐增多。

无线电、电视和通信设备和装置业国际竞争力明显增强，2013 年 RCA、CA 指数均排名第 2 位，IMS 指数上升到第 1 位，但是 IIT 指数处于平均水平，中国参与产业内分工的程度偏低。

医疗器械、精密仪器和光学仪器、钟表行业国际竞争力较弱，与日本、美国、德国、英国等传统优势国家相比差距较大。虽然 RCA、CA、IMS 指数上升明显，但是 CA 指数小于零，表明中间品进口成分较高，产业中加工贸易成分偏高。

飞机和航天器行业国际竞争力较弱，中国 RCA、CA、IMS、IIT 指数均远远落后于以法国和美国为代表的欧美发达国家，也落后于巴西、阿根廷、印度、俄罗斯等新兴市场国家。

化学品行业国际竞争力较弱，RCA、CA 指数均排名靠后，同发达国家存在较大差距，也远落后于印度；尽管 2013 年 IMS 指数居第 3 位，但是 CA 指数小于零，行业进口成分较高，而中国的 IIT 指数保持较高水平进一步证实了该行业加工贸易成分较高，产业内贸易以垂直型为主，国内增值成分低，产业缺乏竞争力。

未另分类的机械和设备行业国际竞争力较弱，但是呈增强趋势。RCA、CA 指数均同发达国家存在较大差距，尽管 2013 年 IMS 指数上升到第 3 位，但是对比 RCA、CA 指数，产业缺乏竞争力；IIT 指数逐年上升，与发达国家之间的贸易互补性有增强趋势。

未另分类的电力机械和装置行业国际竞争力较强，RCA、CA、IMS 指数保持同步持续增长，并且排名靠前，尤其是 CA 指数位居前列；IIT 指数低于平均水平，与其他国家的贸易互补性水平不高。

汽车、挂车和半挂车行业国际竞争力较弱，与欧美发达国家存在较大差距，RCA 和 CA 指数均处于较低水平，尤其是 CA 指数低于零，表明该产业对中间品进口依赖程度较高；IIT 指数逐年上升，与其他国家的贸易互补性增强。总体而言中国在该行业缺乏竞争力，“市场换技术”战略并没有提升汽车行业的竞争力，必须走自主创新之路来实现技术跨越。

铁道设备及未另分类的运输设备行业国际竞争力上升明显。RCA 指数和 CA 指数均排名靠前，2003 年 CA 指数和 IMS 指数均上升到第 2 位，2013 年 IMS 指数上升到第 1 位，中国在该产业中的国际竞争力已经超越了发达国家，得益于近十年来中国大力发展高速铁路产业并取得重大突破，拥有具有自主知识产权的核心技术，并成为技术输出国，海外市场不断扩张，国际影响力不断增强。

总的来看，中国技术密集型制造业国际竞争力已经有了较大提升，但是就具体产业而言竞争力参差不齐，总体竞争力水平较低，表现在：高技术密集型制造业中，只有办公室、会计和计算机械行业，无线电、电视和通信设备和装置行业具有一定的国际竞争力，而制药行业，医疗器械、精密仪器和光学仪器、钟表行业，飞机和航天器行业缺乏竞争力，甚至落后于部分同等经济发展水平国家，中国在“高”“精”“尖”制造业领域仍然较为落后；中高技术密集型制造业中，铁道设备及未另分类的运输设备行业受益于政府大力扶持，表现出极强的国际竞争力，未另分类的电力机械和装置行业也具有一定的国际竞争力，化学品行业，未另分类的机械和设备行业，汽车、挂车和半挂车行业这三个行业缺乏竞争力。正如前文所述，基于“量”的评价可以在某种程度上揭示产业国际竞争力，但是由于这种评价方法忽视加工贸易成分，容易造成评价结果出现偏差，因而有必要结合“质”的评价，来全面客观识别中国技术密集型制造业国际竞争力。

4.4.3 基于“质”的评价

1. 出口复杂度

Hausmann 等（2007）构建的产品出口复杂度以各个国家出口某类产品的显示性比较优势指数（RCA）为权重，对各国人均 GDP 加权求和，得到产品层的出口复杂度（PRODY）；然后根据各类产品在出口总额中的比重对产品出口复杂度加权求和，得到国家层的出口复杂度（EXPY），反映一国出口篮子的质量。出口复杂度源自出口产业的技术水平，本研究将出口复杂度界定为“深度复杂度”，反映一国在质量阶梯上的深度和高度。

产品出口复杂度计算公式为：

$$\mathrm{PRODY}_k = \sum_j \frac{\frac{x_{jk}}{X_j}}{\sum_j \frac{x_{jk}}{X_j}} Y_j$$

式中，x_{jk}为j国k产品出口额（下同），Y_j为j国人均GDP。

根据产品出口复杂度公式，国家出口复杂度公式表示为：

$$EXPY_j = \sum_k \frac{x_{jk}}{X_j} PRODY_k$$

本书采用上述公式计算126个国家（样本国家选择标准与第三章一致）1993—2013年各个年度技术密集型制造业的出口复杂度指数，并绘制各国的指数分布图。从图4-32可以看出，2000年以前出口复杂度指数增长平缓，最高保持在13000左右，中位数约6000；2000年之后出现增长，直到2008年开始出现波动。进一步分析出口复杂度指数最高值不难发现，自1999年起波动加大，指数最高的国家和其他国家逐渐拉开距离，直到2008年达到顶峰，2008年到2013年之间呈波浪形分布，表明技术密集型行业国家之间的技术水平进一步分化，呈现出强者更强、弱者更弱的“马太效应”。发达国家拥有深厚的技术积淀，在技术密集型制造业的各个行业中占主导地位，是众多技术标准的制定者，依赖技术优势获取大量垄断利润来反哺技术研发，而欠发达国家则陷入低水平循环的怪圈，难以实现技术跨越。

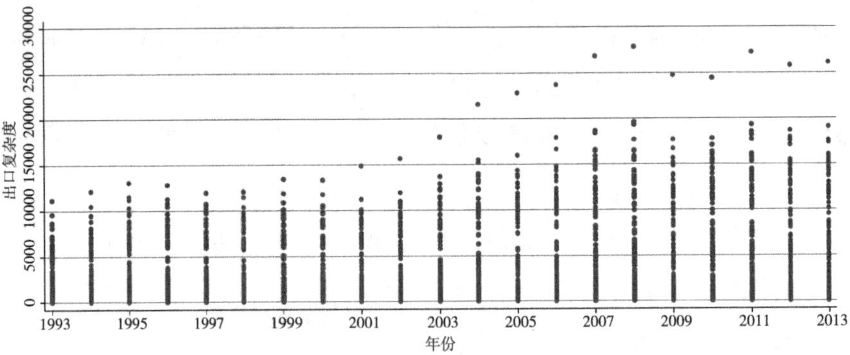

图4-32 1993—2013年各国出口复杂度分布区间图

接下来，选择1993年、2003年、2013年三个年度作为观察点，绘制各国技术密集型制造业出口复杂度散点图，以便深入分析各个国家所处的位置，以及出口复杂度变化趋势（图 4-33～图 4-35）。

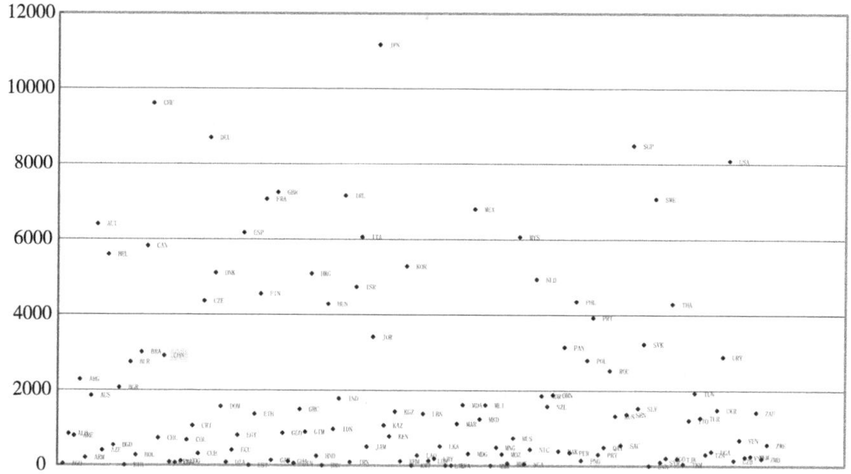

图 4-33　1993 年各国技术密集型制造业出口复杂度分布图

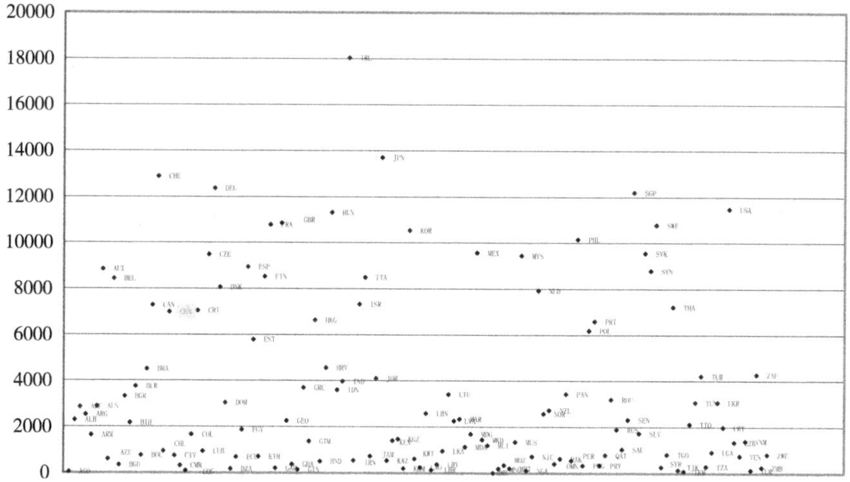

图 4-34　2003 年各国技术密集型制造业出口复杂度分布图

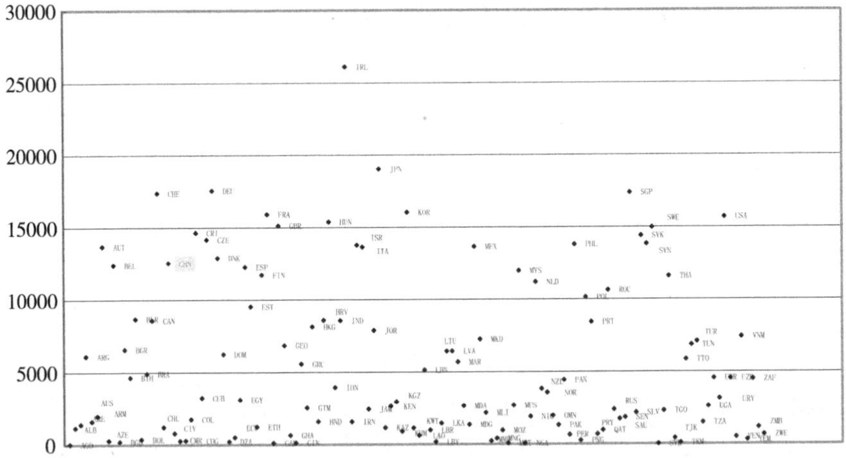

图 4-35　2013 年各国技术密集型制造业出口复杂度分布图

从图中可以看出，从 1993 年到 2013 年，总体而言各国出口复杂度指数处于上升趋势，20 年间世界技术密集型制造业的技术水平有明显提升。三个年度出口复杂度指数近似金字塔分布，大部分欠发达国家尤其是非洲国家处于金字塔底层，发达国家处于顶层。本研究根据出口复杂度指数高、中高、中低、低将各个国家归为四个梯队，具体分析如下：

三个年度中出口复杂度指数均处于前十的国家是日本、爱尔兰、瑞士、德国、美国、法国、英国、新加坡、瑞典。欧美日发达国家是传统的制造强国，是历次工业革命的发动者，工业化水平均走在世界前列，不仅在传统的石油、化工、电气、汽车、飞机、机电、船舶、通信等技术密集型产业拥有大量耳熟能详的知名跨国公司，而且在以核能、计算机、电子、航天、生物工程为代表的高、精、尖产业占据主导地位，计算机技术的广泛使用加快了发达国家制造业实现从传统制造向智能制造的转型，竞争力进一步增强。新加坡在资源贫乏的背景下，大力发展外向型经济，推进产业结构从劳动密集型向技术密集型转型是其出口复杂度保持高水平的原因。自 2003 年以来韩国出口复杂度指数排名跻身前 10 位，作为亚洲新兴工业化国家，近 40 年来韩国一方面引进欧美国家先进技术，另一方面注重自主研发，技术密集型制造业突飞猛进，尤其是电子、汽车业在全球具有较强的竞争力。

三个年度出口复杂度指数处于第二梯队的国家除了奥地利、比利时、加拿大、丹麦、西班牙、芬兰、意大利、荷兰、葡萄牙等欧美发达国家之外，还包括以色列、墨西哥、马来西亚、菲律宾、泰国、捷克等新兴市场国家，2003 年中国跻身第二梯队。新兴市场国家在承接欧美发达国家产业转移的过程中不断完善技术密集型产业门类，不断吸收发达国家领先技术以获得技术溢出，这是出口复杂度指数提升的重要原因。

三个年度处于第三梯队的国家变化较大，2013 年国家数量明显增多，包括南非、巴西、印度三个金砖国家，以及部分独联体国家，此外还包括阿根廷、保加利亚、马其顿、土耳其、摩洛哥、越南等国家。处于第四梯队的主要是非洲国家，这些国家虽然初级商品丰富，但是制造业基础薄弱，高素质人力资源匮乏，加上战争、政局动乱等诸多不利因素，出口复杂度指数处于极低的水平，和发达国家存在数十倍的差距。

比较 2013 年和 1993 年各国出口复杂度指数排名，上升最大的国家是爱沙尼亚，上升 89 位；其次是克罗地亚，上升 87 位；上升 70 位的是拉脱维亚和立陶宛；白俄罗斯上升 65 位，越南上升 57 位，乌兹别克斯坦和哥斯达黎加上升 40 位以上；上升 20 位以上的国家包括科威特、古巴、伊朗、格鲁吉亚、多哥；上升 10 位以上的国家有马其顿、匈牙利、亚美尼亚、斯洛伐克、土耳其、乌干达、洪都拉斯、科特迪瓦、韩国、中国、摩洛哥等。排名降幅最大的国家是孟加拉国，下降 42 位；下降 30 位以上的国家除孟加拉国外，还包括阿曼、委内瑞拉、澳大利亚、哈萨克斯坦、乌拉圭；下降 30 位的国家包括蒙古、马里、赞比亚、巴拿马、阿塞拜疆、阿尔巴尼亚、萨尔瓦多、厄瓜多尔、摩尔多瓦、巴西、智利。

中国的出口复杂度指数三个年度分别是 2908.06、6988.22、12542.5，排位分别是第 32、29、22 位，指数和排名双双处于上升状态，总体处于中高水平，但和 RCA、CA、IMS 等指标的高水平有一定差距，表明出口复杂度指数能更加客观真实地反映中国技术密集型制造业国际竞争力地位。尽管中国已经成为全球最大的出口国，并且出口产品中不乏高技术产品，但是中国的实际技术水平和贸易地位并不匹配，和发达国家相比还有相当大的差距。但是不可否认中国出口品中的国内技术增值部分正在增加，尤其是在部分高端装备制造业领域。中国的崛起令一些发达国家感到不安，这势必会加大发达国家对中国的技术封锁和采取形形色色的贸易保护手段，因此中国的先驱企业应该加大与发达国家的沟通和交流以消除其顾虑，充分展示中国积极的开放心态和与发达国家互利共赢的愿望，全面带动中国技术密集型制造业升级。

2. 经济复杂性

Hausmann 和 Hidalgo（2009）基于能力理论，利用反射法计算经济复杂性（ECI）和产品复杂性（PCI）。他们认为，产品是由不可交易的生产投入品（即能力）制造的，不同的国家拥有的能力数量和能力组合不同，同时生产不同产品的能力组合也不相同，因此能力越多的国家生产的产品越多样，只有少数国家能生产需要较多能力组合的产品，由此测量一个国家生产或者出口的产品种类的数量可以得知该国拥有的能力数量，同样，测量生产或者出口一种产品的国家的数量可以得知这种产品需要的能力数量。该方法利用多样性（diversification）表示经济复杂度，代表一个国家出口的具有显示性比较优势的产品数量；利用普遍性（ubiquity）表示产品复杂度，代表出口一种产品的国家数量，计算公式如下：

$$k_{c,0} = \sum_{p=1}^{N_p} M_{cp} \tag{1}$$

$$k_{p,0} = \sum_{c=1}^{N_c} M_{cp} \tag{2}$$

$$k_{c,n}=\frac{1}{k,0}\sum_{p=1}^{N_p}M_{cp}K_{p,n-1} \tag{3}$$

$$k_{p,n}=\frac{1}{p,0}\sum_{c=1}^{Nc}M_{cp}K_{c,n-1} \tag{4}$$

公式中 M_{cp} 是优势产业组合的国家—产品矩阵，当 $RCA_{cp}\geqslant 1$ 时，$M_{cp}=1$，反之为 0；n 代表迭代次数，c 代表产品，$K_{c,0}$、$K_{p,0}$分别代表初始状态一国拥有的产品多样性、生产一种产品的普遍性。对产品而言，偶数次迭代代表产品平均普遍性，基数次迭代代表产品平均复杂性；对国家而言，偶数次迭代表示国家的平均复杂性，奇数次迭代代表国家的平均普遍性。国家普遍性随着国家复杂性水平增加而减少，产品普遍性随国家能力增加而降低。本研究综合上述公式，借鉴 Hausmann 等（2014）的特征向量法计算 1993—2013 年 126 个国家的技术密集型制造业的经济复杂性。

本研究首先将中国和美国、德国、日本三个国家的经济复杂性指数加以对比（图 4-36）。可以看出 30 年间中国的经济复杂性指数保持上升趋势，尤其是 2004 年到 2009 年、2010 年到 2013 年两个时间段上升幅度较大，2012 年起超过 1。美国、德国、日本三个国家的指数保持较高水平，其中日本的指数最高，三个国家总体呈下降趋势。中国同三个国家之间的差距在缩小，但仍然落后，虽然中国的经济复杂性指数有了明显增长，但是和发达国家相比还有很大提升空间，必须加快技术追赶速度，加大自主创新力度，不断积累技术能力，提高多样性复杂产品的制造能力。

接下来选取 1993 年、2003 年、2013 年三个时间点，分别绘制各国技术密集型制造业经济复杂性分布图，直观地展示各国的经济复杂性，并从整体上比较指数变化趋势（图 4-37~图 4-39）。

1993 年经济复杂性指数处于-3 到 3 之间，其中大于零和小于零的国家约各占半数。中国的经济复杂性指数为 0.18，在 126 个国家中居第 49 位，处于中等偏上水平。经济复杂性指数大于 2 从高到低排列的

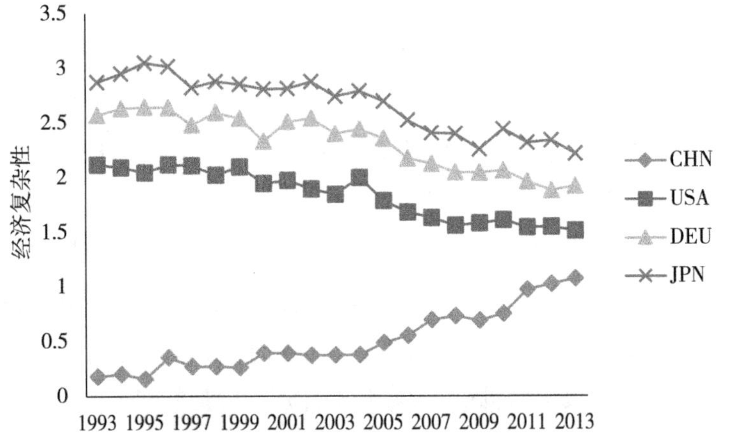

图 4-36　1993—2013 年中国、美国、德国、日本经济复杂性比较

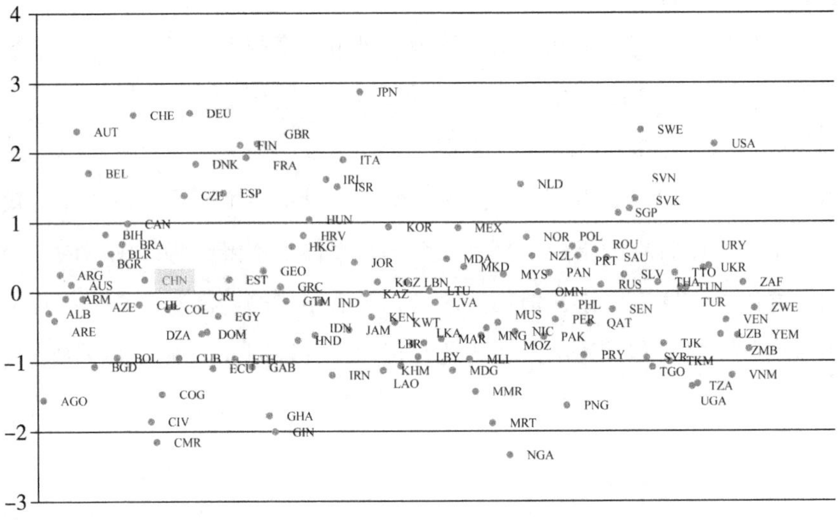

图 4-37　1993 年各国技术密集型制造业经济复杂性分布图

国家依次是日本、德国、瑞士、瑞典、奥地利、英国、美国、芬兰八个发达国家，这些国家拥有较强的生产能力，生产种类最多、复杂性最高的技术密集型产品。经济复杂性指数介于 1 和 2 之间的国家拥有较强的

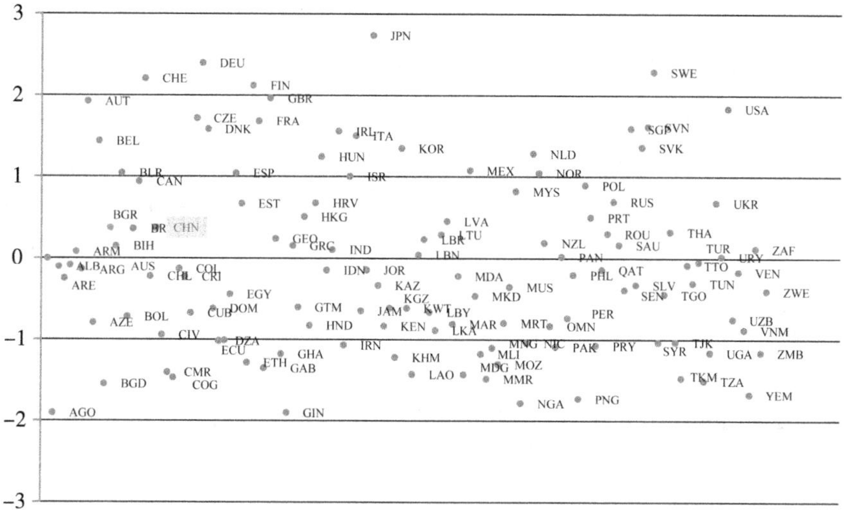

图 4-38　2003 年各国技术密集型制造业经济复杂性分布图

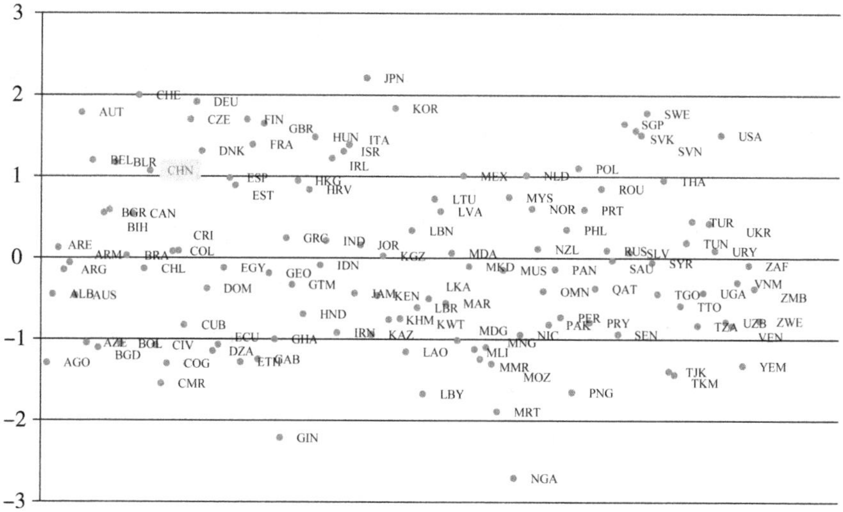

图 4-39　2013 年各国技术密集型制造业经济复杂性分布图

生产能力，包括法国、意大利、丹麦、比利时、爱尔兰、荷兰、以色列、西班牙几个发达国家，以及捷克、斯洛文尼亚、斯洛伐克、新加坡、匈牙利几个新兴市场国家。经济复杂性指数小于零的国家中，除智利、南非、秘鲁、科威特、卡塔尔等几个矿产、石油资源丰富的国家外，其余均为欠发达国家，可见一个国家的经济复杂性指数与其资源禀赋存在一定的相关性，但是过度依赖资源禀赋又不利于其生产能力的提升，拖累经济复杂性指数。

2003年中国的经济复杂性指数为0.37，居第37位，较1993年上升12位，表明10年间中国的制造能力有一定的上升。经济复杂性指数大于2的是日本、德国、瑞典、瑞士、芬兰五个国家，数量比1993年减少。和1993年相比，指数介于1和2之间的国家数量增多，韩国、墨西哥、挪威、白俄罗斯四个国家上升到这一梯队。指数小于0的仍然以欠发达国家为主，受制于技术水平低下、资源禀赋缺乏等众多因素，这些国家生产多样性、复杂性产品的能力较为欠缺。

2013年经济复杂性指数大于2的国家只有日本和瑞士，相比之下尼日利亚、几内亚的指数小于-2，表明经济复杂性指数进一步分化，强者更强，弱者更弱。中国的指数为1.07，居第23位，相比2003年指数与排名均大幅上升，表明在这一时期中国进一步扩大对外开放，积极参与全球生产分工，广泛吸收在华外资企业的技术溢出；国际化程度逐渐加深，跨国并购发达国家企业、设立海外研发基地、对外直接投资等活动日益增加，技术水平得到较快提升，逐渐具备生产更丰富的复杂产品的能力。值得注意的是，墨西哥的指数也上升到1以上，韩国排名上升到第四位，捷克上升到第八位。

综合以上分析可以看出，20年间中国的经济复杂性指数上升明显，反映出中国生产复杂产品的能力逐渐增强，表现为出口优势产品的多样性增多，竞争力不断提升。中国的经济复杂性指数上升的原因是多方面的，必须全面而且客观地分析其背后的动力。1993年到2003年间中国的经济复杂性指数增长可被概括为“粗放式”增长。1992年中国确立市场经济体制大大激发企业的活力，在廉价劳动力成本推动下，大力发展外向型经济，加工制造能力迅速提高，成长为“世界工厂”，尽管中国出口产品多样性不断增长，但由于加工贸易成分过高，导致经济复杂性指数的“含金量”并不高。2003年以来，随着中国加入世贸组织，中国企业海外扩张风起云涌，随之而来的是技术资源不断丰富，中国出口品在保持多样性不断增长的同时，技术含量逐渐增加，因此这一阶段的经济复杂性增长可被概况为“内涵式”增长。

分析其他国家的经济复杂性指数变化不难发现，指数水平和经济发达程度具有极高的相关性。发达国家具有更高的技术投入强度，拥有前沿的技术能力，因而具备生产更丰富产品的能力；相比之下，欠发达国家技术水平落后，技术投入滞后，与发达国家的差距越来越大，经济复杂性两极分化现象日渐加深。具体来看，三个年度位居前十的均为亚洲以及欧美发达国家，其中日本在三个年度均名列前茅，充分显示了其丰富的出口产品多样性、强大的制造能力；德国略微落后于日本，其他国家包括瑞士、瑞典、奥地利、英国、美国、芬兰、法国、韩国、捷克等。三个年度排名后十位的主要是亚洲、非洲欠发达国家，包括尼日利亚、几内亚、喀麦隆、毛里求斯、巴布亚新几内亚、也门、安哥拉、缅甸、刚果等。

4.4.4 中国技术密集型制造业国际竞争力总结

前文分别从“量”的层面和“质”的层面全方位测度了中国技术密集型制造业的国际竞争力，接下来对两种测量结果加以总结。

基于“量”的评价表明，过去20余年，中国技术密集型制造业国际竞争力已经有了较大提升，在一些领域具有一定的竞争优势，尤其是办公室、会计和计算机械行业，无线电、电视和通信设备和装置行业，铁道设备及未另分类的运输设备行业，未另分类的电力机械和装置行业，这四个行业已经具有初步的国际竞争力，其中铁道设备及未另分类的运输设备行业国际竞争力显著，拥有全球领先地位。但是与此同时，大部分技术密集型制造业竞争力处于较低的层次，甚至落后于部分同等经济发展水平国家，比如制药、化工、飞机和航天器行业，在“高”“精”“尖”制造业领域技术基础仍然较为落后，处于全球价值链的低端。可见中国的技术密集型制造业的优势产业具有较强的劳动密集型特征，但整体国际竞争力不强，和发达国家有较大差距。

从“质”的评价结果可以看出，出口复杂度指数和经济复杂性指数均表现出类似的规律性，即指数高低与国家经济发展水平存在较强的关联性。出口复杂度指数的出发点是出口产品的技术水平，衡量的是出口深度复杂性；而经济复杂性指数的出发点是国家出口的优势产品的数量，衡量的是出口广度复杂性。两个指数计算结果较为近似，但经济复杂性指数更能客观地反映中国的实际竞争力。“质”的评价结果显示，近 20 年中国在技术密集型制造业领域国际竞争力明显提升，中国正逐渐缩小与发达国家之间的差距，尤其是近十年来上升较快，处于中等偏上水平。尽管 2013 年中国排名位居前 30 位，但是不能简单地从排名来判断中国在技术密集型制造业中已经具备了和发达国家抗衡的实力。“质”的评价是国家技术能力的折射，具体分析前文计算的出口复杂度指数以及经济复杂性指数结果可以看出，拥有尖端和前沿技术以及先进制造能力的发达国家竞争力最强，位于金字塔的塔尖，从金字塔底部向上攀升国家数量明显减少，可见技术水平决定了国家的攀升能力和速度，越往上攀升困难越大，中国和发达国家之间仍然存在巨大的差距，中国必须逾越技术鸿沟才能实现国际竞争力质的跃升。

综合“量”的层面和“质”的层面评价得出的结论是，中国在技术密集型制造业的国际竞争力有了大幅提升，在部分领域已经具备了一定的竞争实力，中国的出口品中的国内技术增值部分正在增加，但总体而言竞争力较弱，处于中等偏上水平，表现出较强的劳动密集型特征；特别值得注意的是，在一些尖端技术行业我国仍然较为落后，当今时代国家之间的竞争更多体现在尖端技术的抗衡上，发达国家的技术密集型制造业在未来很长一段时间仍然会领先中国，因此一些西方国家抛出的

“中国威胁论”是站不住脚的。中国技术密集型制造业国际竞争力的现状主要是由技术基础薄弱、自主创新能力欠缺、先进制造技术落后等众多因素决定的，中国必须加快技术升级才能进一步缩小和发达国家之间的差距。

4.5　实证检验：资源禀赋、创新能力与技术密集型制造业经济复杂性——资源基础观视角

4.5.1　引言

近20年来，以中国为代表的新兴市场国家出口商品额快速增长，出口额占GDP的比重从20世纪60年代的几乎为零跃升到2003年的将近30%（Rodrik，2006）；出口篮子中不仅包括典型的低附加值、低技术含量的服装、鞋类、玩具等，而且包括计算机、通信设备、机电等技术密集型产品，创造了令世人瞩目的“中国奇迹”。特别值得注意的是，2004年中国超越美国，成为世界上最大的高技术产品出口国（Lemoine等，2008）。面对持续增强的出口能力，西方社会不禁抛出“中国威胁论”，认为中国在高技术领域已经逐渐追赶上发达国家，必须限制中国出口技术型产品，遏制中国发展势头。传统的基于数量的贸易统计方法容易带来统计假象，进而造成发展中国家产业竞争力增强的幻觉。事实上，中国光鲜的出口成绩的表象掩盖了技术能力虚增的真相，因为中国的贸易结构中加工贸易占据相当高的比重，中国出口的技术密集型产品中包含大量来自发达国家的中间品，而中国国内的增值成分极为低下，从全球价值链中获取的收益也相当有限。和中国类似的还有印度，这些发展中国家的出口地位的不寻常提升现象，引领贸易竞争力评价从“量”转向“质”。

Hausmann在2005年的工作论文*What you export matter*（该文正式发表于2007年）中提出的产品出口复杂度是最具代表性的贸易竞争力

“质”的评价指标之一。该指标可以客观地评价出口技术水平，反映一国的产业国际竞争力以及在全球价值链上的地位，产业国际竞争力研究视角逐渐从单纯的指标测度转向南北国家之间的对比研究（黄先海等，2010）。Hausmann（2007）的研究表明，中国的人均 GDP 只有巴西、阿根廷、智利等拉美国家的一半，但出口复杂度指数超过它们。Rodrik（2006）发现，中国和印度的出口复杂度明显偏高，由此掀起一场有关出口复杂度异常性的争论，即著名的“Rodrik 悖论”：人均 GDP 类似的国家或地区出口复杂度存在显著差异。但是出口复杂度指数存在一个较大的缺陷，即该指数采用 GDP 对 RCA 指数加权，在实证分析中不可避免带来内生性问题。Hidalgo 等（2009）创造性地提出经济复杂性概念，从一国生产多样性产品的能力的独特视角来测量竞争力，反映的是一国生产能力的广度复杂性。该指数计算是基于反射法，因而得以克服出口复杂度指数的内生性问题。

近年来学术界围绕出口复杂度的影响因素展开了广泛的研究，主要集中于经济增长（Rodrik，2006；Hausmann 等，2007；Schott，2008；黄永明、张文洁，2012；Hallak & Schott，2011）、出口推动（黄先海等，2010）、资源禀赋（祝树金等，2010；Hausmann 等，2007；戴翔，2010；陈晓华等，2011）、FDI 推动（Wang & Wei，2010；Harding 等，2009）、进口技术扩散（陈晓华、沈成燕，2015；Aristei 等，2013；Xu 等，2010；Wang 等，2010；Caselli 等，2001）、研发能力（关志雄，2002；Caselli 等，2001；Hausmann 等，2003）、制度质量（刘琳，2015；Rodrik，2006；Hausmann，2007；Acemoglu & Robinson，2008；戴翔、金碚，2014）。与之形成鲜明对比的是，当前经济复杂性的实证研究极为稀少，甚至有的文献将经济复杂性和出口复杂度混为一谈。鉴于经济复杂性是一个国家生产能力的综合表征，反映了该国的竞争力，资源基础观为此认为，企业的核心竞争力与所能利用的资源的价值、稀缺性、不可替代性密切相关（Barney，1991）。将这一理论延伸到产业层面，则生产能力取决于一国所能掌控的资源的质量，因此本研究基于资源基础观，拟提出资源禀赋、创新能力两类资源是决定技术密集型制造业经济复杂性的主要因素，以弥补现有出口复杂度实证研究缺乏理论基础的不足。此外，制度质量作为一种特殊的环境要素，会影响资源禀赋积累和创新能力形成，比如和资源保护相关的法律法规可以有效调节自然资源的利用效率、物质资本积累；和知识产权保护相关的法规有助于人力资本形成、技术创新能力提升。很显然，制度质量和这些因素之间存在交互效应，基于实证分析结果，本书将提出提升中国技术密集型制造业经济复杂性指数的相关政策建议。

4.5.2 理论背景

1. 资源禀赋

一国的出口篮子反映了其真实的要素禀赋以及技术水平。以赫克歇尔-俄林模型为代表的传统的比较优势理论认为，一国的比较优势源自生产要素比例差异，资本、劳动力、土地等要素禀赋的差异形成了国际贸易的基础，因此一国的出口篮子是该国最具竞争力的产品集合，包含用本国相对富裕的资源生产的产品。而新贸易理论认为，企业专业化生产各类产品，消费者对产品种类的偏好推动产业内贸易的发生，一个国家的资源禀赋决定其生产具有横向差异化的产品种类的能力。

广义的资源禀赋除了包括自然资源、国土面积、劳动力等要素外，还包括基础设施、物质资本、人力资本等。自然资源是一国的基本生产投入品来源，丰裕的自然资源可以带来大量收入，有助于改善生产能力。但是自然资源丰裕并不一定促进生产能力的提升，因为自然资源密集型产业吸引资本流向加工业，降低技术积累和人力资本培育的动力(Leamer 等，1999)；此外，还可能造成对自然资源的过度依赖，不利于在技术密集型产业中培育竞争力。健全的基础设施能提高信息、物资、资金的流动效率，有利于降低一国企业的生产成本和运营风险，从而积累更多的资本投资于技术创新与研发活动，推动产业升级和进步。物质资本与人力资本是维持一国经济增长的另外两种投入品，高质量的物质资本形成和人力资本的培育需要经过长期的积淀，二者相结合构成了一国生产技术密集型产品的前提条件。因此，本书特提出如下假设：

H1a：一国自然资源越丰富，其经济复杂性越低。

H1b：一国物质资本水平与其经济复杂性正相关。

H1c：一国人力资本水平与其经济复杂性正相关。

2. 创新能力

熊彼特将创新定义为生产要素或者生产条件的重新组合，以最大限度地获得超额利润（Schumpeter，1934）。他将创新总结为产品创新、生产创新、市场创新、资源配置创新、制度创新五类。技术创新在国际贸易中占据重要地位。古典国际贸易理论把国际贸易的基础归结为劳动生产率差异带来的生产成本差异，而劳动生产率差异源自技术优势。技术差距贸易理论将技术作为一种生产要素，国际贸易的基础是技术差距，技术创新的国家获得新产品垄断地位，由于技术扩散的时滞性，创新国家得以出口具有技术领先的产品（Posner，1961）。类似的，Vernon（1966）将产品技术差距视为国际贸易的主要动力，新产品首先出口于创新国，国际贸易格局伴随产品与技术的生命周期而变化。技术创新与扩散形成的技术差距决定国际贸易竞争力和利益获取的多少（Krugman，1979）。由资源基础观可知，技术创新可以作为一种无形资源，使得创新能力强的国家通过降低成本、改善产品质量等途径提高出口竞争力以及获取更高资本边际收益率，吸引资本流向技术创新能力最强的地区，进一步提升出口品技术水平。对于发展中国家而言，技术创新能力对于提高出口竞争力更为重要，因为尽管发展中国家可以引进和模仿发达国家的技术，但是受到发展中国家自身的消化吸收能力限制，以及面临发达国家的专利保护障碍。因此，发展中国家培育自主创新能力可以提升吸收国外技术之后的二次创新能力，从而具备为满足国外市场需求所必需的制造和设计能力（刘志彪、张杰，2009）。因此，本书特提出如下假设：

H2：一国创新能力与其经济复杂性正相关。

3. 制度质量的调节作用

制度质量是一种特殊的环境要素，通过影响交易成本和交易风险来影响一国的经济复杂性，表现在：第一，制度质量影响企业投资的意愿。良好的制度质量可以弱化企业因投资中间品的生产所带来的套牢问题。制度质量对复杂度低的产品影响不明显，而对高复杂度产品有显著的正向影响（Méon 等，2008）。复杂度高的产品需要更多的中间品，其涉及的契约关系也更复杂，提高制度质量有利于保障契约履行、降低违约风险、降低交易成本，复杂度高的产品出口比重随之提高（Berkowitz 等，2006；Moenius 等，2004），因此制度质量高的国家表现出更高的经济复杂性。第二，制度质量影响企业技术选择。企业技术选择会带来生产率差异，制度质量高的国家拥有生产复杂产品的比较优势（Acemoglu 等，2007），经济复杂性更高。第三，制度质量还会影响产业分工。欠发达国家由于劳动力素质低，契约执行效率低，因而专注于复杂度低的产品，生产能力极为有限；相比之下发达国家由于契约执行效率高，专注于复杂度高的产品（Krishna 等，2009），生产能力相应更高。全球价值链背景下，产业内分工的特征是产品在纵向被分解为不同层次，并与不同的技术复杂性相对应。处于较低层次的产品横向差异逐渐减少，生产性资产具有通用性，产品竞争力主要依赖要素价格优势，对由制度所决定的交易成本不敏感，因而位于全球价值链分工低端的国家经济复杂性低；相反，处于较高层次的产品横向差异逐渐增加，生产性资产具有较高的专用性，更依赖于高质量制度的保障来降低交易成本（戴翔、金碚，2014），因而位于全球价值链分工高端的国家经济复杂性高。因此，本书特提出如下假设：

H3（a）：一国制度质量在自然资源与经济复杂性的关系中起负向调节作用。

H3（b）：一国制度质量在物质资本与经济复杂性的关系中起正向调节作用。

H3（c）：一国制度质量在人力资本与经济复杂性的关系中起正向

调节作用。

H3（d）：一国制度质量在创新能力与经济复杂性的关系中起正向调节作用。

4.5.3 计量模型设定与数据说明

根据前述概念框架，本研究设定如下计量模型：

$$\begin{aligned}ECI_{it} = &\beta_0 + \beta_1 PLAND_{it} + \beta_2 LCAPL_{it} + \beta_3 HC_{it} + \beta_4 LPAT_{it} \\ &+ \beta_5 INST_{it} \cdot PLAND_{it} + \beta_6 INST_{it} \cdot LCAPL_{it} \\ &+ \beta_7 INST_{it} \cdot HC_{it} + \beta_8 INST_{it} \cdot LPAT_{it} + \beta_9 FDIP_{it} + \lambda_i + \mu_i + \xi_{it}\end{aligned}$$

其中下标 i 表示各个国家，t 表示年份，β_0为常数项，$\beta_1 \sim \beta_9$为回归系数，λ_i和μ_i分别表示国家个体效应和时间效应，ξ_{it}代表残差项。ECI_{it}（经济复杂性）为被解释变量，代表国家 i 在 t 年技术密集型制造业的经济复杂性。其他变量的含义及测量见表 4-2。由于资本劳动比率（LCAPL）和创新能力（LPAT）两个变量的标准差偏大，故对这两个变量取自然对数。由于全球治理指数从 1996 年开始发布，本研究计算经济复杂性指数所利用的贸易数据库只更新到 2013 年，因此本研究的时间跨度为 1996—2013 年。

表 4-2　　**变量设定与数据来源**

	变量	变量测量	数据来源
解释变量	自然资源	PLAND：人均陆地面积	世界银行世界发展指标
	物质资本	LCAPL：资本形成与劳动力比率的自然对数	
	人力资本	HC：高等学校入学率	
	创新能力	LPAT：居民专利申请量自然对数	
控制变量	开放程度	FDIP：FDI 存量占 GDP 的百分比	
调节变量	制度质量	INST：全球治理指数之法治指数	

4.5.4 实证结果与分析

4.5.4.1 描述性统计

表 4-3 和表 4-4 分别是变量的描述性统计结果和相关性分析矩阵。从表 4-4 可以看出，ECI 和 LCAPL、INST 以及 LCAPL 和 INST 的相关系数大于 0.7，其余变量之间的相关系数虽然均小于 0.7 但一部分系数偏高，可能存在多重共线性问题，因此本研究首先进行方差膨胀因子（VIF）检验，结果见表 4-5。表 4-5 显示，VIF 均值为 2.21，并且所有解释变量的 VIF 值均小于 10，表明可以排除解释变量之间存在严重的多重共线性问题。

表 4-3　　描述性统计

变量	样本数	均值	标准差	最小值	最大值
ECI	2268	-0.05337	1.052368	-2.70078	3.015311
PLAND	2250	0.041584	0.081419	0.0001	0.6706
LCAPL	2196	7.506449	1.603482	2.791778	10.56532
HC	1646	37.98898	25.19836	0.5	119.78
LPAT	1519	5.944374	2.520571	0	13.46586
INST	2074	-0.05494	0.982311	-2.22989	2.002685
FDIP	2250	38.27226	68.00324	0	1269.99

表 4-4　　相关系数矩阵

	ECI	PLAND	LCAPL	HC	LPAT	FDIP	INST
ECI	1						
PLAND	-0.2128	1					
LCAPL	0.7148	0.045	1				

续表

	ECI	PLAND	LCAPL	HC	LPAT	FDIP	INST
HC	0.6844	0.0339	0.6924	1			
LPAT	0.6864	0.0455	0.5389	0.4929	1		
FDIP	0.0552	-0.0274	0.0099	0.1019	-0.0761	1	
INST	0.7365	0.0064	0.7831	0.6125	0.4768	0.04	1

表 4-5　　**方差膨胀因子（VIF）检验**

变量	PLAND	LCAPL	HC	LPAT	INST	FDIP	VIF 平均值
VIF 值	1.02	4.26	1.87	1.5	3.45	1.15	2.21

4.5.4.2 模型估计结果

本研究选择面板数据的混合回归（pooled regression）模型进行估计，回归结果见表 4-6。由于被解释变量 ECI 和 LCAPL、HC、LPAT 三个解释变量相关系数较高，因此依次对解释变量进行回归。接下来将控制变量加入解释变量进行回归，然后检验调节变量以及交互效应。结果显示，除模型（1）外，其他模型的 R-squared 处于 0.468~0.744 之间，表明模型具有较好的拟合度。

模型（1）~（4）是分别对解释变量的检验。

模型（1）中 PLAND 的系数显著为负，假设 H1（a）得到支持，验证了“资源诅咒”（resource curse）理论，该理论认为一个国家自然资源丰富并不一定有利于经济增长，相反可能会起到阻碍作用。虽然丰裕的资源给一国提供了得天独厚的生产要素，有利于降低生产成本，但是自然资源丰富的国家往往会过度依赖自然资源，导致资本流向附加值低、生产门槛低的加工业，从而不利于技术能力形成和人力资本积累，导致国家缺乏创新动力；此外，过度依赖自然资源还会带来产业发展不协调，尤其是技术密集型产业发展滞后，擅长生产水平差异化的低附加

表 4-6 回归结果

变量	(1)	(2)	(3)	(4)	(5)	(6)	(7)	(8)	(9)	(10)	(11)
PLAND	-2.757*** (-10.32)				-2.880*** (-14.75)	-2.880*** (-14.72)	-2.515*** (-10.91)	-3.014*** (-15.15)	-2.998*** (-14.59)	-2.979*** (-14.97)	-2.174*** (-10.27)
LCAPL		0.472*** (47.88)			0.339*** (22.78)	0.339*** (21.94)	0.353*** (20.98)	0.202*** (9.496)	0.289*** (14.52)	0.219*** (10.82)	0.169*** (8.388)
HC			0.0284*** (38.06)		0.00390*** (4.361)	0.00390*** (4.356)	0.00445*** (4.778)	0.00360*** (3.985)	0.00377*** (4.019)	0.00406*** (4.494)	0.00521*** (6.039)
LPAT				0.271*** (36.76)	0.131*** (17.41)	0.131*** (16.76)	0.132*** (15.98)	0.133*** (16.62)	0.135*** (16.34)	0.128*** (15.95)	0.119*** (15.49)
FDI						-1.64e-06 (-0.00440)	-0.000135 (-0.348)	-0.000529 (-1.392)	-0.000140 (-0.360)	-0.000159 (-0.422)	-0.000944** (-2.564)
PLAND * INST							-0.829*** (-4.042)				-1.356*** (-6.599)
LCAPL * INST								0.0295*** (9.272)			0.0673*** (7.754)
HC * INST									0.00170*** (3.946)		-0.00814*** (-8.942)
LPAT * INST										0.0318*** (9.133)	0.0306*** (3.672)
常数项	0.0560** (2.296)	-3.590*** (-47.40)	-0.960*** (-28.19)	-1.287*** (-27.06)	-3.169*** (-33.45)	-3.169*** (-33.31)	-3.309*** (-31.45)	-2.157*** (-14.86)	-2.826*** (-21.52)	-2.280*** (-16.68)	-1.876*** (-13.53)
观察数	2250	2196	1646	1519	1204	1204	1109	1109	1109	1109	1109
R-squared	0.045	0.511	0.468	0.471	0.692	0.692	0.688	0.706	0.688	0.706	0.744

括号中为 t 统计量，*** 表示 $p<0.01$，** 表示 $p<0.05$，* 表示 $p<0.1$。

值同质性产品，而不具备生产垂直差异化的高附加值产品，必然给经济复杂性指数带来负面影响。

模型（2）中 LCAPL 的系数显著为正，假设 H1（b）得到支持。物质资本的形成是一个长期的过程，并且依赖于一定的物质基础，因而一个国家越发达，对物质资本创造的支持力度就越高，从而物质资本积累越丰富；反之，经济越落后的国家物质资本积累越弱。物质资本是一国生产函数中的投入要素之一，物质资本水平以及质量影响产出能力，从而对经济复杂性产生正面影响。

模型（3）中 HC 的系数显著为正，假设 H1（c）得到支持。人力资本是和物质资本同等重要的关键生产性投入要素，一个国家的人力资本决定其制造、研发能力。在技术密集型制造业中，人力资本更是核心竞争资源。和物质资本类似，人力资本积累离不开国家在教育、科技等领域的长期大量投资，因此国家之间的制造能力的差异在很大程度上表现为人力资本的差距，人力资本对经济复杂性产生正面影响。

模型（4）中 LPAT 的系数显著为正，假设 H2 得到支持。专利申请数量尤其是发明专利是一个国家创新能力的重要表征，发达国家之所以能够在高技术领域占据统治地位，一个重要的原因就是依赖于各种专利作为有力的竞争武器，得以制约发展中国家技术升级，并且利用专利授权从发展中国家获取高额费用。可见，一国的创新能力决定其增长潜能以及生产多样性、复杂产品的能力，从而正面影响其经济复杂性。

模型（5）~（6）分别为加入控制变量前后的检验。各个解释变量的符号和单独回归的符号保持一致，进一步支持前述假设。

模型（7）~（10）分别为加入制度质量和解释变量的交互项后的检验。

模型（7）显示，INST（制度质量）和 PLAND（自然资源）的交互项为负，表明制度质量削弱了自然资源和经济复杂性之间的负向关系，假设 H3（a）得到验证，随着制度质量提高，对自然资源的利用质量会得到提升，产业发展逐渐完备，制造能力得以增强，从而提高经济复杂性。

模型（8）显示，INST（制度质量）和 LCAPL（物质资本）的交互项为正，表明制度质量加强了物质资本和经济复杂性之间的正向关系，假设 H3（b）得到验证。随着制度质量提高，契约关系不断完备，产权保护力度加大，企业投资于专门性资产的积极性得以提升，增强了生产复杂性产品的能力，推动经济复杂性提升。

模型（9）显示，INST（制度质量）和 HC（人力资本）的交互项为正，表明制度质量加强了人力资本和经济复杂性之间的正向关系，假设 H3（c）得到验证。制度质量的提高有利于保障在教育和科技等领域的投入，有利于保障高素质人才的利益，从而加快人力资本的形成速度，带动经济复杂性提升。

模型（10）显示，INST（制度质量）和 LPAT（创新能力）的交互项为正，表明制度质量加强了创新能力和经济复杂性之间的正向关系，假设 H3（d）得到验证。降低交易成本和交易风险是制度的重要作用。在完善的制度框架下，具有健全的知识产权保护工具，有效防止知识产权被侵犯，保障知识产权主体的合法权益，从而有利于营造良好的创新环境，激发全社会的创新活力，增强创新能力，提高经济复杂性。

模型（11）为对全部变量的检验。可以看出，解释变量的符号保持不变，进一步验证了前述各项假设。

接下来采用高技术产品出口占制成品的百分比（HTP）代替居民专利申请量（LPAT），并使用聚类稳健性标准误方法进行稳健性检验，检验结果见表 4-7。和表 4-6 相比，各个变量的显著性和方向均保持一致，表明 4-6 的估计结果是稳健的。

表 4-7 稳健性检验结果

变量	(1)	(2)	(3)	(4)	(5)	(6)	(7)
PLAND	−2.796*** (−8.264)	−2.848*** (−8.354)	−2.366*** (−7.082)	−2.935*** (−8.132)	−2.878*** (−7.976)	−2.812*** (−8.213)	−2.201*** (−8.011)
LCAPL	0.325*** (20.49)	0.333*** (20.45)	0.352*** (19.67)	0.253*** (13.09)	0.314*** (16.98)	0.262*** (15.21)	0.201*** (9.877)
HC	0.0122*** (12.67)	0.0122*** (12.61)	0.0122*** (11.91)	0.0115*** (11.44)	0.0116*** (11.42)	0.0120*** (12.45)	0.0132*** (13.42)
HTP	0.0168*** (11.62)	0.0168*** (11.54)	0.0174*** (11.03)	0.0151*** (10.10)	0.0167*** (10.73)	0.0143*** (11.01)	0.0126*** (9.295)
FDIP		−0.00155*** (−6.238)	−0.00161*** (−6.197)	−0.00185*** (−7.296)	−0.00161*** (−6.364)	−0.00187*** (−6.815)	−0.00232*** (−8.208)
PLAND * INST			−1.026*** (−4.547)				−1.359*** (−6.497)
LCAPL * INST				0.0219*** (6.643)			0.0618*** (7.958)
HC * INST					0.00105** (2.399)		−0.00682*** (−6.848)
HTP * INST						0.0115*** (9.269)	0.00899*** (5.304)
常数项	−2.865*** (−30.76)	−2.876*** (−30.69)	−3.032*** (−28.81)	−2.242*** (−18.24)	−2.721*** (−24.29)	−2.337*** (−22.35)	−1.883*** (−14.18)
观察数	1456	1456	1341	1341	1341	1341	1341
R-squared	0.694	0.698	0.695	0.701	0.691	0.707	0.734

注：括号中为稳健性 t 统计量，*** 表示 $p<0.01$，** 表示 $p<0.05$，* 表示 $p<0.1$。

4.5.5 主要结论

经济复杂性反映了一个国家生产多样性优势产品的能力，优势产品越多，国家的生产能力越强，产业基础越健全，技术创新能力越强，因而是一个从“质”的层面衡量一个国家产业竞争力的重要指标。本研究的目的是基于资源基础观视角，研究影响经济复杂性的主要因素。资源基础观认为，企业的核心资源、能力是形成竞争力的基础。本研究将资源基础观应用到产业层面，认为影响一个国家的产业竞争力的核心资源包括资源禀赋和创新能力，并且从广义层面衡量资源禀赋，不仅包含自然资源，还包括资本积累、人力资本。综合前述实证检验结果，本章得出如下结论：

第一，过于依赖自然资源不利于经济复杂性提升。一个国家的生产固然离不开自然资源的支持，但是自然资源的丰裕程度与经济复杂性水平并不存在相关性。前述经济复杂性指标分析表明，排名居前列的国家中不少是资源稀缺型的，最具代表性的是日本，日本是典型的资源匮乏型国家，但是其经济复杂性指数高居全球第一位；此外还有新加坡、以色列，以及一些北欧国家，这些国家都具有极高的经济复杂性指数，在高技术领域都占有一席之地；与之形成鲜明对比的是，自然资源丰富的非洲国家却排名靠后。可见，自然资源分布不均衡可以通过贸易手段来调配，资源的深度加工能力才是一国经济复杂性的决定性因素。一些发展中国家虽然拥有丰裕的自然资源，但是由于“靠山吃山”，只停留在初级加工层面，自然资源得不到充分利用，因而经济复杂性始终徘徊在低水平。

第二，物质资本是影响经济复杂性的重要因素。表 4-6 模型（11）的结果显示，资本积累每增加 1%，经济复杂度上升 16.9%。资本是生产的关键投入要素，生产活动的各个环节都离不开资本的渗透。资本积累是扩大再生产的基础，一个国家的资本积累水平越高，投入到提升创新活动、制造性资产、人员能力的资本越多，必然增强生产能力，推动产品多样性和复杂性水平提升，因而经济复杂性指数越高。

第三，人力资本对经济复杂性有一定的作用。实证分析显示，人力资本每提高一个百分点，经济复杂性指数提高约0.5个百分点。人力资本是和物质资本同等重要的生产性投入要素。人力资本水平越高，学习、吸收、整合前沿技术知识并转化为生产力的能力越强，创新能力也越高，从事复杂生产活动的能力越强。因此，人力资本水平影响生产差异化、多样化产品的能力，是一国的经济复杂性的重要决定因素之一。

第四，创新能力对经济复杂性有明显影响。熊彼特认为，创新是经济增长的重要动力。创新贯穿于经济活动的方方面面，是形成竞争力的前提。生产过程创新推动生产率提升，产品创新可以拥有更多垄断优势并获取更高溢价，提高价值增值速度。创新还可以作用于资本形成和积累，通过持续不断的创新，资本积累水平得以逐步提升，形成经济增长的良性循环。由此可见，创新能力在经济复杂性的影响因素中占据核心地位。

第五，制度质量是影响经济复杂性的关键环境要素。制度包括正式制度和非正式制度两类。正式制度由法律法规、规章制度等构成，用以规范各种经济行为，具有强制性。非正式制度包括伦理道德、行为惯例、意识形态等，在某种程度上作为正式制度的补充。制度质量通过作用于资源配置效率、创新能力培育来影响经济复杂性水平。制度质量影响经济活动的交易成本和交易风险，制度健全的经济活动依赖契约保障交易活动的顺利进行，从而为开展复杂性活动营造优越的外部环境，有利于经济资源充分利用，促进经济复杂性提高；相反，制度缺失的经济活动，交易主体需要付出较高的成本来识别和规避交易风险，因而降低从事复杂性活动的意愿和效率，以及限制交易活动的范围，不利于技术扩散和创新能力形成，阻碍经济复杂性提高。

4.5.6 政策建议

尽管过去20多年来中国的技术密集型制造业经济复杂性指数有了

一定提升，但是和发达国家相比还存在较大差距，基于前述实证检验结论，本研究提出如下政策建议。

首先，合理开发和利用自然资源。中国幅员辽阔，矿产资源丰富，但是资源分布不均匀，主要集中于欠发达地区，并且资源开发无序，资源利用效率不高。矿产资源是技术密集型制造业的上游产业，对产业具有重要的支持作用，矿产资源的利用能力影响产业竞争力。以电子技术产业、航空航天产业等高技术产业为例，这些产业对有色金属矿、稀土等资源依赖较强。尽管中国拥有全球最大的稀土储量和较高的有色金属矿储量，但由于中国冶金行业整体技术能力有限，加上产业发展缺乏合理规划，过去十几年各地政府官员在以 GDP 为核心的目标驱使下，纷纷上马钢铁项目，导致中低端产品产能过剩严重，而高端产品依赖进口，矿产资源利用效率低。更严重的是，信息技术产业的重要矿产资源稀土在中国开采混乱，企业之间恶性竞争，不能获取应有的出口价格竞争力，日本和欧美发达国家每年从中国大量进口低廉稀土矿，导致这种战略性资源流失严重。因此，资源丰富并不是经济增长的充分条件，为避免“资源诅咒”现象，合理开发和利用资源刻不容缓。

其次，引导资本向技术密集型制造业流动。中国是典型的高储蓄国家，具备为经济增长提供丰裕资本的基础。但是由于传统制造业利润率低，而高新技术制造业对资本投资需求高，目前的现状是大量资本流向利润率高、周转快的房地产、金融、服务业等领域，而技术密集型制造业面临投资不足的尴尬局面。鉴于技术密集型制造业在国民经济中的重要战略地位，必须增强企业家的社会责任感，引导社会资本理性流动，从社会可持续健康发展的角度合理投资。

再次，加大人力资本与创新能力培育力度。人力资本和创新能力是产业竞争力的决定性因素。改革开放以来，随着中国教育事业的不断发展，全民受教育水平大幅提高。高等教育发展尤为迅速，从 21 世纪初开始高等学校入学率快速上升，公众接受高等教育的机会大大增加。尽管中国的教育水平发展迅速，但是中国的创新能力仍然远远落后于发达国家。必须从根本上改变现有的教育制度，将培养创新能力作为学校教育的中心任务。除了教育体制外，还要在全社会营造创新的氛围，建设创新型社会，树立尊重知识、倡导创新的社会风尚。2015 年国务院印发《中国制造 2025》这一实现制造强国的纲领性文件，应当以此为契机，加速推进教育体制改革、建设创新型社会的进程，推动人力资本积累和创新能力培育，加快缩小在技术密集型领域和发达国家之间的差距。

最后，加快提升正式制度质量。如前所述，法律法规等正式制度是经济活动正常有序开展的保障，健全的法律制度有利于降低交易成本和交易风险。中国由于受几千年的儒家文化和中庸之道思想影响，情大于法的意识形态在全社会蔓延。在技术密集型制造业领域，尤其要重视知识产权保护法规的完善和实施，培养提高社会公众尊重知识产权的意识。知识产权保护水平和创新能力密不可分，只有知识产权得到合理的保护，才能最大程度激发公众的创造热情，全社会的创新能力才能得以提升。

4.6 本章小结

本章首先从“量”的层面和“质”的层面全面测度和评价中国技术密集型制造业的国际竞争力，然后从资源基础观视角实证检验了影响技术密集型制造业经济复杂性的因素，并提出了相关政策建议。

“量”的层面评价包括显示性比较优势指数（RCA）、显示性竞争优势指数（CA）、国际市场份额指数（IMS）、产业内贸易指数（IIT）四个指标，“质”的层面评价包括出口复杂度（EXPY）和经济复杂性（ECI）两个指标。评价结果表明，中国技术密集型制造业的国际竞争力有了大幅提升，在部分领域已经具备了一定的竞争实力，中国的出口品中的国内技术增值部分正在增加，但总体而言竞争力较弱，处于中等偏上水平，表现出较强的劳动密集型特征；特别值得注意的是，一些尖端技术行业仍然较为落后，中国和发达国家之间还存在巨大的竞争力差距。

实证检验结果显示，过度依赖自然资源不利于经济复杂性提升，自然资源分布不均衡可以通过贸易手段来调配，资源深度加工能力才是一国经济复杂性的决定性因素；物质资本有利于提升创新活动，增强生产能力，推动产品多样性和复杂性水平提升，对经济复杂性有显著促进作用；人力资本水平越高，学习、吸收、整合前沿技术知识并转化为生产力的能力越强，创新能力也越高，从事复杂生产活动的能力越强，是一国经济复杂性的重要决定因素之一；创新能力有利于推动生产率提升、产品创新、资本形成和积累，是影响经济复杂性的核心因素；制度质量是影响经济复杂性的关键环境要素，制度质量通过作用于资源配置效率、创新能力培育来影响经济复杂性水平，此外制度质量还影响经济活动的交易成本和交易风险，为开展复杂性活动营造优越的外部环境，有利于经济资源充分利用，促进经济复杂性提高。

针对提升中国技术密集型制造业国际竞争力，实证研究提出相应政策建议：合理开发和利用自然资源，引导资本向技术密集型制造业流动，加速推进教育体制改革、建设创新型社会的进程，推动人力资本积累和创新能力培育，加快提升正式制度质量，重视知识产权保护法规的完善和实施，培养社会公众尊重知识产权的意识，降低交易成本和交易风险。

5 中国技术密集型制造业升级路径选择
——基于产品空间的实证研究

5.1 问题提出

中国经济当前正面临着前所未有的严峻挑战。2008 年全球金融危机以来，欧美发达国家对中国出口产品需求锐减，中国奉行多年的外向型经济受到严重冲击；伴随着中国劳动力成本的逐年上涨，人口红利将逐渐消失，中国的低成本出口竞争优势被不断削弱，人民币兑美元持续升值进一步恶化中国的出口竞争力，中国的外向型经济必将经历一场深刻变革。进入后危机时代，中国经济高速增长的黄金时期一去不复返，迈进温和增长的“新常态”换挡期。“新常态”下面临众多窘境：居民可支配收入增长缓慢，消费者物价指数高位运行，国内居民消费需求疲软；传统制造业利润率低、产能过剩，大量投机性产业资本转向房地产行业加剧房地产泡沫，势必蕴含巨大的金融风险；创新能力不足，在制造业领域表现得尤为明显，缺乏一大批具有自主知识产权的核心技术，不得不向发达国家支付巨额专利费用。2014 年中国的人均国民生产总值达 7587 美元，正式进入中等收入国家行列，随之而来的问题是，中国未来是像亚洲“四小龙”成功进入发达国家队伍，还是像拉美或者部分东南亚国家陷入“中等收入陷阱”而难以自拔？以阿根廷为例，阿根廷 20 世纪 70 年代初期即达到中等收入水平国家，但是一直徘徊在中等收入阶段，经济持续低迷，1970年到2009年间有15年出现经济负增长。成功跨越“中等收入陷阱”是中国当前及今后一段时间必须经历的一条艰苦卓绝的道路。在种种挑战包围之下，2015年中国供给侧改革应运而生，希望通过供给侧改革转变经济增长方式，调整产业结构，淘汰落后产能，实现产业结构转型升级。技术密集型制造业在国民经济中占有举足轻重的地位，其竞争力决定了国家的经济增长潜能，因此产业结构转型是否成功，在某种程度上取决于技术密集型制造业能否升级成功。

比较优势理论认为，一个国家的要素禀赋特征决定了其产业升级路径选择，一国只要遵循比较优势，专门生产要素禀赋相对密集型产品，便可完成资本积累以及要素禀赋升级，从而实现产业从低级向高级升级，并且这一升级过程是自发的（Grossman & Helpman，1990）。林毅夫基于比较优势理论提出增长机会识别与因势利导框架（GIFF 框架）作为发展中国家产业结构升级的方向，即选择人均 GDP 约为自身两倍、资源禀赋相近的国家的产业结构作为追赶标杆（林毅夫，2014）。但是比较优势理论对近年来中国的贸易结构现象缺乏解释力，中国的出口产品结构发生了较大变化，劳动密集型低技术出口品份额明显下降，与此同时中低以及中等技术产品份额大幅增加，甚至包括一部分高技术产品。一些国外学者也饶有兴趣地研究了中国的出口结构，Rodrik（2006）通过计算中国产品出口复杂度指数发现，中国高出同等收入水平国家三倍，表明中国的产业结构调整并非简单地遵循比较优势，中国已经掌握了一定的先进生产技术，产业结构呈现明显向高端转型的趋势，其被称为“中国出口增长之谜”。Schott（2006）计算产品相似性指数得出类似结论，认为中国出口品与 OECD 国家相似性大，高于具有相同要素禀赋的发展中国家。Xu（2007）对此做出回应，认为 Rodrik（2006）和 Schott（2006）的研究没有考虑中国出口产品的质量水平，通过修正产品复杂度计算方法，他发现1990—2001年间，前半期中国出口品技术水平高于经济发展水平，而后半期则正好符合。此外，以比较优势为基础的雁阵式升级过程导致中国面临“比较优势陷阱”的风险，造成产业升级断档（张其仔，2014）。也有研究表明，中国的产业升级表现出适度偏离比较优势的特征（邓向荣、曹红，2016）。从中国企业实践来看，一部分优秀企业已经成功实现技术赶超，在其示范效应和溢出效应影响下，势必带动相关产业升级。那么是否意味着中国的技术密集型制造业升级路径在某种程度上偏离了比较优势，具有跨越式特征？中国的产业升级特征与典型国家对比有哪些异同？这是本研究提出的核心问题。

5.2 文献回顾与理论基础

初始专业化模式是否影响未来的产业升级？经典的比较优势理论从要素禀赋出发认为不影响。赫克歇尔-俄林认为，在开放经济中一国的生产模式取决于相对要素禀赋，随着时间推移，通过实物资本、人力资本和制度资本积累，要素禀赋的变化会反映在出口组合的变动中；控制要素禀赋，初始专业化模式对未来的比较优势没有影响。李嘉图认为，决定比较优势的是技术差异，产品组合变化取决于产品之间相对生产率变化。这些模型认为产品空间结构不产生路径依赖。经典的比较优势理论的局限性在于不能完全解释国际分工之间存在差异的原因，因为除了要素禀赋，还有其他各种复杂因素影响国际分工。事实上不少国家在遵循比较优势的发展道路上掉进了比较优势陷阱，经济增长出现停滞甚至倒退，由此看来，比较优势演化并非无条件，而是存在一个最优距离（伍业君等，2012）。

产品质量阶梯模型和产品多样化模型则从另外的角度来回答这一问题。Grossman 和 Helpman（1991）建立了产品质量阶梯模型，认为质量改进可以独立于每个产品或多个产品同时发生，产品质量提升的成本同产品自身特征无关，所有企业均可沿着产品质量阶梯逐步攀升实现经济增长。Aghion 和 Howitt（1992）建立了产品多样化模型，认为产品之间相互独立，产品多样化是经济增长的根本原因。可见以上两个模型都一致认为产品空间是同质的，不同产品之间的距离相同，产品的初始专业化水平不影响未来的质量改进。

无论是经典的比较优势理论，还是产品质量阶梯模型、产品多样化模型，都认为初始专业化水平不影响产业升级。很显然，这些理论或模型将产业升级的影响因素简单化、片面化。哈佛大学的经济学家 Hausmann、Hidalgo 等对前人理论加以延伸，综合考虑产业升级的影响因素，借助更多的信息分析比较优势，其得出的理论可被概括为基于能力的比较优势理论，或比较优势演化理论（张其仔，2008）。

Hausmann 和 Klinger（2006）提出产品空间理论，该理论与传统的贸易理论保持一致，将贸易专业化和资源禀赋以及技术能力联系起来，其核心思想是一国出口的产品反映其生产能力。他们形象地将产品空间比做森林，森林中的树木代表不同的产品，国家代表猴群，国家适应生产新产品的能力类似于猴子从一棵树跳到另一棵树的能力，产品越接近，国家越容易调配现有能力来生产新产品。Hausmann 等（2007）进一步指出，一个国家出口的特定的产品集对发展模式有重要影响，一国的出口篮子复杂度可以预测未来增长，经济发展不仅应该被理解为生产更多的相同产品，更要生产新产品，即可持续增长涉及更复杂的能力集；国家出口产品的复杂度和经济增长的关系密切，复杂度更高的产品更能加快经济增长。Hidalgo 和 Hausmann（2009）提出拥有更多能力的国家可以生产更多样的产品，出口的产品更宽泛，只有少数国家能生产需要更多能力的产品，具备生产产品的全部能力的国家越少，产品的普遍性越低。

在 Hausmann 和 Klinger（2006）的理论基础上，Hidalgo 等（2007）采用社会网络分析工具分析产品空间，通过观察产出而不是产品之间的有形相似性或者投入，认为出口不同产品需要不同的专门技能，比如人力资本或实物资本、市场知识、法律体系、制度等。产品空间包含密度（density）和邻近性（proximity）两个重要指标。密度反映的是将来具备国际竞争力的可能性，邻近性反映的是产品之间的距离。密度越高，越有潜力成为优势产品；产品之间越接近，越可能同时生产，如果优势产品与潜力产品接近，企业会转向潜力产品。一种产品与现有具有比较优势区域的产品邻近性是决定其未来能否建立比较优势的重要决定因素，通过观察国家在产品空间中的位置可以预测其显示性比较优势变化，国家改变出口产品组合时，更倾向于增加与当前具有显示性比较优势紧密相关的产品。和经典的比较优势理论不同，产品空间理论认为产品空间具有高度异质性，存在核心区与边缘区，处于边缘区的产品与其他产品联系较弱，处于核心区的产品主要是技术密集型、资本密集型产品，处于边缘区的产品主要是初级品或劳动密集型产品。产品空间的异质性对结构转型具有重要启示，国家在产品空间中的位置决定其结构转型的能力。处于边缘区的产品复杂度低，相比处于核心区的产品具有较低的需求收入弹性。核心区产品复杂度最高，与产品空间的其余部分联系密切。出口产品空间核心区的产品的国家更容易实现结构转型，因为转型所需的能力集更易于调配用于生产其他产品。

张其仔（2008）将产品空间理论冠名为HK模型，指出其缺陷在于产业升级路径是线性的，忽略了企业之间的相互影响，并且不存在跨越式升级。他据此提出扩展的HK模型，认为一国产业升级路径由比较优势演化路径决定，比较优势演化可能存在分叉和断档。改革开放以来中国产业升级出现一个极为重要的特征，就是出现了分岔。扩展的HK模型引入产业度概念，即产业升级机会，产业升级不仅考虑产业间技术距离，还要考虑后续产业的升级机会；不同于HK模型，扩展的HK模型容纳跨越式升级，有助于解释产业转型中的跨越式升级现象。邓向荣（2016）认为HK模型和扩展的HK模型均假设产品空间格局是静态的，产业升级路径是从产品空间边缘向核心移动。但是两个模型难以解释处于产品空间核心的发达国家的产业升级，原因在于忽略了国家通过能力积累激发创新产品问世，带来产业升级路径突变，因此基于扩展的HK

模型，引入生产能力积累因素，提出包含能力积累的扩展 HK 模型，该模型包含创新节点和突变路径选择。他认为随着中国劳动力成本、环境成本等不断攀升，劳动密集型产业面临低收入国家的挑战，必须实现比较优势突变，发展技术密集型制造业。在产业升级路径选择上，杨汝岱、姚洋（2008）提出难以判断遵循比较优势可否使一个国家升级成功。一个国家在选择技术升级模型时或遵循比较优势，或实行赶超，或介于二者之间。生产严格遵循比较优势的后果是，技术跟随者经济增长低于领先者，跟随者要想提高增长速度，必须通过垂直技术创新。新加坡、韩国等实现成功转型的国家奉行的是有限赶超，即在发展具有比较优势的产业同时，也发展中高端产业。类似的，张其仔、李颢（2013）提出产品空间中不同的产业升级机会不同，针对中国产业升级现状提出“包容式升级”策略，认为升级机会少的产业应“小步快走”，通过产业内升级积累能力；升级机会多的产业“大步快走”，实现技术赶超；介于二者之间的产业“中步快走”，从而避免产业升级中顾此失彼的现象。

5.3 研究设计

5.3.1 数据来源

本研究的数据来自哈佛大学 Feenstra 等建立的全球贸易数据库，该数据库以 UN Comtrade 数据库为基础，汇集了 1962 年至 2013 年全球 240 个国家或地区 ISIC 四位数代码的 997 种商品的贸易数据。本研究的数据处理步骤是：第一，剔除商品出口额占全球比重不足 0.01%的国家；第二，剔除贸易额低于 100 万美元，并且数据记录低于 20 年的商品；第三，剔除尾数为“0”“A”“X”，并且数据记录低于 20 年的商品，最终形成 126 个国家 771 种产品的贸易数据。本研究的时间跨度为

1983年到2013年。

5.3.2 主要指标

1. 显示性比较优势指数（RCA）

显示性比较优势指数是计算产品密度、邻近性的关键指标。该指标由Balasa于1965年提出，是衡量产业出口竞争力的最常用指标之一。计算公式为：

$$\mathrm{RCA}_{ij} = \frac{X_{ij} / \sum_{j=1}^{n} X_{ij}}{\sum_{i=1}^{m} X_{ij} / \sum_{i=1}^{m} \sum_{j=1}^{n} X_{ij}}$$

该式中RCA_{ij}为i国j类商品或产业显示性比较优势，X_{ij}为i国j类商品或产业出口额。

如果0<RCA<1，表示该商品或产业不具有比较优势；RCA接近0表示具有明显劣势；如果RCA>1，表示该商品或产业具有比较优势。

2. 产品邻近性

两个产品之间的邻近性是一国同时出口这两种产品的条件概率。即该国在产品i和产品j两种产品中的某一种具有优势的前提下，另一种产品也具有优势的条件概率的最小值。如果能够同时生产某两种优势产品的国家越多，生产这两种产品所需的能力禀赋相似度越高，产品间升级的可能性就越大。通过计算任意两种产品间的邻近度，可以形成全球的产品空间。计算公式为：

$$\phi_{i,j} = \min\{P(\mathrm{RCA}\ x_i \mid \mathrm{RCA}\ x_j),\ P(\mathrm{RCA}\ x_j \mid \mathrm{RCA}\ x_i)\}$$

3. 产品密度

产品密度指产品空间中产品之间相互关联的紧密程度，可以反映优势产品的能力禀赋与潜在产品所需的能力禀赋的差异，并影响产业升级的跳跃距离。产品密度越高，则潜在产业升级的机会越大。产品密度计算以产品邻近性指标为基础，首先测量一国某种潜在优势产品i与另一种具有显示性比较优势产品 j 的邻近性总和，然后与全球潜在优势产品 i 与优势产品 j 的邻近度总和相除。计算公式如下：

$$\omega_{c,j}=\frac{\sum_j x_{c,j}\phi_{i,j}}{\sum_j \phi_{i,j}}$$

上式中，$x_{c,j}$ 表示 c 国的 j 产品是否具有显示性比较优势，以 $RCA_{c,j}=1$ 为临界值，当 $RCA_{c,j}$ 大于或者等于 1 时，$x_{c,j}$ 取值为 1，反之为 0。

5.3.3 计量模型

本研究借鉴邓向荣、曹红（2016）的方法对一种产品在产品空间中的动态变化加以分类，并建立计量模型。

从静态角度来看，产品空间中的任何一种产品要么表现为具有显示性比较优势（$RCA \geq 1$），要么表现为不具有显示性比较优势（$RCA < 1$）。但是，从动态角度来看，一种产品的状态可能发生改变或者不发生改变，因此可能存在以下四种状态（表 5-1）：$X_{i,t-1}$、$X_{i,t}$ 分别代表第 $t-1$ 期或 t 期状态，如果具有显示性比较优势，则赋值为 1，反之赋值为 0。状态 1 中，产品 i 在 $t-1$ 期具有显示性比较优势，而在 t 期不具有显示性比较优势，表明产品失去优势；状态 2 中，产品 i 在 $t-1$ 期和 t 期均具有显示性比较优势，表明产品仍然保持优势；状态 3 中，产品 i 在 $t-1$ 期不具有显示性比较优势，而在 t 期也不具有显示性比较优势，表明产品未能升级；状态 4 中，产品 i 在 $t-1$ 期不具有显示性比较优势，而在 t 期具有显示性比较优势，表明产品成功升级。很显然，研究一个国家的产业升级是否遵循比较优势，应该重点关注状态 4 下该国所拥有的能力禀赋优势发挥了什么样的作用。此外，一个国家的优势产业能否维持，取决于其能力禀赋对产业的支持力度，因此，状态 2 也是本研究关注的另一个焦点。

表 5-1 **产品 i 在产品空间动态演变分类**

状态	$t-1$ 期	t 期	解释
状态 1	$X_{i,t-1}=1$	$X_{i,t}=0$	产品失去优势
状态 2	$X_{i,t-1}=1$	$X_{i,t}=1$	产品保持优势
状态 3	$X_{i,t-1}=0$	$X_{i,t}=0$	未升级
状态 4	$X_{i,t-1}=0$	$X_{i,t}=1$	成功升级

资料来源：邓向荣、曹红（2016）。

基于以上分析，本研究建立如下计量模型：

$$X_{c,i,t}=\alpha+\beta X_{c,i,t-1}+\gamma_1\ (X_{c,i,t-1})\ \omega_{c,i,t-1}+\gamma_2\ (1-X_{c,i,t-1})\ \omega_{c,i,t-1}+\delta X+\varepsilon$$

模型中 α 为截距项，$X_{c,i,t-1}$、$X_{c,i,t}$ 分别代表第 $t-1$ 期或 t 期状态，$\omega_{c,i,t-1}$ 代表 $t-1$ 期产品密度（density），X 代表和产品 i 相邻的产品数变化的虚拟变量，ε 为随机扰动项。通过研究产品密度和产业升级之间的关系，可以判断产业升级是否依赖以及在多大程度上依赖产业初始能力禀赋。如果产业升级遵循比较优势，那么密度越高，潜在产品越可能升级。

模型的基本思想是：假设产品 i 在前一期不具有显示性比较优势，那么（$X_{c,i,t-1}$）$\omega_{c,i,t-1}$ 等于 0，从而产品密度通过 γ_2 对下一期产品升级产生影响；假设产品 i 在前一期具有显示性比较优势，那么（$1-X_{c,i,t-1}$）$\omega_{c,i,t-1}$ 等于 0，产品密度通过 γ_1 对下一期产品能否保持优势产生影响。可见，γ_1 反映的是产品密度在抑制一个国家的 i 产品失去比较优势后，用于衡量状态 2 的状态变化和能力禀赋之间的关系，如果 γ_1 显著为正，则表明抑制产品失去比较优势，反之则促进产品失去比较优势。γ_2 反映的是产品密度对产品升级的影响，用于衡量状态 4 的状态变化和能力禀赋之间的关系，如果 γ_2 显著为正，则表明产品利用周边产品积累的能力禀赋实现升级，升级模式为遵循比较优势；如果为负或者不相关，则表明产品升级没有利用周边产品积累的能力禀赋，升级模式为偏离比较优势；同时 γ_2 的大小与产业升级的跳跃幅度负相关，γ_2 越小则跳跃幅度越大，越不依赖于累积的能力禀赋。由此可见，γ_1 反映的是初始能力禀赋对产业升级的支持力，而 γ_2 反映的是初始能力禀赋对产业升级的推动力。

本研究的主题是中国技术密集型制造业升级路径，有必要和典型国家的升级模式相比较，以便吸收成功升级的国家的经验，并吸取升级失败的国家的教训。因此，本研究选择中国、美国、韩国、印度、阿根廷作为研究对象；其中美国是发达国家代表，韩国是成功实现转型升级的后工业化国家代表，印度是与中国发展水平相近的发展中国家代表，阿根廷是处于“中等收入陷阱”的拉美国家代表。

5.4 研究结果

5.4.1 描述性统计

1. 优势技术密集型产品数量变化

1983—2013 年各国 RCA 大于 1 的优势产品数量见图 5-1。可以看出，美国的优势技术密集型产品数量最高并且相对稳定，除 1986 年到 1991 年低于 140 外，其余年份均处于 140 到 160 之间，表明美国在技术密集型制造业中竞争力极强。中国的优势产品数量持续上升，从 1983 年的 27 种最高上升到 2012 年的 115 种，30 年间中国的技术密集型产品迅速升级。印度的优势产品数量变化和中国相类似，但总数上低于中国，2008 年达到最高共 69 种产品，随后出现下降。1995 年之前韩国的优势产品数量高于中国，但随后的 18 年间尽管少数年份高于中国，但总体上比中国低，说明中国自实行市场经济体制以来，经济活力被进一步激发，产业升级转型速度加快。阿根廷的优势产品数量处于较低水平，维持在 15 种到 33 种之间，验证了阿根廷置身“中等收入陷阱”，产业升级乏力。

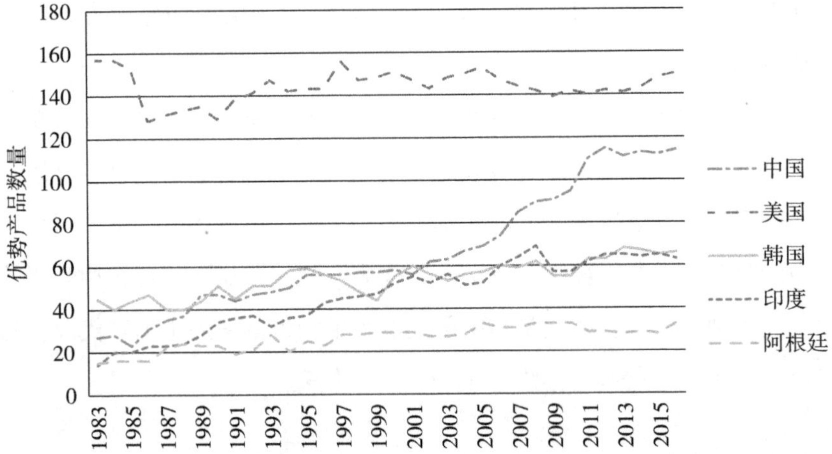

图 5-1 1983—2013 年中国、美国、韩国、印度、阿根廷优势技术密集型产品数量变化

2. 技术密集型产品平均密度指数变化

产品密度反映产品空间中产品之间相互关联的紧密程度，产品密度越大，则潜在产业升级的机会越大。我们绘制出了 1983—2013 年各国平均密度指数变化图，详情见图 5-2。

图中，美国的产品密度最大，1983 年处于最高水平，此后下跌到 1990 年的最低点，随后稳定在 0.4 到 0.5 之间。中国和印度的产品密度总体处于上升态势，1999 年之前中国高于印度，1999 年到 2006 年之间中国和印度的密度线相互交织，2006 年后中国继续领先印度。韩国的密度水平较为稳定，维持在 0.2 到 0.25 之间的水平，1987 年起低于中国。阿根廷的密度水平最低，在 0.1 到 0.2 之间波动。产品密度水平是影响产业升级的重要因素，从以上分析可以看出，美国的高技术产品密度是维持其制造业强国的基础；30 年来中国与印度的密度水平显著上升，反映全球最大的两个发展中国家正稳

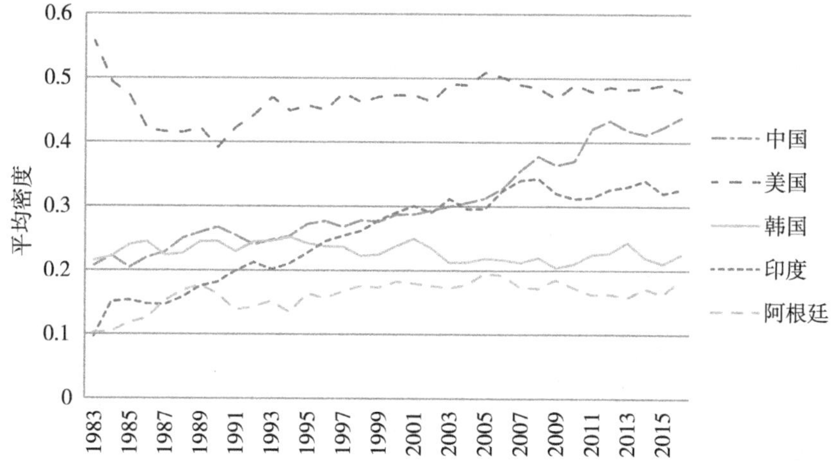

图 5-2 1983—2013 年中国、美国、韩国、印度、阿根廷技术密集型产品平均密度变化

步推进产业升级；韩国的密度水平虽然略低但总体稳定，产业门类偏少可能是韩国密度水平偏低的原因；阿根廷的低水平产品密度进一步揭示其产品之间关联性低，限制了潜在产业升级机会，从而持续面临产业升级障碍。

5.4.2 产品空间相似性分析

产品空间相似性分析可以揭示产品空间的变化趋势。我们将 1983 年到 2013 年 31 年分为 10 个期间，平均每 3 年为一个期间，为方便起见第 10 个期间包含 4 个年份。首先计算各个期间的产品邻近性矩阵，一共得到 10 个矩阵。本研究采用 Ucinet 软件对 10 个矩阵进行二次指派程序相关分析（Quadratic Assignment Procedure，QAP），该分析是对两个矩阵的各个单元格的值的相似性进行比较，得到矩阵之间的相关系数。表 5-2 是各期产品空间相似矩阵 QAP 的相关分析结果。

从表 5-2 中可以看出，P 值为 0.0002，表明 10 个矩阵两两显著自相关。从相关系数来看，最大值为 0. 903，最小值为 0. 681，各期之间的平均相关系数高于 0. 80；此外在水平方向上各期之间的相关系数递减，时间越接近，相关系数越高，表明产品空间演变的渐进过程呈现一定的自稳定性。

表 5-2　　各期产品空间相似矩阵 QAP 相关分析结果

	2 期	3 期	4 期	5 期	6 期	7 期	8 期	9 期	10 期
1 期	0. 903	0. 850	0. 830	0. 800	0. 779	0. 753	0. 734	0. 707	0. 681
2 期		0. 874	0. 847	0. 812	0. 79	0. 769	0. 747	0. 718	0. 69
3 期			0. 881	0. 847	0. 82	0. 798	0. 775	0. 741	0. 713
4 期				0. 883	0. 845	0. 821	0. 804	0. 764	0. 736
5 期					0. 895	0. 862	0. 844	0. 804	0. 771
6 期						0. 893	0. 869	0. 826	0. 792
7 期							0. 89	0. 841	0. 806
8 期								0. 883	0. 847
9 期									0. 891

注：*P* 值为 0. 0002。

本研究选择第 1 期和第 10 期进行对比，这两期的相关系数差别最高，具有典型的分析意义，并采用 Netdraw 软件可视化产品空间网络，以比较两期产品空间变化，以及 5 个国家产品空间中优势产品的变化。借鉴 Hidalgo 等（2007）的方法，空间中连线数约为节点数两倍时的阈值为最优阈值，在 0. 73、0. 74、0. 75 三个阈值下连线数分别为 1794、1474、1150，其中 1474 最接近 771 的 2 倍值 1542，因此，本研究将 1983 年的产品空间网络阈值设置为 0. 74；同理 2013 年度产品空间阈值设置为 0. 66，在此阈值下连线数为 1656，最接近 1542。阈值的设定突出了核心产品之间的邻接关系，并剔除了大量的冗余节点关系以及一部分邻近性值低于阈值的节点，使得产品空间更加简洁，并不影响本研究的分析结果；一部分孤立的节点从产品空间中移除，这些产品全部是初级品或者低附加值产品，不属于本研究所涉及的技术密集型产品，也不影响分析结果（图 5-3）。图中用三种涂影分别表示高技术密集型产品、中高技术密集型产品以及技术密集型产品之外的其他产品，节点标签被隐藏；节点大小与该产品的 RCA 值成比例。从图中可以看出产品空间网络中产品分布呈现出一定的规律性，大部分技术密集型产品占据产品空间核心，大部分非技术密集型产品则处于产品空间的边缘，具体而言，处于核心的主要是化学、机械、电子等产品，而处于边缘的主要是农产品、服装、纺织，以及石油、矿石等产品。接下来，我们详细分析对比五个国家第 1 期和第 10 期两个期间的产品空间分布特征以及变化，并对中国技术密集型产品升级提出相应的建议。

中国第 1 期

中国第 10 期

美国第 1 期

美国第 10 期

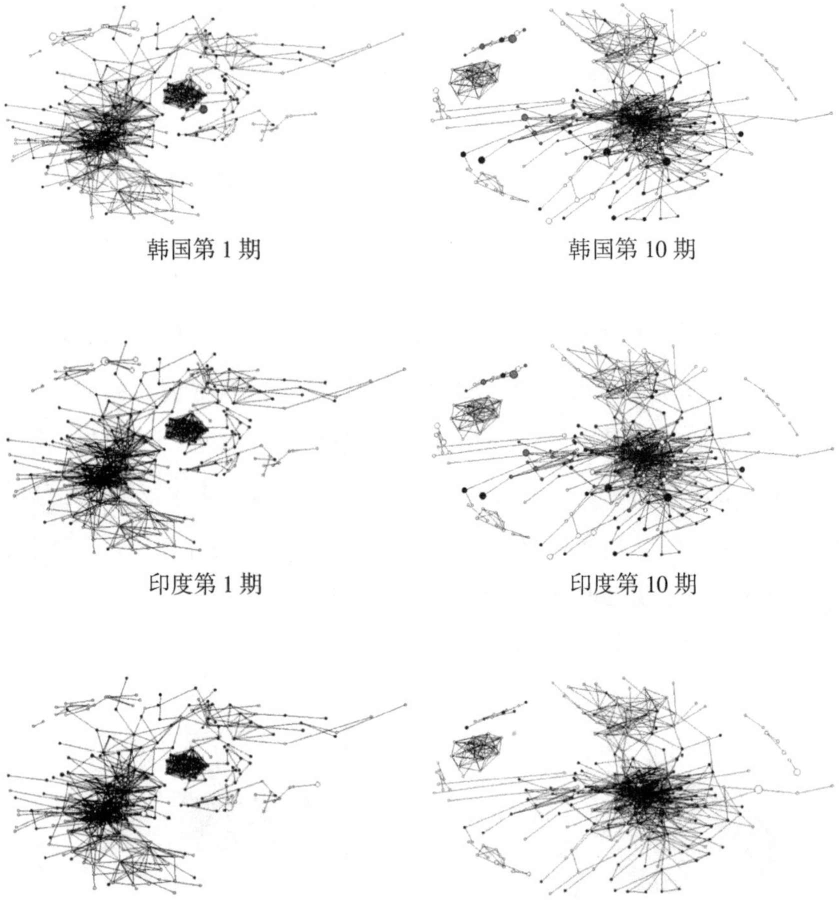

图 5-3 中国、美国、韩国、印度、阿根廷产品空间变化

首先分析两个期间产品空间分布的整体变化。

第 1 期处于网络中心的高技术产品包括：7518（复印机等）、7521（模拟与混合数据处理机）、7522（数字数据处理机）、7523（数字处理器）、7612（电视、广播等）、7621（车载广播接收器）、7622（便携式计算器）、8720（医疗器械）、8745（测量、控制仪器）等，这些产品大体上属于电子、精密仪器类；处于网络中心的中高技术产品包括：

7211（农业机械）、7223（拖拉机）、7233（压路机）、7264（印刷机）、7284（特种机械）、7361（机床）、7414（冰箱）、7423（旋转式泵）、7434（鼓风机）、7712（电机）、7721（电器开关）、7723（电阻）、7753（洗碗机）、7758（电热器）、7861（拖车）等，大体上属于机电类产品。

第 10 期处于网络中心的高技术产品包括：7518（复印机等）、7591（机械配件）、7638（录像、录音设备）、7648（通信设备）、7841（发动机底盘）、8731（气体、液体、电力供应仪表）、8742（制图、标记、计算工具）、8743（气体、液体压力或温度非电力性测量、检测仪器）、8744（物理或化学分析仪器）、8745（测量、控制仪器）、8748（电力或电子测量、检测、分析仪器）、8813（成像仪器）等。处于网络中心的中高技术产品包括：7188（发动机）、7224（轮式拖拉机）、7252（纸板切割机）、7281（专用机床）、7284（特种机械）、7411（加热设备）、7421（液体泵）、7431（空压机）、7441（机械操纵设备）。

对比第 1 期和第 10 期的产品空间，可以发现两个显著变化：

第一，技术密集型产品在产品空间中进一步集中，表现为中高技术密集型产品的迁移。中高技术密集型产品在产品空间中占有支柱性地位，在产业发展中起着承上启下的桥梁作用。首先，中高技术密集型产品的升级是产业可持续发展的重要保证，表现为产品质量进一步提升、产品种类进一步丰富，从而推动产业竞争力进一步增强。其次，中高技术密集型产品具有较强的产业拉动性，产业发展离不开上游初级品、劳动密集型产品的支持，随着产业升级转型，必然带动上游产业质量管控、成本控制的加强，促进生产率提高，从而拉动低技术产业升级。此外，中高技术密集型产品是高技术密集型产品升级的基础，中高技术密集型产业为高技术密集型产业积累了大量人力资本、管理能力、制造能力等。可见，中高技术密集型产品的集中反映了产业发展的趋势，产品之间的关联性日渐加深，产业联动性逐渐加强，只有做大做强中高技术密集型产业，才能保证产业基础稳固，避免产业转型中出现断裂，使得产业发展具有可持续性。

第二，高技术密集型产品分散，产品空间中的产品种类发生变化。高技术密集型产品分散的原因可能是，随着技术进步与发展，新技术不断涌现，高技术产业出现分化。1983 年到 2013 年是第三次产业革命的重要阶段，互联网、计算机、人工智能等技术被广泛应用于制造业，促进知识共享与技术传播，大大推动了技术创新能力，与此同时缩短了技术密集型产品的生命周期，使得产品不断推陈出新。高技术密集型产品分散化对中高技术密集型产业升级带来积极影响，增强了产业间升级的可能性。

接下来分析和比对 5 个国家第 1 期和第 10 期产品空间中优势产品的变化。

第 1 期中国的优势产品主要是低附加值、低技术含量的机械类产品，技术密集型产品明显处于劣势。第 10 期低技术含量机械制品仍然保持优势，技术密集型产品显著增加，特别是中高技术密集型产品，是中国制造业竞争优势的基础。代表性的有 5419（药品）、7112（锅炉辅助设备）、7161（直流马达、发电机）、7252（纸板切割机等）、7415（空调机）、7442（提升、卸载机械）、7512（计算机械、会计机械、点钞机等）、7518（复印机等）、7631（留声机、录音机）、7642（麦克风、扬声器等）、7712（感应器等）、7722（印刷电路板）、7738（配电设备）、7757（吸尘器等小家电）、7758（电热设备）、7763（二极管、晶体管等）、7868（非机械驱动车辆）、8841（光学透镜、棱镜等）。可以看出，中国的优势产品主要是中高技术密集型产品；高技术密集型产品中除了飞机和航天器制造外，其他产业都有所涉及，但是产品种类偏少。

美国是典型的制造强国，优势产业遍布产品空间，尤其是高技术密集型产品。第 1 期美国的优势产品中包含众多高技术密集型产品：7515（办公机械）、7521（模拟、数字数据处理器）、7523（数字中心处理单元）、7628（其他广播电视接收器）、7741（电子医疗器械）、7742（X

光机)、7763（二极管、晶体管等)、7768（压电晶体)、8720（医疗器械及设备)、8732（转速表等)、8741（测绘、导航仪器等)、8745（测量、控制仪器)、8748（电力或电子测量、检测、分析仪器）等。第10期新增的高技术密集型产品包括7648（通信设备)、8731（气体、液体、电力供应或生产仪表)、8742（绘图、标记或数学计算工具)、8744（物理或化学分析仪器等)、8745（测量、控制仪器)、8748（电力或电子测量、检测、分析仪器)，新增的产品主要是仪器、仪表类产品。在两个期间中，中高技术密集型产品主要是机械设备制造、电力机械、汽车，产品种类基本稳定。

第1期韩国的一部分非技术密集型产品表现出极强的优势，一小部分技术密集型产品优势初现，其中高技术密集型产品主要是电子类产品，包括7611（彩电)、7612（电视、广播等)、7621（车载广播接收器)、7622（便携式计算器)、7628（其他广播接收器)、7648（通信设备)、7763（二极管、晶体管等)、8732（转速表等)。第10期具有优势的技术密集型产品明显增多，其中高技术密集型产品中除了第1期的优势产品外，新增7638（录像、录音设备)、7741（电子医疗器械)、7763（二极管、晶体管等)、7764（电子微电路)、7768（压电晶体)、8732（转速表等)、8841（光学透镜、棱镜）等，中高技术密集型产品具有优势的主要有7112（锅炉辅助设施)、7247（纺织机械)、7722（印刷电路板)、7842（制图、标记、计算工具)，新增的产品主要是电子类产品。

和中国类似，第1期印度具有优势的技术密集型产品稀少，少部分非技术密集型产品具有优势。到第10期，印度的技术密集型产品优势并不特别显著，但数量明显增多。优势相对较高的高技术密集型产品主要有7591（机械配件)、8745（测量、控制仪器)、8841（光学透镜、棱镜）等；中高技术密集型产品主要有5123（酚类产品)、5154（有机酸混合物)、5163（无机酯类产品)、5311（合成有机染料)、7111（蒸汽锅炉)、7841（发动机底盘)。

阿根廷技术密集型产品竞争力明显衰减，第1期技术密集型产品数量明显高于第10期，主要是中高技术密集型产品，如5137（一元羧酸等）、7271（食品加工机械及零件）、7371（炼钢炉等）、7416（加热与制冷设备）、7492（管道等龙头、阀门等）、8720（医疗器械）等；而第10期优势技术密集型产品极为稀少。

总的来看，过去30年，五个国家的产品空间呈现不同特征。中国的优势产品数量明显增多，表明中国改革开放以来技术密集型产业持续升级，竞争优势日渐增强。美国是制造强国，传统优势产业较为稳定，同时不断涌现新的优势产业。韩国的产业优势在30年前即崭露头角，并不断强化，工业化进程稳步推进。印度的优势产业数量增长较缓慢，但总体上处于上升状态。阿根廷的优势产业数量逐渐减少，产业升级乏力，这是导致其难以摆脱“中等收入陷阱”的重要原因。因此，中国应吸取阿根廷的经济发展教训，维持优势产业竞争力，使其成为产业升级的坚实后盾，防止产业升级出现断档；此外，学习借鉴美国、韩国等发达国家的产业发展模式，因地制宜选择合适的产业升级路径。

5.4.3 计量分析

本研究从高技术密集型制造业和中高技术密集型制造业两个层面研究产业升级路径。由于模型被解释变量为离散变量，故采用logistic回归。首先进行豪斯曼检验，结果表明宜采用固定效应回归。回归结果分别见表5-3和表5-4，模型（1）到模型（5）分别对应中国、美国、韩国、印度、阿根廷。

表5-3　　　　高技术密集型制造业回归分析结果

变量	模型1	模型2	模型3	模型4	模型5
$X_{c,i,t-1}$	7.850*** (4.870)	7.204*** (3.738)	3.503*** (3.206)	5.425*** (3.124)	0.998 (0.460)

续表

变量	模型 1	模型 2	模型 3	模型 4	模型 5
$(X_{c,i,t-1})\ \omega_{c,i,t-1}$	6.483** (2.005)	−2.625 (−1.077)	7.066** (2.429)	2.529 (0.569)	5.450 (0.591)
$(1-X_{c,i,t-1})\ \omega_{c,i,t-1}$	21.40*** (6.511)	5.756 (1.505)	10.30*** (2.600)	11.66*** (3.409)	−1.692 (−0.224)
观察量	1160	800	1099	530	386

括号中为 z 检验统计量。

*** 表示 $p<0.01$，** 表示 $p<0.05$，* 表示 $p<0.1$。

表 5-4　**中高技术密集型制造业回归分析结果**

变量	模型 1	模型 2	模型 3	模型 4	模型 5
$X_{c,i,t-1}$	4.835*** (4.749)	4.856*** (5.514)	3.179*** (2.723)	2.663*** (4.399)	2.859*** (3.289)
$(X_{c,i,t-1})\ \omega_{c,i,t-1}$	14.31*** (5.891)	0.0490 (0.0381)	4.666 (1.341)	7.450*** (4.469)	5.590 (1.471)
$(1-X_{c,i,t-1})\ \omega_{c,i,t-1}$	23.46*** (11.03)	5.262*** (2.945)	6.002 (1.632)	9.905*** (7.829)	8.289*** (2.840)
观察数	2772	3252	2639	2759	1992

括号中为 z 检验统计量。

*** 表示 $p<0.01$，** 表示 $p<0.05$，* 表示 $p<0.1$。

1. 高技术密集型制造业分析

横向比较各国数据发现，高技术密集型产业中，除阿根廷外，$X_{c,i,t-1}$ 的系数在5%的水平上显著大于零，表明这些国家后一期的显示性比较优势和前期高度相关，中国的系数高达 7.85，其次是美国，为 7.204，印度和韩国的系数依次递减。

分析$(X_{c,i,t-1})\omega_{c,i,t-1}$ 的系数可以看出，只有韩国和中国显著，韩国的产业优势对要素禀赋黏性更高。美国、印度、阿根廷三个国家的能力禀赋优势对支持高技术产业优势作用不明显。

进一步分析$(1-X_{c,i,t-1})\omega_{c,i,t-1}$的系数，中国、印度、韩国在1%的水平上显著大于零，分别为21.4、11.66、10.3。结果表明，这三个国家的高技术产业升级具有较强的路径依赖性，中国的能力禀赋的积累对产业升级影响最高，其次是印度、韩国，对比中国和印度两国，中国的产业升级对要素禀赋依赖更高，跨越式升级的机会低于印度。美国和阿根廷的系数均不显著，产业升级路径偏离比较优势，由于美国具有坚实的产业基础和创新能力，能实现成功升级，但是阿根廷创新乏力导致跨越式升级中出现断档，因此不难解释阿根廷长期陷入“中等收入陷阱”难以自拔的原因。

综合分析五个国家的系数发现，中国产业升级遵循比较优势，过去30年间，低成本劳动力和丰裕的自然资源是支持中国制造业竞争力提升的基础。相比之下，印度产业升级则面临两股作用力量，$(X_{c,i,t-1})\omega_{c,i,t-1}$系数不显著而$(1-X_{c,i,t-1})\omega_{c,i,t-1}$显著，这表明印度产业升级一方面遵循比较优势，表现出明显的渐进性，但与此同时有其他力量影响其保持产业优势，表现出一定的跨越式升级倾向。韩国产业升级明显地遵循比较优势，分析韩国典型的优势产业比如电子，不难发现其经历过从无到有、从弱到强的渐进式发展过程，正是这些产业成功升级成就了韩国跃升到高收入国家行列之中。反观阿根廷，要素禀赋一方面对优势产业缺乏支持，另一方面对产业升级缺乏推动，从而导致跨越式升级中出现产业断档，未能摆脱“中等收入陷阱”的魔咒，这对中国具有深刻的启示：产业升级过程依赖于要素禀赋的积累以及优势产业的推动作用，必须高度重视保持优势产业的竞争力。

以上分析得出的结论是，中国高技术密集型产业升级遵循比较优势的渐进式道路。中国必须避免以阿根廷为代表的拉美国家面临的发展障碍，借鉴韩国的成功经验，在发挥比较优势渐进式升级的前提下，做大做强传统优势产业，作为产业升级的坚实基础；同时在新兴技术产业以及高端制造业领域通过政策干预、创新等途径适度赶超，这不仅符合中国产业发展实际，也是深入贯彻供给侧改革、维持中国经济增长的必要基础。

2. 中高技术密集型制造业分析

横向比较中高技术密集型制造业的各个系数发现(表5-4)，各个国家的$X_{c,i,t-1}$系数均在1%水平上显著相关，表明这些国家的显示性比较优势指数具有明显的自相关，反映出优势产业的黏性强。其中美国的系数高达4.856，表明美国的中高技术密集型制造业表现出极高的黏性；其次是中国和韩国，分别为4.835和3.179；阿根廷和印度的系数略低，分别为2.859和2.663。

$(X_{c,i,t-1})\omega_{c,i,t-1}$系数显示，中国和印度在1%水平上显著为正，中国为14.31，高于印度的7.45，两个国家的能力禀赋积累对产业优势具有较高的支持性。相比之下，美国、韩国、阿根廷的系数不显著，维持美国和韩国产业优势的基础来自能力禀赋积累之外的其他因素，比如突破式创新，而阿根廷的能力禀赋积累则不支持产业优势。

$(1-X_{c,i,t-1})\omega_{c,i,t-1}$系数显示，除韩国外，其他国家的系数都在1%的水平上显著为正，表明这几个国家的能力禀赋积累对产业升级有决定性影响，产业升级遵循比较优势，其中中国的系数最高，说明在中高技术密集型制造业中中国的产业升级路径依赖明显；其次是印度，系数为9.905；阿根廷和美国的系数分别为8.289和5.262。对比这几个国家的系数大小可以看出，对比较优势的依赖程度最高的是中国，美国最低。而韩国的产业升级受能力禀赋影响小，表现为偏离比较优势。

进一步分析各个国家的系数会发现，中国的中高技术密集型制造业升级路径总体遵循比较优势，要素禀赋在产业升级过程中起到维持现有产业比较优势的作用，同时起到推动产业创新升级的双重作用。$(1-X_{c,i,t-1})\omega_{c,i,t-1}$系数高于$(X_{c,i,t-1})\omega_{c,i,t-1}$，说明要素禀赋对产业的推动作用明显大于对产业比较优势的维持作用。印度和中国的产业升级路径相似，也遵循比较优势，不同的是印度的系数低于中国，表明其对要素禀赋的依赖程度相对低，实现跨越式升级的可能性高于中国。阿根廷的要素禀赋不维持现有产业优势但促进产业升级，由于其优势产业偏少造成升级不明显。美国的$(X_{c,i,t-1})\omega_{c,i,t-1}$不显著而$(1-X_{c,i,t-1})\omega_{c,i,t-1}$显著，表明要素禀赋对支持产业优势作用不明显，产业升级对要素禀赋依赖较高，说明美国的产业升级受到双重因素影响，在遵循比较优势的同时，又适度偏离。韩国的$(X_{c,i,t-1})\omega_{c,i,t-1}$系数及$(1-X_{c,i,t-1})\omega_{c,i,t-1}$系数均不显著，表明韩国的产业升级偏离比较优势，近30年来韩国的产业升级路径为跳跃式，韩国的产业创新能力强，从韩国的机电、汽车产业便可窥豹一斑。

从以上分析可以看出，中国的中高技术密集型制造业升级路径表现为遵循比较优势，这与中国的要素禀赋特征密切相关。中高技术密集型制造业中，相当一部分属于劳动密集型产业，中国可以充分利用劳动力成本低的比较优势。同其他四个国家相比，中国的要素禀赋对产业升级的作用最大，为此中国应当充分认识到该产业的竞争力来源，遵循产业升级规律，进一步巩固产业竞争优势，为高技术产业升级奠定扎实基础。

5.4.4 稳健性检验

稳健性检验模型放松了产品密度ω和产品状态X的线性关系，见下式：

$$X_{c,i,t}=\alpha+\beta X_{c,i,t-1}+\gamma_1(X_{c,i,t-1})\omega_{c,i,t-1}+\gamma_2(1-X_{c,i,t-1})\omega^2_{c,i,t-1}+\delta X+\varepsilon$$

采用logistic回归对固定效应模型进行估计，检验结果见表5-5和表5-6。

表5-5　**高技术密集型制造业稳健性检验结果**

变量	模型1	模型2	模型3	模型4	模型5
$X_{c,i,t-1}$	4.776***	6.109***	2.238**	4.016**	1.165
	(3.425)	(4.241)	(2.439)	(2.545)	(0.583)

续表

变量	模型 1	模型 2	模型 3	模型 4	模型 5
$(X_{c,\ i,\ t-1})\omega_{c,\ i,\ t-1}$	6.395**	-2.556	7.279**	2.733	5.608
	(1.972)	(-1.044)	(2.494)	(0.615)	(0.607)
$(1-X_{c,i,t-1})\ \omega_{c,i,t-1}$	35.02***	7.597	21.28***	23.30***	-2.608
	(6.441)	(1.639)	(2.939)	(3.486)	(-0.114)
观察数	1160	800	1，099	530	386

括号中为 z 检验统计量。

*** 表示 $p<0.01$，** 表示 $p<0.05$，* 表示 $p<0.1$。

表 5-6　　**中高技术密集型制造业稳健性检验结果**

变量	模型 1	模型 2	模型 3	模型 4	模型 5
$X_{c,i,t-1}$	1.471	3.793***	2.587***	1.591***	2.119**
	(1.625)	(5.584)	(2.637)	(2.871)	(2.563)
$(X_{c,i,t-1})\ \omega_{c,i,t-1}$	14.42***	0.0584	4.799	7.364***	6.003
	(5.940)	(0.0454)	(1.378)	(4.449)	(1.570)
$(1-X_{c,i,t-1})\ \omega_{c,i,t-1}$	40.01***	6.445***	15.62*	20.01***	24.73***
	(11.45)	(3.037)	(1.831)	(7.667)	(3.031)
观察数	2772	3252	2639	2759	1992

括号中为 z 检验统计量。

*** 表示 $p<0.01$，** 表示 $p<0.05$，* 表示 $p<0.1$。

对比表 5-5 和表 5-3，各个模型的变量系数显著性基本上不变，系数方向完全一致，表明高技术密集型制造业升级路径影响模型的回归结果总体上是稳健的。

对比表 5-6 和表 5-4，除模型 1 的变量 $X_{c,i,t-1}$ 与模型 3 的变量（$1-X_{c,i,t-1}$）$\omega_{c,i,t-1}$ 的系数的显著性发生略微改变之外，其余变量的显著性和方向均不变，表明中高技术密集型制造业升级路径影响模型的回归结果总体上是稳健的。

5.5 进一步分析

1. 中国技术密集型制造业升级潜在竞争对手分析

选择合适的产业升级路径是一个国家经济增长的重要前提，产业升级过程中还需要兼顾竞争压力，因此了解产业中有哪些竞争对手，以及竞争对手处于何种地位非常必要。本研究将显示性比较优势指数（RCA）和产品密度（density）指标相结合，借鉴金碚等（2013）的方法，判断中国在技术密集型制造业的十个子行业的主要竞争对手。具体方法是：第一步，计算各国十个子行业的RCA和density指数的平均值；第二步，分行业筛选出RCA大于1的国家；第三步，以这些国家为基础筛选出density指数大于0.35的国家；第四步，基于前两步的筛选结果，选取除中国以外的前十个国家，如果不到十个国家的以实际国家数为准，形成降序排列的各个国家density-RCA组合，详情见表5-7。

表5-7　　**中国技术密集型制造业未来主要潜在竞争对手**

产业名称	主要竞争国家和地区
制药	德国（0.62，1.40）、意大利（0.53，1.35）、美国（0.53，1.43），西班牙（0.51，1.20）、法国（0.51，1.36）、奥地利（0.48，2.41）、比利时（0.45，2.53）、荷兰（0.42，1.71）、丹麦（0.40，2.92）、英国（0.40，2.50）
办公室、会计和计算机械的制造	捷克（0.37，1.62）、荷兰（0.37，1.23）
无线电、电视和通信设备和装置的制造	日本（0.43，1.29）、捷克（0.37，1.28）

续表

产业名称	主要竞争国家和地区
医疗器械、精密仪器和光学仪器、钟表的制造	德国（0.59，1.36）、美国（0.51，1.74）、意大利（0.50，1.06）、日本（0.45，2.55）、英国（0.39，1.68）、比利时（0.39，1.04）、荷兰（0.38，1.03）
飞机和航天器的制造	德国（0.58，1.11）、美国（0.55，2.71）、法国（0.51，4.43）、西班牙（0.50，2.52）、意大利（0.49，1.49）、奥地利（0.43，1.02）、英国（0.37，1.26）、斯洛文尼亚（0.35，1.28）
化学品	德国（0.55，1.29）、西班牙（0.50，1.33）、意大利（0.50，1.02）、美国（0.49，1.31）、法国（0.48，1.47）、比利时（0.43，1.92）、荷兰（0.41，1.45）、英国（0.36，1.29）、印度（0.35，1.89）、丹麦（0.35，1.20）
未另分类的机械和设备的制造	德国（0.61，2.06）、意大利（0.56，2.58）、美国（0.50，1.38）、法国（0.48，1.17）、奥地利（0.48，1.88）、捷克（0.42，1.60）、瑞典（0.41，2.39）、日本（0.41，1.86）、斯洛文尼亚（0.39，1.32）、英国（0.37，1.27）
未另分类的电力机械和装置	德国（0.54，1.24）、意大利（0.53，1.10）、奥地利（0.43，1.22）、捷克（0.43，2.07）、波兰（0.41，2.97）、斯洛文尼亚（0.39，3.21）、日本（0.39，1.39）、土耳其（0.38，2.42）、瑞典（0.37，1.07）、匈牙利（0.35，2.43）
汽车、挂车和半挂车的制造	德国（0.59，2.11）、西班牙（0.53，1.45）、美国（0.48，1.19）、法国（0.47，1.01）、奥地利（0.46，1.49）、波兰（0.42，1.94）、捷克（0.42，1.71）、瑞典（0.41，4.93）、比利时（0.40，1.50）、斯洛文尼亚（0.39，1.36）

续表

产业名称	主要竞争国家和地区
铁道设备及未另分类的运输设备的制造	德国（0.54，1.58）、西班牙（0.50，1.81）、法国（0.45，1.23）、奥地利（0.44，5.59）、捷克（0.43，1.96）、波兰（0.39，1.90）、葡萄牙（0.36，1.26）、比利时（0.35，1.46）

表 5-7 的前五个产业是高技术密集型制造业。制药是典型的知识密集型行业，中国的平均产品密度高于 0.35，但 RCA 小于 1，主要竞争对手是欧美发达国家，这些国家拥有众多顶级制药企业，主导全球高端制药业。办公室、会计和计算机械的制造业中，中国的产品密度与 RCA 均排名第一，主要竞争对手是捷克和荷兰；无线电、电视和通信设备和装置的制造业中国也排名第一，主要竞争对手是日本和捷克，捷克作为新兴市场国家在这两个行业均具有极高的发展潜力，但是从质的层面来看，中国和捷克都处于产业链低端；医疗器械、精密仪器和光学仪器、钟表的制造业也是知识密集型行业，中国虽然具有一定的竞争潜力，但是在垂直专业化分工上处于不利地位，面临的是欧美发达国家强大的竞争对手；飞机和航天器的制造是知识密集型和资本密集型行业，产业链条长，生产过程复杂，竞争对手除了传统的欧美发达国家外，还包括斯洛文尼亚。

表 5-7 的后五个产业是中高技术密集型制造业。这五个行业的潜在对手中新兴市场国家明显增多，主要是以捷克、匈牙利、波兰、斯洛文尼亚为代表的东欧或中欧国家，以及以印度、土耳其为代表的亚洲国家，中国最有可能在这些行业中实现转型升级。化学品业、未另分类的机械和设备的制造业，以及汽车、挂车和半挂车的制造中，中国的平均产品密度指数均高于 0.35，但是 RCA 小于 1，竞争潜力不及印度、波兰、捷克、斯洛文尼亚。中国在未另分类的电力机械和装置业中居第三位，竞争潜力较大，但该行业中新兴市场国家众多，中国除了关注发达

国家的竞争压力外，更要关注这些新兴市场国家的追赶。中国在铁道设备及未另分类的运输设备的制造中具有较高的竞争潜力，主要竞争者是欧洲发达国家。

2. 中国技术密集型制造业最具升级潜力产品分析

如前文所述，一个国家选择产业升级方向时倾向于产品密度更高或者更接近当前产品的潜在产品，因为生产此类产品需要类似的能力。一个不可忽视的问题是，升级转型必须考虑潜在产业的战略价值（Hausmann 等，2008）以及可持续性。邻近产品可能没有战略价值，即可能处于产品空间边缘，或者因为当前产品和潜在产品太接近而不利于形成新的能力，因此选择合适的升级方向至关重要。Hausmann 等（2007）提出更高的产品出口复杂度带来更快经济增长，从而在产品出口复杂度和产品密度之间可以找到有效边界，作为转型升级的参考。本研究利用 2013 年中国技术密集型制造业 245 种产品的出口复杂度指数、产品密度绘制散点图，便于判断合适的升级方向。

图 5-4 纵轴为产品出口复杂度指数，只有四类产品的指数高于 50000，本研究以 25000 为界限，将高于 25000 的产品归为高复杂度；横轴为产品密度指数的倒数，本研究以 2.5 为界限，将低于 2.5 的产品归为高密度。图 5-4 被分为四个象限，处于象限Ⅰ的产品密度和出口复杂度都高，这些产品处于产品空间的核心，是最优升级产品；处于象限Ⅱ的产品出口复杂度高，但产品密度低，这类产品虽然具有战略价值，但由于产品密度低，故适合跨越式升级，这种升级模式适合创新能力强的发达国家，对中国这样的发展中国家而言有困难；处于象限Ⅲ的产品密度和出口复杂度都低，不属于升级对象；处于象限Ⅳ的产品密度高，但出口复杂度低，这类产品处于产品空间边缘，也不属于升级对象。

经过筛选后Ⅰ象限包含 59 种产品（表 5-8），其中高技术密集型产品 13 种，中高技术密集型产品 46 种，总共约占技术密集型产品总数的四分之一。可见，中高技术密集型产品是产业升级的重心，具体而言，

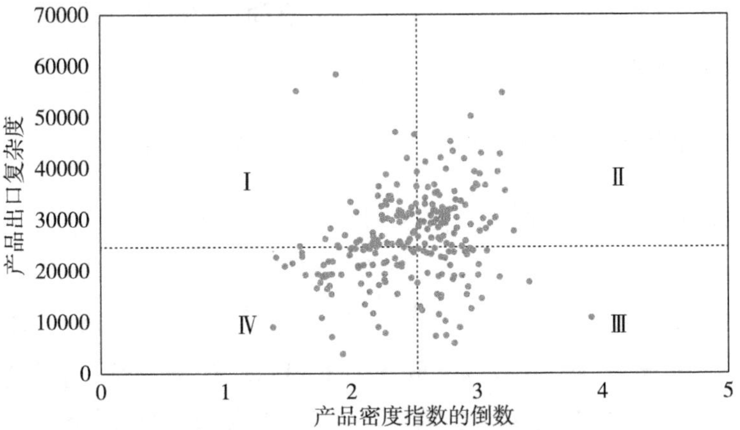

图 5-4 产品密度—产品出口复杂度散点图

未另分类的机械和设备的制造业包含的产品最多，共 29 种产品，涵盖蒸汽机、直流发电机、纺织机械、造纸机械、食品加工机械、专门行业机械、金属加工机床、金属加工机械、加热及制冷设备、液体泵、机械搬运设备、非电动工具、管道用龙头及阀门等；其次是化学品，共 11 种产品，涵盖烃的卤化衍生物、环醇及衍生物、氮基化合物、有机硫化物、醛酮及醌化合物等；未另分类的电力机械和装置包含电动剃须刀或理发剪、压电晶体两种产品；铁道设备及未另分类的运输设备的制造包含铁路车辆、机动车车身两种产品。值得关注的是，汽车、挂车和半挂车的制造被排除在潜力产品之外，印证了中国汽车产业市场换技术战略未能从根本上提升产业自主创新能力低、产业升级乏力的困境。相比之下，高技术密集型制造业产品较少，其中医疗器械、精密仪器和光学仪器、钟表的制造业包含 9 种产品，涵盖测量、检测、分析与控制仪器、照相器材、光学产品、手表等行业；制药业包含维生素、抗生素两类产品，办公室、会计和计算机械的制造包含打字机、离线数据处理设备两类产品，无线电、电视和通信设备和装置的制造包含录音机、通信设备两类产品。

表 5-8 技术密集型制造业最具升级潜力产品

ISIC4	prody	density	ISIC4	prody	density	ISIC4	prody	density
5113	47133.4	0.43	7246	33906.4	0.43	7492	30265.2	0.44
5122	26775.6	0.46	7251	46655.2	0.40	7499	29569.5	0.42
5139	32903.8	0.44	7252	32664.3	0.45	7511	25513.4	0.44
5145	33612.6	0.44	7271	26842.7	0.45	7528	26053.4	0.48
5146	41994.1	0.41	7281	29980	0.44	7631	25065.8	0.53
5147	58389.7	0.53	7283	26189.5	0.41	7648	26075.4	0.45
5154	36843	0.42	7361	30795	0.42	7754	25640	0.49
5155	36510.8	0.45	7362	31112.8	0.40	7768	31795.8	0.42
5162	33110.9	0.40	7367	34594.8	0.43	7842	25651.6	0.41
5163	30498.8	0.41	7368	31483.1	0.42	7914	25781.1	0.46
5169	36553.4	0.40	7369	32360.4	0.40	8742	27733.4	0.40
5411	39315.3	0.40	7371	27470.5	0.46	8743	27419.1	0.40
5413	38830.8	0.44	7372	25123.9	0.46	8745	33487.7	0.42
7126	33475.4	0.50	7413	29877.4	0.43	8749	26739.9	0.40
7129	25201	0.45	7414	25400.6	0.42	8813	30796.9	0.42
7139	25334.3	0.42	7421	25718.3	0.42	8841	27010.6	0.51
7161	34623	0.44	7422	31278.5	0.41	8842	28349.8	0.54
7169	25401.6	0.44	7431	25286.7	0.43	8851	55155.9	0.64
7244	30895.9	0.45	7442	30675.2	0.41	8852	26308.7	0.56
7245	31542.4	0.49	7451	34689.3	0.45			

以上分析得出的结论是，产业升级应该有针对性地选择具有战略价值并且符合国家要素禀赋基础的潜在产品。中高技术密集型产业是中国产业转型升级的重心，起着承上启下的作用，做大做强中高技术产业具有战略意义。尤其要关注机械设备制造业，该产业具有极高的升级潜力，中国有望在此行业提升竞争力，其次是化学品；对于其他中高技术

密集型行业，要充分发挥比较优势，实现重点突破。高技术密集型产业兼具知识密集和资本密集特征，鉴于中国整体技术水平落后于发达国家，不宜在高技术密集型产业全面升级，但是在医疗器械、精密仪器、通信设备制造业上升级潜力较高，需要我们做出相应的努力。

5.6　结论与政策建议

5.6.1　结论

1. 近30年中国的优势技术密集型产品数量及产品密度明显增大

1983年到2013年，中国的优势技术密集型产品显著增长，从27种最高上升到125种，尽管总数低于美国，但是增幅高于印度、阿根廷和韩国，中国1979年实行的改革开放政策以及1992年建立市场经济体制激活了经济活力，成功推动制造业加速转型升级，奠定了中国“制造大国”的地位。除了优势产品数量外，过去30多年中国的产品密度也大幅提高，平均密度从1983年略高于0.2上升到2013年超过0.4，总体上高于韩国、印度、阿根廷，反映出中国稳步推进产业升级，并且有望延续良好的升级势头趋势。

产品空间直观地反映了上述变化。第1期中国的优势产品主要是低附加值、低技术含量的机械类产品，技术密集型产品明显处于劣势。第10期低技术含量机械制品仍然保持优势，技术密集型产品显著增加，特别是中高技术密集型产品是中国制造业竞争优势的基础。中国的优势产品主要是中高技术密集型产品，高技术密集型产品中除了飞机和航天器制造外，尽管其他产业都有所涉及，但是产品种类偏少。

2. 中国技术密集型产业升级遵循比较优势的渐进式道路

中国要吸取以阿根廷为代表的拉美国家产业发展教训，避免陷入产业升级断档风险。必须从中国国情出发，充分发挥要素禀赋的比较优势，做大做强传统优势产业，尤其是中高技术密集型制造业，应作为产业升级的坚实基础；同时通过政策扶持，在新兴技术产业以及高端制造业领域以创新驱动实现适度赶超。

3. 技术密集型制造业升级潜在竞争对手以欧美发达国家为主

中国在高技术密集型制造业领域竞争力较弱，并且处于全球价值链低端，要面对欧美以及日本等发达国家的激烈竞争，同时也不能忽视捷克、斯洛文尼亚等正在兴起的国家。行业特征决定了中国在短期内难以和发达国家正面交锋，但是在高端装备制造领域可以在政府扶持下展开侧翼进攻，实现点的突破，从而以点带面拉动产业链升级。中国在中高技术密集型制造业中转型升级的机会极高，但必须密切关注捷克、匈牙利、波兰、斯洛文尼亚、印度、土耳其等新兴市场国家日益增长的竞争压力，通过加大技术研发、合资、海外并购等多种途径加快追赶速度。

4. 中国在中高技术密集型产业上最具升级潜力

产业转型升级必须权衡潜在产业的战略价值和国家要素禀赋之间的关系。中国最具升级潜力的是中高技术密集型制造业，中高技术密集型产业是国民经济的支柱，是中国产业转型升级的重心，做大做强中高技术产业具有战略意义，尤其是机械设备制造业，将成为中国制造业竞争力的重要来源，此外还必须关注化学品制造。就高技术密集型制造业而言，当前中国整体技术水平落后于发达国家，难以实现全面升级，但是在医疗器械、精密仪器、通信设备制造业上升级潜力较高。

5.6.2 政策建议

第一，维持传统优势产业竞争力，防止产业升级断档，是中国技术密集型制造业转型升级的前提。中国传统优势产业高度依赖廉价劳动力，随着人口红利逐渐消失，劳动密集型产业向低收入国家转移，传统的技术密集型制造业面临巨大挑战，如果不能维持竞争优势，势必导致产业升级过程中出现断档，从而陷入“中等收入陷阱”。中国的技术密集型制造业必须吸取拉美国家的教训，努力做大做强中高技术密集型制造业，为产业升级奠定坚实基础。在劳动力成本日渐攀升的背景下，应引入智能制造来转变生产方式、降低产品成本，通过提高管理水平来提高运营效率，充分应用“互联网+”更新商业模式。

第二，以供给侧改革为契机，优化技术密集型制造业产业结构。在环境、资源、劳动力成本等多重压力下，我国应逐步淘汰高污染、高能耗、低附加值的落后产业，利用财政税收政策引导产业向技术复杂度高、产业辐射面广的方向升级，培植一大批竞争力强的中高技术密集型产业，在一部分高技术密集型制造业中有所作为，营造可持续发展的产业生态。

第三，产业升级在坚持比较优势大方向不变的前提下，适度实施跨越式赶超。尽管目前我国已经形成了相对完备的技术密集型产业体系，但是由于技术基础薄弱，产业升级必须以渐进式为主，以便充分发挥要素禀赋优势。在科学技术日新月异的今天，新兴产业不断涌现，尤其是战略性新兴产业，如果一味地坚持渐进式升级路径，必然再次失去话语权。因此，在战略性新兴产业领域中，中国应当确立相应的标杆国家，在政府推动下实现跨越式赶超，以便在这些产业中占有一席之地。

第四，加大创新力度，为产业升级提供制度保障。产业转型升级离不开技术创新，2014 年李克强总理提出“大众创业，万众创新”，为技术创新营造了良好氛围。互联网时代给技术创新带来前所未有的机会，技术创新网络不断扩张与延伸，各类开放式创新平台为技术交流与合作带来便利，技术创新速度加快。当前政府最迫切的工作是激活企业创新活力，尤其是鼓励和扶持中小企业创新，健全风险投资体系，加大完善知识产权保护力度，理顺产学研合作机制，逐步提升中国创新能力。

5.7 本章小结

本章首先采用 Hausmann 等（2007）的产品空间理论实证分析并比较中国、美国、韩国、印度、阿根廷五个典型国家的技术密集型制造业升级路径，结果表明中国的优势产品主要是中高技术密集型产品，中国应该遵循基于比较优势的渐进式升级路径，但在一些高端新兴制造业领域可以适度偏离比较优势，以便争取话语权；同时做大做强中高技术密集型制造业，避免出现拉美国家产业升级断档困境。

结合显示性比较优势指数（RCA）和产品密度（density），识别出中国技术密集型制造业升级的潜在竞争对手。在高技术密集型制造业领域，制药业主要竞争对手是欧美发达国家；办公室、会计和计算机械的制造业主要竞争对手是捷克和荷兰；无线电、电视和通信设备和装置的制造业主要竞争对手是日本和捷克；医疗器械、精密仪器和光学仪器、钟表的制造业面临的是欧美发达国家强大的竞争对手；飞机和航天器的制造竞争对手除了传统的欧美发达国家外，还包括斯洛文尼亚。中高技术密集型制造业潜在对手中新兴市场国家明显增多，中国最有可能在这些行业中实现转型升级。化学品业、未另分类的机械和设备的制造业，以及汽车、挂车和半挂车的制造中竞争潜力不及印度、波兰、捷克、斯洛文尼亚；中国在未另分类的电力机械和装置业中居第三位，竞争潜力较大，但该行业中新兴市场国家众多，中国除了关注发达国家的竞争压力外，更要关注这些国家的追赶；中国在铁道设备及未另分类的运输设备的制造中具有较高的竞争潜力，主要对手是欧洲发达国家。

通过产品密度和产品出口复杂度指标，我们识别出中国技术密集型制造业最具升级潜力的产品。中高技术密集型产业是中国产业转型升级的重心，尤其要关注机械设备制造业，该产业具有极高的升级潜力，中国有望在此行业提升竞争力，其次是化学品；对于其他中高技术密集型行业，要充分发挥比较优势，实现重点突破。高技术密集型产业兼具知识密集和资本密集特征，鉴于中国整体技术水平落后于发达国家，不宜在高技术密集型产业全面升级，但是在医疗器械、精密仪器、通信设备制造业升级潜力较高，需要我们做出相应努力。

6 后发技术密集型企业国际竞争力提升动力：知识基础观视角

前文研究表明，近30年来中国的高技术产品占出口比重逐渐上升，中国出口品技术复杂度不断提高并且约为相近收入水平国家的两倍，这一现象引起学术界的广泛关注，称之为“罗德里克悖论”(Rodrik, 2006)。尽管学术界对中国高技术出口品中包含较高的加工贸易成分已经达成共识，能客观评价中国日益增强的贸易竞争力，从而消除西方国家抛出的“中国威胁论”，但是有一批技术密集型企业正在迅速崛起，成为全球经济舞台上的明星。比如，华为白手起家，20多年间专注通信行业，2013年取代爱立信成为全球最大的通信设备制造商，并持续保持良好的发展态势；联想自2003年收购IBM个人电脑事业部以来迅速成长，大大削弱了惠普、戴尔等个人电脑巨头的世界霸主地位；海尔成功征服欧美日发达国家市场，成为享誉全球的白色家电品牌；创立于20世纪90年代初的三一重工已经成长为全球知名的工程机械制造商，令卡特彼勒、小松等行业领导者感到不安。这些崛起的后发企业均表现出一个共同特征：通过跨越式追赶营造强大的技术能力，得以抗衡全球行业巨头。

后发企业实现技术追赶是竞争力提升的重要前提。现有后发企业技术追赶理论中最具代表性的是Hobday（1995）提出的“OEM—ODM—OBM”理论。该理论认为后发企业技术升级是一个渐进的过程，通过参与全球价值链分工，从最初在为发达国家提供加工制造过程中不断学习积累技术能力，逐步过渡为具备独立研发能力，直至拥有自主品牌。很显然，中国的先驱技术密集型企业偏离了这一技术升级路径；相反，如果它们教条地遵循这种渐进式升级模式，可能和大多数制造企业一样，难以跳出被发达国家领先企业低端锁定的陷阱。Hobday（1995）的理论难以解释中国企业技术跃升现象，并且根据这一理论逻辑推断，后发企业成功实现技术追赶将是一个漫长的过程。此外，学术界对这一特殊现象也缺少应有的关注。那么这些中国企业技术升级带动竞争力提升背后的机理是什么？回答这一问题无疑会丰富后发企业技术追赶理论。此外，技术密集型制造业在中国占有重要的战略地位，波特认为，一个国家的竞争力来自优势产业竞争力，而产业竞争力与企业竞争力息息相关，探索技术密集型企业技术升级背后的机理对制定合理的产业政策、提升产业竞争力具有深远的现实意义。

关于企业技术升级的研究文献大都采用定量研究方法。定量研究的最大优点在于运用客观数据，可以有效消除研究者个人的主观偏见，但是缺点也非常明显，比如受数据本身的局限，难以全面挖掘研究主题的因果机制。有鉴于此，本研究采用探索式案例研究法，基于现有理论，深入访谈和调研三一重工、沈阳机床、华为、联想四家案例企业，形成一手调研资料，并辅以公开的二手资料，采用严谨的编码方法，形成一条描述企业技术追赶的清晰且完整的故事线，从知识基础观视角加以诠释，从而揭示中国后发技术密集型企业通过技术升级带动竞争力提升的机理。

本研究共分为五个部分，具体安排是：第一部分阐述研究背景与研究意义，第二部分为理论基础及文献综述，第三部分介绍研究方法与资料搜集，第四部分为研究结果，第五部分为结论与讨论。

6.1 理论基础与文献回顾

现有后发企业技术追赶研究主要集中于以下几个视角：

1. 追赶路径视角

Hobday（1995）研究亚洲“四小龙”电子产业后，提出后发企业与领导企业、跟随企业的研发拉动战略不同，其通过逐渐提升制造能力来拉动微小的产品创新，沿着 OEM—ODM—OBM 路径，渐进式地实现制造能力和产品设计能力升级。其中分包和 OEM 机制扮演了后发企业培训学校的角色，使其能够克服市场进入障碍并消化制造和设计技术。在 ODM 机制下，后发企业具备复杂生产技术和部件设计能力，从而获取更高附加值，同时避免推出自主品牌产品的风险及投资于国外分销渠道的成本。在出口顾客的需求驱动下，后发企业的学习进程加快，消化技术、适应技术并实现技术创新进入 OBM 阶段，拥有自主品牌。

Kim（1980，1997）提出了“引进—消化—提高”的三阶段模式，认为追赶国家的创新过程和发达国家正好相反，其顺序是从成熟产品到早期的创新：在第一阶段，后发企业引进来自发达国家的成熟技术；在第二阶段，通过技术消化，后发企业掌握初步的产品设计技术；在第三阶段，后发企业具备研发与生产新产品的能力。

不同于 Kim 的观点，Lee 和 Lim（2001）研究韩国的产业后发现三种技术追赶路径：路径创造（比如 CDMA 移动电话）、路径跨越（比如 D-RAM、汽车）、路径追随（比如消费性电子产品、PC、机械工具）。大多数持技术导向的观点认为后发企业技术追赶表现为路径追随，将技术追赶视为沿着既定的路径按相对速度竞赛，认为技术追赶只是一个单向累积过程，后发企业仅仅追随领先企业但不会超越。但是后发企业技术追赶并不一定是简单地追随领先企业的技术发展路径，而很可能跳跃某些阶段甚至创造自己的路径，比如跨越陈旧技术，绕过大量前期投资来实现追赶。最可能发生路径追随或跨越式追赶的行业表现出几个特征：创新不频繁或者需要较少的积累，创新路径可预测，追赶目标容易识别。而路径创造式追赶的行业特征是高技术流动性、高风险、高资本要求。类似的，Gao（2003）提出后发企业技术追赶应该偏离正常路径。后发企业由于难以购买技术来增进创新能力，从创始之日起对自主研发更为看重。不少文献认为后发企业应当遵循“购买—吸收—创新”路径，并避开领导企业的成熟技术来发展自身技术能力，而事实上后发企业在成熟技术基础上再创造更能有效发展技术能力。此外，后发企业对自主研发的紧迫感和信心对发展技术能力有较大影响。

针对后发企业在模仿和创新之间的技术追赶战略选择，Shinkle 等（2014）提出后发企业在技术追赶的早期阶段常见的战略模式是通过学习和模仿领导企业的技术来发展自身技术能力。Li 等（2008）提出具备识别、吸收及应用外部知识能力的企业会选择模仿型追赶。此外，由于后发企业在知识水平上同先行企业存在较大差距，当向先行企业寻求优势技术时需要支付高昂的租金，新兴经济后发企业由于缺乏技术和资金，倾向于模仿容易获得的技术而不是购买优势技术。Ethiraj 等（2008）从市场特征角度来加以分析，认为如果市场高度不确定、高度竞争，领导企业难以设置进入障碍形成垄断地位，后发企业容易通过模仿降低研发成本，并通过差异化战略形成竞争优势，从而削弱领导企业的先行优势；如果领导企业和后发企业产品进入市场的时间间隔越长，给后发企业提供了充足的时间去学习、吸收、模仿，后发企业打败领导企业的可能性就越大。

2. 国际化视角

Mathews（2002，2006）提出 LLL（Linkage—Leverage—Learning）理论框架，指出后发企业的国际扩张是由资源联动效应（linkage）、杠杆效应（leverage）和学习效应（learning）联合驱动的。建立外部联系是后发企业形成和抓住机会的第一步；后发企业通过已经建立的外部联系，利用杠杆效应，获得所需资源；重复资源联动效应和杠杆效应营造后发企业动态能力，并形成特有的公司所有权优势。与 OLI 框架相比，LLL 框架重点关注为什么发展中国家的跨国公司在缺少所有权优势的前提条件下，仍能够不断成长并成为某些行业的领先者，其能更准确地解释经济全球化背景下的后发跨国企业国际化的原因。后发企业在国际化扩张中，充分发挥资源杠杆效应来获取外部技术资源，从而实现技术水平提升。

Dunning（2006）不同意 Mathews（2006）的观点，指出 LLL 框架是 OLI 框架的有益补充而非替代，第三世界国家的跨国公司在发达国家积极投资不是为了利用而是获取和提高其所有权优势，中国企业的对外投资就是资产利用型和资产提升型的混合。当第三世界企业对外投资时，即使是出于获取某些资产的目的，也必然会利用自身某些独有的可持续的优势，例如中国企业以获取资产为目的的海外收购，拥有强大的筹资能力、受到保护的庞大的国内市场等优势就是其国际化的基础。

Child 等（2005）指出，不同于主流理论中企业利用竞争优势实现国际化，中国企业国际化的目的是克服竞争劣势。中国外向 FDI 的一个重要动机是寻求技术与品牌资产，尤其是当外国企业因面临财务困境时愿意出售或者分享技术、诀窍、品牌，或者因为其一部分业务相对不盈利时，中国企业往往乘势进击。Luo 和 Tung（2007）提出新兴市场跨国公司的跳板行为是一种长期战略，通过采取一系列激进、冒险的行为，主动收购成熟跨国公司的关键资产来弥补竞争劣势，从而将国际扩张作为获取所需的关键资源同国内外对手竞争的跳板。在选择进入模式和区位上既不是路径依赖也不是渐进的，而是来自一些压力，比如后发劣势地位、强大的竞争对手、快速变化的技术和产品开发等。这种扩张具有递归性：一方面，跳板活动多次出现，比如一项国外收购活动可能改善品牌劣势和国际声誉，而随后收购国外的物流或分销公司可能弥补其市场缺陷；另一方面，跳板扩张是循环的，即将国外扩张活动和母国基地紧密整合。因此，跳板行为在本质上不同于后来企业（late entrant）的跳跃行为。新兴市场国家企业国际化表现出两个特征：第一，快速国际化，采用高风险、高控制进入模式，比如收购和绿地投资，其中收购的目的是快速获取品牌和技术，属于要素拉动型，在既有成本优势基础上增加创新、差异化和品牌优势；而发达国家跨国公司海外扩张的目的是利用特定优势，属于要素推动型。第二，激进的区位选择，不同于传统的国际化逻辑中首先选择心理距离近的国家，新兴市场跨国公司首先进入欧洲和北美发达国家市场，通过获取技术、隐性知识等方式来克服外来者劣势。

3. 全球价值链视角

参与全球价值链将后发国家企业置于动态学习曲线上，是产业升级的必由之路（Gereffi，1999）。全球价值链升级路径可分为四种（Kaplinsky & Morris，2001）：过程升级、产品升级、功能升级、价值链升级。过程升级是制造技术、制造管理能力提高，推动企业生产效率进一步提升；产品升级指的是具备生产复杂度更高的产品的能力；功能升级是指向产生更丰厚利润的职能迁移；价值链升级是指凭借在一条价值链上获得的技术和知识升级到另一条价值更高的价值链上。全球价值链升级与治理密切相关，后发国家企业在全球价值链中升级的机会极依赖于其在价值链中的自主程度（Henderson，2002；Humphrey & Schmitz，2002）。准层级价值链有利于促进供应商快速过程升级和产品升级，但阻碍功能升级，因为领先企业不希望供应商进入设计、营销等这些价值俘获最大的核心能力领域。全球价值链领导企业通过强大的市场需求左右地方产业升级（陈仲常，2012），当其核心利益受到侵犯时，则打压处于价值链低端企业的升级行为（文婷、曾刚，2005）。市场型价值链中过程升级和产品升级缓慢，但有利于功能升级。网络型价值链提供了理想的升级条件，但要求参与者具有较高的互补能力，最不适合后发国家生产商升级（Humphrey & Schmitz，2002）。Dolan 和 Tewar（2001）指出受购买者驱动的全球价值链治理架构为全球价值链中的发展中国家企业提供了学习和技能获取的机会，并且保护它们在短期不被替代。张少军、刘志彪（2013）对中国制造业的研究表明，中国企业受全球价值链主导企业控制与俘获，企业升级受阻。

Ernst 和 Kim（2002）从全球生产网络角度解释了后发国家企业技术升级机理，认为全球生产网络是强大的知识载体，旗舰企业需要将技术和管理知识转移给本土供应商，以便其能满足技术标准，给发展中国家中的本土供应商带来提升能力的新机遇。一旦一个网络供应商成功提升了能力，将激励旗舰企业转移更多高级知识。旗舰企业可通过四种正式或非正式机制将显性和隐性知识转移给本土供应商：第一，FDI、许可、交钥匙工程、技术咨询等正式途径；第二，商品贸易中的标准技术转移；第三，OEM中旗舰企业给供应商提供技术援助；第四，逆向工程、观察、人员流动。

4. 知识基础观的适用性

以上三个研究视角存在几方面不足：第一，相当一部分的现有文献集中于对后工业化的亚洲“四小龙”技术追赶现象进行研究，由于理论情境的差异，对后发企业缺乏解释力。第二，仅从后发企业技术追赶现象层面研究，未能探究其本质并形成有说服力的理论（江诗松等，2012）。第三，缺少对后发企业接近技术前沿的关注，仅解释后发企业通过技术追赶实现技术积累，未能聚焦技术跨越现象（Chang等，2006）。

现有后发企业技术追赶文献中缺乏明确的理论基础（Hobday，2005），后发企业技术追赶在本质上是能力提升和演变的过程，资源基础观为其提供了合适的理论基础。资源基础观认为企业的竞争优势源于有价值的、稀缺的、难以模仿的、异质性资源（Barney，1991），企业需要创造、扩大或者不断更新资源。作为资源基础观的延伸，知识基础观从一种更开放、动态的视角来研究企业竞争力，强调知识是企业最具战略重要性的资源，企业的能力来自隐性知识（Grant，1996），企业一方面必须整合和充分利用内部知识，另一方面必须从外部获取所需的知识。现有知识基础观侧重于关注发达国家企业，而忽略了新兴市场国家的后发企业。

技术资源缺乏是后发企业的典型特征，它们在技术追赶过程中表现出强烈的外部技术获取欲望。外部技术资源作为一种隐性知识，必须通过转移、整合、吸收才能实现内部化，形成企业专属资源。后发企业与发达国家企业建立各种形式的联系网络，是获取外部优势技术的前提。比如，在OEM机制下，后发企业通过参与加工制造获得技术学习的机会；在合资、联盟等模式下，后发企业通过与发达国家企业互动实现技术转移；在海外并购等激进的国际化模式中，后发国家企业能快速获取前沿技术资源。可见，利用知识基础观来解释后发企业技术追赶现象不仅是一个理论运用过程，也是在后发企业情境下对该理论的修正（江诗松等，2012）。

6.2 研究设计

6.2.1 研究方法

本研究的主要目的是探索新兴市场国家后发企业竞争力提升的成因，构建本土化的企业技术追赶理论。案例研究法适合探索性研究。本研究采用多案例研究，这种方法可以保证研究结果的普适性、严谨性（陈晓萍等，2013）。

6.2.2 案例选取

本研究选择三一重工、沈阳机床、华为、联想作为案例企业（表6-1），原因是：第一，一般认为，新兴市场国家企业资金、技术等资源缺乏，因而核心竞争力集中于低成本、低附加值的劳动密集型制造业，但是案例企业成功追赶发达国家领导企业的实践证明，后发企业在高技术产业领域也能占有一席之地，颠覆了传统的认知偏见；第二，四家企业中有三家高速成长为国际知名企业，拥有较强的市场影响力和卓越的创新能力，为构建后发企业技术追赶理论提供了鲜活的素材；第三，案例企业分别处于通信设备制造、机械工程制造、电脑设备制造、机床制造四个不同的行业，涵盖不同的所有权特征性质，具有较强的代表性；第四，案例企业均表现出强烈的技术追赶特征，都是伴随着中国市场经济的建立和发展实现腾飞的，具有很强的制度适应能力，对新兴市场国家后发企业成长具有相当高的借鉴意义。

表 6-1 **案例企业简介**

案例企业名称	所属行业	案例企业简介
三一重工	机械设备制造	屡次上榜世界 500 强，全球最大混凝土机械生产企业，国内领先、全球排名第五的工程机械商，产品遍及 150 余个国家和地区；2015 年海外销售占比 44.2%；拥有约 1.2 万名研发人员，年均研发投入不低于年销售额 5%
沈阳机床	机床制造	中国企业 500 强、中国制造业 500 强，年均研发投入不低于年销售额 5%。2004 年收购德国西斯；2011 年世界机床行业经济规模排名居第 1 位并持续保持领先；2012 年突破核心技术，研发出全球首台具有网络智能功能的 i5 数控系统，开启数控机床“中国芯”时代
华为	通信设备制造	世界 500 强企业，全球第一大电信设备制造商，全球领先的 ICT 解决方案供应商。产品覆盖 150 余个国家和地区，2015 年拥有约 7.9 万名研发人员，占员工总数的 46% 以上，年均研发投入不低于年销售额的 10%
联想	电脑设备制造	世界 500 强企业，全球第一大个人电脑厂商，产品线包含个人电脑、服务器、工作站以及平板电脑和智能手机等；在日本、美国设立重点技术中心；2005 年收购 IBM 的个人电脑业务；2011 年与 NEC 合资；2014 年收购 IBM 的 X86 服务器业务、收购摩托罗拉移动智能手机业务

资料来源：本书综合整理。

6.2.3 资料收集

本研究资料包含一手资料和二手资料。一手资料来自企业访谈调研，见表 6-2；二手资料主要来自企业官网、政府网站、各类权威数据库、学术期刊等，主要搜集案例企业发展历程、关键事件、财务数据、技术开发、销售等资料；然后整合一手、二手资料，形成客观的数据基础。

表 6-2 **访谈数据来源**

访谈企业	访谈概况
三一重工	参观调研三一重工长沙总部，访谈投资部部长、董事长办公室战略规划负责人，约 3 小时
沈阳机床	参观调研沈阳机床总部，访谈沈阳机床有限公司财务总监助理、资本运营部投资经理，约 3 小时
华为	访谈深圳华为终端软件研发工程师、销售工程师，约 2 小时；访谈华为武汉研究所硬件开发工程师，2 小时
联想	访谈联想武汉产业基地系统工程师，2 小时；访谈联想 Thinkpad 笔记本电脑用户 2 人次、联想智能手机用户 2 人次，共约 2 小时

资料来源：本书综合整理。

6.3 数据分析过程

本书采用 Yin（1989）的方法进行数据分析，首先对三一重工进行单案例研究，将研究结果进一步复制到其他三个案例企业，从而不断完善研究结果，保证其严谨性。

6.3.1 单案例分析

采用扎根理论构建理论的核心是对数据编码（Strauss & Corbin，1998）。数据编码可分为开放性编码、轴性编码、选择性编码三种（Strauss，1987；Strauss & Corbin，1998）。开放性编码是构建理论的起点，通过分析案例资料，可提炼相应的构想；轴性编码是对开放性编码的结果加以归类，将构想进一步抽象；选择性编码是对轴性编码结果加以整合。

6.3.1.1 开放性编码

开放性编码包含两个核心过程：第一，界定现象。该过程是对案例资料予以解析并命名，通过“贴标签”以及“概念化”来实现。第二，范畴化。该过程是对相近的概念进一步归类。

基于上述流程，我们对三一重工的访谈资料进行开放性编码，详情见表6-3。首先，通过“贴标签”来精炼案例材料中企业技术追赶的相关表述，获得71个标签；然后，将前述标签予以整合，形成46个概念；最后，对概念进一步聚类，得到26个范畴。

表6-3 **开放性编码示例**

<table>
<tr><th>案例资料</th><th>贴标签</th><th>概念化</th><th>范畴化</th></tr>
<tr><td>三一走在行业的前头，愿意为国家做一些事……愿意成为先驱</td><td>a1：作为行业先驱</td><td>A1：强烈的使命感</td><td>AA1：强烈的使命感</td></tr>
<tr><td>站的起点还是比较高的，始终围绕“品质改变世界”，以改变“中国制造”落后的形象</td><td>a2：以品质改变世界为目标</td><td>A2：高品质定位</td><td rowspan="3">AA2：决心打造世界级企业</td></tr>
<tr><td>即使国内做得再大也就是个“个体户”，你必须要让全球来认可你，我们在美国的生产基地……如果他们认可你的产品，基本上在全球销售都没有任何问题</td><td>a3：必须让全世界认可产品</td><td>A3：制造世界级水平产品的决心</td></tr>
<tr><td>一直以来三一的发展跟领导者的眼光密不可分……</td><td>a4：领导者眼光</td><td>A4：领导者远见</td></tr>
</table>

续表

案例资料	贴标签	概念化	范畴化
三一的发展史是一段不断创新的历史，不仅填补了多项国际国内空白，而且传递了民族品牌奋发图强的力量	a5：自主创新赢得尊重	A5：自主创新	AA3：敢于自主创新
三一并没有被技术恐惧症所吓倒，也没有选择走“技术—消化—吸收”的道路，而是另辟蹊径，自主创新	a6：不惧困难，自主创新	A6：敢于自主创新	
……	……	……	……
当时收购以后，我们国际化的进程加速了，因为它在全球有几十个工厂，而且有现成的营销网络	a63：利用对方的全球制造与营销网络	A41：通过并购主导全球价值链	AA24：借力海外并购主导全球价值链
德国普茨迈斯特在土耳其、比利时、西班牙、俄罗斯都有制造工厂	a64：利用对方的海外制造基地实现全球价值链地位跃升		
三一不断创新，不断延伸产业链，占据研发与营销两个高端	a65：创新推动价值链升级	A42：拥有全球价值链话语权	
印度……是那个 CKD 的方式，就是散件组装。然后像巴西……也是有 CKD	a66：向印度、巴西输出技术	A43：技术输出	AA25：积极构建全球价值链
从 2002 年纯粹卖产品……但不可持续，服务和售后支持系统会出问题，所以考虑做本地投资，到欧洲、北美、南美、亚洲，在本地建立产业链，以更好地服务当地客户。2009 年建成四大产业基地……现在我们进入全球本土化时代	a67：全球本土化，构建全球价值链	A44：构建全球价值链	
通过并购、海外投资，构建了陆上“丝绸之路”和海上“丝绸之路”	a68：通过并购、海外投资构建全球价值链		
2006 年、2007 年先后在印度马哈拉斯特拉邦、美国佐治亚州建设机械制造基地	a69：设立海外制造基地，构建全球价值链		

续表

案例资料	贴标签	概念化	范畴化
我们挖掘机质量是全球最好的……技术难度最大	a70：技术快速追赶	A45：技术快速追赶	AA26：实现追赶
三一的国际化也交了很多学费，别的企业也是一样，现在三一已经走过这个阶段了，已经出现成效了	a71：国际化见成效	A46：国际化见成效	

6.3.1.2 轴性编码

该过程采用“条件—行动/互动策略—结果”研究范式，把主范畴和副范畴联系起来（吴先明、梅诗晔，2016）。条件指情境因素，行动/互动策略是回应于情境的手段，得到相应的结果。比如，由开放性编码形成的“即使国内做得再大也就是个‘个体户’”“品质改变世界”“以改变‘中国制造’落后的形象”几个初始范畴，在该范式模型下整合成一条“轴线”：三一重工领导人认为即使在国内拥有再高的地位，也难以得到国外市场认可，必须提高产品品质，彻底提升中国制造业的形象。以上副范畴可被聚合为主范畴——“决心打造世界级企业”，因此，26个副范畴被聚合为9个主范畴，见表6-4。

表6-4 **轴性编码结果**

主范畴	副范畴		
	条件	行动/互动策略	结果
决心打造世界级企业	即使国内做得再大也就是个“个体户”	品质改变世界	以改变“中国制造”落后的形象
敢于自主创新	依赖技术引进—消化—吸收的路径不可行	克服技术恐惧症，走自主创新的道路	填补了许多国际国内空白

续表

主范畴	副范畴		
	条件	行动/互动策略	结果
国际化战略导向	在发达国家市场存在技术壁垒、品牌劣势	把国际化作为第三次创业	研发本土化、人才本土化、多元国际化模式
利用制度资源	中国的集权文化、政府拉动型投资	参与政界交往，与政府部门频繁接触	增强企业实力
研发驱动	没有技术积累，从零开始	大规模研发投入，吸引海外技术人才，与国内科研院所合作，设立海外研发基地	形成健全的研发体系，产品适应市场需求
不完全整合被并购企业	被并购企业知名度高，东西方文化差异，管理模式差异	分权与集权相结合，保留被并购企业品牌	差异化市场定位、技术互补
跨国并购实现技术突破	同被并购企业存在技术差距	与被并购企业进行技术交流、优势互补、利用被并购企业技术	突破核心技术
借力海外并购主导全球价值链	被并购企业拥有现成的海外制造基地和销售网络	加快国际化进程、升级全球价值链	占据全球价值链高端
积极构建全球价值链	更好地服务本土市场	全球本土化、设立海外制造基地、研发基地，与海外企业合作	构建以自我为主导的全球价值链

6.3.1.3 选择性编码

该过程是对主范畴进行整合，以便找到一条能够解释现象的故事线，达到提炼理论的目的。本研究的故事线是：三一重工在创业之初虽然面临技术缺乏困境，但是致力于打造世界级企业，走上一条以自主创新为导向，不同于传统的“引进—消化—吸收”的路径。在研发战略驱动下，持续高强度研发，吸纳各类技术人才，通过与国内科研院所合作、设立海外研发基地等多种途径，开展跨越式技术追赶。在接近技术前沿时并购发达国家行业领导企业，并赋予其较高的自主权，突破核心技术。通过利用被并购企业的海外制造基地和营销网络主导全球价值链，依托全球本土化、设立海外制造基地、研发基地等途径主动构建全球价值链，从而在全球价值链上拥有话语权。

6.3.2 多案例分析

单案例分析得出的理论存在普适性不足的弊端，本研究逐步引入沈阳机床、华为、联想三个案例企业，使理论逐渐饱和。通过分析第二家案例，揭示出三个新面向以及三个新范畴，分析第三家案例时发现两个新面向和新范畴，分析第四家案例时则没有新的发现，表明已经达到理论饱和（表6-5）。

表6-5 对沈阳机床、华为、联想三个案例编码得到的新面向与新范畴

案例企业	新范畴	新面向
沈阳机床	坚信能取得自主创新成功；营造创新氛围；发达国家技术保护严重	我们坚持要自己做，就是探索性地自己做，他们连续攻关五年不出成果，那也是相当痛苦的一件事……必然的因素就是我们这边有一个坚定的信心（坚信能取得自主创新成功）；上海研发团队……有点像创意中心那种感觉（营造创新氛围）；交流倒是可以，但是你要是说一些技术材料或是怎样的，他们都有法律的……你股权控制了但你知识产权可能还算以前的……他跟你说公司买过来了并不是所有都给你了（发达国家技术保护严重）

续表

案例企业	新范畴	新面向
华为	行业聚焦；跟随性创新	不要穿红舞鞋，做老老实实的庄稼汉；坚持管道战略，聚焦ICT基础设施，上不碰应用，下不碰数据（行业聚焦）；平均每天产生三项专利，形成创新推动销售，销售反哺创新的良性循环，研发以市场为导向，技术并非越先进越好，否则会导致技术“过剩”（跟随性创新）
联想	—	—

接下来绘制编码过程与核心范畴包含的逻辑关系图，见图6-1。

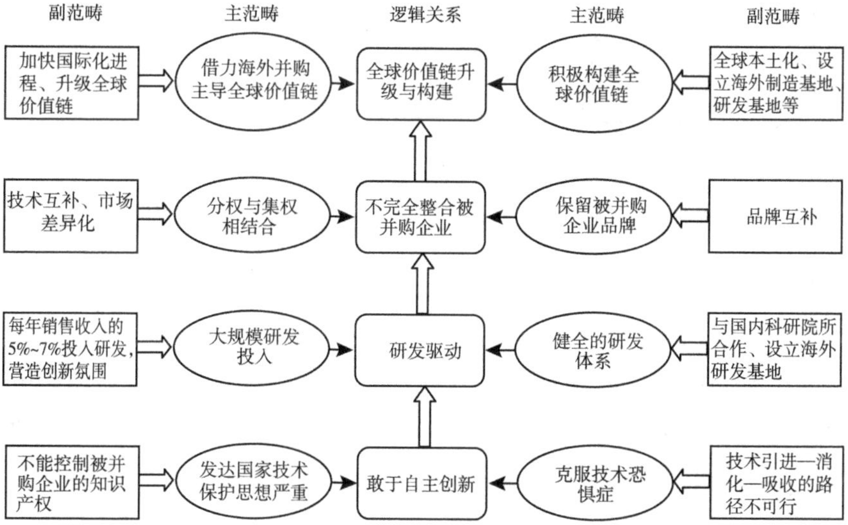

图6-1 编码过程与核心范畴包含的逻辑关系

6.4 研究发现与理论模型

通过上述分析，本研究从以下四个方面描述中国后发技术密集型企业竞争力提升的逻辑：第一，强烈的自主创新动力；第二，研发驱动下的快速技术追赶；第三，不完全整合被并购企业，赋予其一定的自主权；第四，全球价值链升级与构建并举。接下来，本研究将从知识基础观视角并结合后发企业技术追赶相关理论、国际化理论加以分析，提出相关命题，然后构建中国后发技术密集型企业竞争力提升的模型。

1. 强烈的自主创新动力

四家案例企业除沈阳机床外，在创业初期均面临技术资源缺乏困境甚至处于技术空白状态。三一重工在 1992 年提出“双进战略”涉足工程机械行业之前，从事的是与该领域毫不相干的焊接材料制造；沈阳机床虽然有一定的技术基础，但是与发达国家相比技术差距悬殊；华为和联想早年均从事销售代理业务。如何快速提升技术能力？技术追赶理论给出了各种不同的回答。

按照 Hobday（1995）的观点，全球经济一体化给后发企业带来了学习技术的机遇，后发企业可以沿着 OEM—ODM—OBM 路径融入全球经济，从提高制造能力入手，逐渐过渡到提高产品设计能力，直到实现自主品牌。但是 Hobday（1995）通过案例研究发现，尽管一些后发企业成功缩小了和发达国家之间的技术差距，但是大多数企业规模太小难以支持密集研发活动，仍处于行业领导者设置的技术前沿后面，远远落后于日美市场领导者，对 OEM 安排存在较高的依赖，只有少部分企业接近技术前沿。值得注意的是，台湾宏碁由于难以承受 OBM 的持续亏损，1992 年退回到 OEM 和 ODM。为克服对 OEM 的依赖，一些韩国后发企业开始自主研发，收购海外高技术企业，以及和国外领导企业结成技术伙伴。尽管如此，韩国企业主要开展贴近市场的应用性研发，缺少基础性研发。总之，OEM—ODM—OBM 路径并不是后发企业技术升级的理想路径，容易造成 OEM/ODM 路径依赖，不利于竞争力提升。

Kim（1980，1997）提出“引进—消化—提高”三阶段模型。根据这一理论，后发国家引进发达国家的成熟技术，通过消化得以形成基本的研发能力，在此基础上加以改进提升。事实上，发达国家出于技术保护目的，转移给后发国家的基本上是过时的甚至淘汰的技术，发达国家技术转移的战略意图是延长产品生命周期和延伸市场，后发国家难以获取真正有价值的技术，试图通过购买技术来建立创新能力对后发国家企业而言是行不通的。

由此可见，由于企业技术存在路径依赖，后发企业在创业之初的技术战略对其技术发展轨迹将会产生根本性的影响，过于依赖发达国家容易陷入“引进—消化—落后”的怪圈，自主创新才是后发企业实现技术提升的关键所在。几家案例企业都表现出强烈的自主创新动机。比如，三一重工“三一走在行业的前头，愿意为国家做一些事……愿意成为先驱……始终围绕‘品质改变世界’，以改变‘中国制造’落后的形象”，“三一并没有被技术恐惧症所吓倒，也没有选择走‘技术—消化—吸收’的道路”；沈阳机床自主研发国际领先水平的i5机床，奠定了在行业中的地位，“我们坚持要自己做，就是探索性地自己做，他们连续攻关五年不出成果，那也是相当痛苦的一件事，但是最后成功有偶然的因素其实也有必然的因素，必然的因素就是我们这边有一个坚定的信心”；华为坚持不懈研究拥有自主知识产权的高附加值产品，成为拓展海外市场的基础；联想在创业之初仅有10名科技人员和20万元人民币启动资金，但准确判断PC业发展前景，先后生产出首台微机、首台586电脑、首台服务器等一系列创新型产品。

从知识基础观视角来看，后发企业的自主创新过程在本质上是一个通过不断学习积累技术知识，从而逐步提升竞争力的过程。后发企业在创立之初处于技术资源劣势地位，为尽快缩小和发达国家的差距，和发达国家开展正面竞争，在不能获取发达国家先进技术的背景下，必须掌握一批具有自主知识产权的核心技术。企业的自主创新与创新文化密不可分。企业的创新文化与适当的知识存量相结合，就会推动产品开发或改进。在创新文化中，知识是最重要的资源，整合个人的专业知识是组织能力的核心（Knight 等，2004）。高素质的研发人员是知识的重要载体，拥有较高教育水平的管理层及员工的企业更具创新性（Ayyagari 等，2011）。中国的后发技术密集型企业充分利用劳动力成本优势，采取激进的薪酬激励手段，吸纳大量优秀技术人才，获取“脑袋里的技术”，通过持续不断的自主研发，逐渐形成具有竞争力的技术资源。本书为此提出如下命题：

P1：中国后发技术密集型企业难以从发达国家获取先进技术，为克服技术劣势，尽快缩小和发达国家的技术差距，选择自主创新的道路。中国拥有大量高素质技术人才资源优势，为后发企业实现自主创新提供了坚实的智力保障。

2. 研发驱动下的快速技术追赶

Lee 和 Lim（2001）总结了三种后发企业技术追赶路径：路径创造、路径跨越、路径追随。四家案例企业均采取激进的研发战略，属于路径创造性技术追赶，将研发驱动作为快速技术追赶的动力，具体体现在三个方面：

第一，高强度研发投入。研发投入可以从资金和人员两个层面加以衡量。以 2015 年数据为例，华为和三一重工的研发投入最具代表性。华为拥有约 7.9 万名研发人员，占员工总数的 46%以上，研发投入达 596 亿元，近十年累计投入研发费用达 2400 亿元人民币，年均研发投入不低于年销售额的 10%。三一重工拥有约 1.2 万名研发人员，占员工总数 11%左右，研发投入达 120 亿元，年均研发投入不低于年销售额的 5%。高研发投入带来创新性技术不断增加甚至突破技术前沿，足以抗衡发达国家企业，详情见表 6-6。

表 6-6 **案例企业研发产出情况**

案例企业	研发产出
三一重工	截至2015年，三一重工累计获专利5017项，申请专利6641项，居国内行业第一。混凝土泵关键技术研究开发与应用、大吨位系列履带式起重机关键技术与应用、工程机械技术创新平台获国家科技进步奖二等奖；高速重载工程机械核心液压部件、混凝土泵车超长臂架技术及应用获国家技术发明二等奖。自主研制出一系列引领中国高端制造的产品：86米长臂架泵车、全球首台全液压平地机、全球首台三级配混凝土输送泵、全球首台无泡沥青砂浆车、亚洲首台3600吨级履带起重机、1000吨级全路面起重机、中国首台混合动力挖掘机等
沈阳机床	拥有专利279件。2012年诞生全球首台具有网络智能功能的i5数控系统，高度集成运动控制技术、信息技术、网络技术、通信技术、机械加工技术，开启数控机床“中国芯”时代，代表中国机床行业率先实现创新发展
华为	截至2015年，累计获得专利授权50377件，其中90%以上专利为发明专利。申请中国专利52550件，申请外国专利30613件，连续两年居全球企业专利申请榜首。在ICT领域拥有众多创新性技术
联想	拥有2000多项专利。联想汉卡荣获国家科技进步奖一等奖、联想深腾6800超级计算机获国家科学技术进步二等奖；先后推出中国运算速度最快的民用电脑、13英寸笔记本ThinkPad X300、第一代移动互联网终端产品、平板电脑乐Pad等创新产品

资料来源：本书综合整理。

第二，积极搭建研发平台。研发平台是企业的核心技术研发基础设施，集成企业的信息、人员、设备等各类技术资源，促进技术知识分享，协同产品设计，提升研发效率，推动技术创新。三一重工搭建了集群式的研发平台，包括两个国家级企业技术中心、一个国家认可的试验检测中心、三个博士后工作站、三个院士专家工作站、两个省级重点实验室、四个省级企业技术中心、四个省级工程技术中心、一个省级工业设计中心、一个机械行业工程技术研究中心。沈阳机床依托国家级技术中心进行共性技术与前沿技术研发，在德国建立产品设计中心，便于根据世界机床前沿技术和理念，开发世界级产品；在上海建立核心技术及智能化创新研发中心，重点研发具有自主知识产权的数控系统和智能化机床技术。华为在德国、瑞典斯德哥尔摩、美国达拉斯及硅谷、印度班加罗尔、俄罗斯莫斯科、日本、加拿大、土耳其及中国的深圳、上海、北京、南京、西安、成都、杭州、武汉等地设立了 16 个研究所，聚焦 ICT 关键技术、网络架构研发。联想建立了联想研究院、工业设计中心、软件设计中心三个研发平台，在北京、东京、美国罗利建立三大研发基地作为全球研发架构，在北京、深圳、上海、成都设立四大研发机构。

第三，不遗余力整合外部技术资源。企业技术创新除了充分利用企业内部资源外，还必须主动对接外部技术资源开展开放式创新。在开放式创新网络中，企业作为网络中心节点，应与各类科研机构积极互动交流，以促进核心技术资源的积累。三一重工与华中科技大学、中南大学共同建设实验室及研究院，与清华大学、上海交通大学、浙江大学、长安大学、湖南大学、国防科技大学等国内知名高校广泛开展联合技术攻关。沈阳机床与西安交通大学、中国科学院沈阳计算所、清华大学、吉林大学、南通科技等 17 家科研院所及企业建立产学研联盟，开展对行业有重大影响的关键共性技术研究。华为与学术界、科研机构密切合作，还与领先运营商成立 28 个联合创新中心，在全球范围开展创新合作。联想重视与国际知名公司开展技术合作，同英特尔、日立、微软结成战略伙伴，从合作中吸收先进技术。

总之，在研发驱动下，后发技术密集型企业通过高强度研发活动，打造研发平台，自主创新，快速学习、吸收、积累技术资源，尽力缩小和发达国家的技术差距；通过打造开放式创新网络，同科研机构、企业进行技术合作以便接近前沿技术，参与研发共性技术，加速技术创新，形成具有竞争优势的技术能力，因此，特提出如下命题：

P2：研发驱动是后发技术密集型企业实现技术快速提升的重要动力，企业在研发过程中不断积累技术资源，提高研发水平，形成开发具有自主知识产权核心技术的知识和能力基础。

3. 不完全整合被并购企业，赋予其一定的自主权

当后发企业技术追赶接近技术前沿时，往往难以逾越发达国家跨国公司设置的层出不穷的技术壁垒、知识产权保护障碍，而国际化是一条克服障碍的必由之路。Mathews（2002，2006）提出LLL理论框架，指出后发企业的国际扩张是由资源联动效应、杠杆效应、学习效应共同驱动的，因此获取资源是后发企业国际化的重要原因之一。跨国并购作为一种激进的国际化模式，其优点在于高效获取目标资源。中国后发企业跨国并购具有显著的特殊性，表现为在发达国家积极实施逆向并购，旨在获取先进技术资源。

能否顺利整合被并购企业、消除企业之间的各种冲突是跨国并购成功的关键所在。中国后发企业和发达国家企业之间存在技术差距、文化差异及管理水平、制造能力等众多差距，因此在并购后的磨合上面临巨大挑战。事实上，大多数实施逆向并购的中国后发企业都实现了平稳过渡，并且已经显现协同效应，原因在于中国后发企业对海外并购企业采取不完全整合战略，赋予其高度的自主权，这在案例企业中有充分的体现：

三一重工并购德国大象公司后，保留大象品牌，除了重大决策外，大象公司保持独立运营，“人才本土化……国外的职业精神、职业道德还是比中国人强”。沈阳机床并购德国希斯公司，赋予其相对独立的权力，因为“教育背景不一样……社会文化背景不一样……思维是不一样的……所以我们肯定有自己的人去做总经理副总经理……然后又有德国的管理层，他们做一个team来协同工作”。联想收购IBM的个人电脑业务，保留Thinkpad品牌，保持管理人员与研发团队基本不变，其目的也在于此。

中国后发企业不完全整合被并购企业可归结为构建双元组织结构。

一些文献认为企业应当设计双元结构来同时追随两种不同的组织目标（Duncan，1976），便于有效应对复杂的外部环境，同时完成各种探索任务（March，1991），以及消除组织内部资源竞争、管理理念和组织流程等异质性造成的摩擦。中国后发企业并购发达国家企业的战略动机之一是获取先进技术资源，这正是被并购企业所最敏感与担忧的，一旦技术被转移出去，被并购企业可能面临暗淡的发展前景，员工利益遭受损失；被并购企业技术往往不会实现自动转移，在发达国家严密的知识产权保护背景下，"即使控制了企业所有权，也不能控制知识产权"。因此，构建双元组织架构，有利于消除被并购企业的对立情绪，实现平稳过渡。当双方企业建立起相互信任关系，战略目标达成一致之后，随着技术交流与协作增加，后发企业逐渐学习和积累技术知识，可实现技术获取的目的，为此，特提出如下命题：

P3：中国后发技术密集型企业并购海外发达国家企业后，由于管理水平、文化背景等各方面的差异，给予被并购发达国家企业高度自主权，保留其品牌、人员，最大程度减小并购后的摩擦，从而实现并购成功。在不完全整合的管理模式下，在维持发达国家企业创新能力的同时，实现技术顺利转移。

4. 全球价值链升级与构建并举

一些发展经济学学者认为后发企业技术升级依赖于全球价值链参与。Gereffi（1999）指出参与全球价值链给发展中国家带来了学习机会，是产业升级的必由之路。Ernst 和 Kim（2002）认为全球生产网络是强大的知识载体，发展中国家企业可以从旗舰企业获得技术转移。Kaplinsky 和 Morris（2001）将发展中国家在全球价值链上的升级路径分为过程升级、产品升级、功能升级、价值链升级四种。由于全球价值链是由发达国家跨国公司主导的，发展中国家被动参与，缺少自主权，链主企业为防止核心利益受到威胁，将发展中国家锁定在全球价值链低端，阻断其技术能力提升的潜力，导致发展中国家难以实现功能升级和价值链升级。四家案例企业之所以能够赢得全球价值链的话语权，是因为它们没有选择传统的升级路径，有效回避发达国家企业掣肘，通过跨国并购和自主创新，实现全球价值链升级与全球价值链构建，详情见表6-7。

表 6-7　　案例企业全球价值链升级与构建方式

案例企业	全球价值链升级	全球价值链构建
三一重工	• 并购普茨迈斯特，实现技术互补，成长为全球混凝土机械排名第一，利用大象的海外制造基地和市场，快速提升海外市场拓展能力 • 与随车吊排名全球第一的帕尔菲格合资，吸收随车吊技术 • 在美国等国设立研发基地，零距离接触技术前沿	• “我们加大了在美国、德国、印度、巴西这些国家建设产业园的力度。利用美国、德国这些发达国家的技术、人才、标准可以帮三一这个‘中国制造’完成从量变到质变的飞跃。” • “2004 年开始在印度建了第一个工厂，接着在美国、德国、巴西、印尼逐渐建立（工厂），都是走绿地的模式。” • 利用大象的技术开发出 C8、A8 等改变行业格局的产品 • 涉足海洋装备制造行业
沈阳机床	• 收购德国西斯，吸收先进技术 • 在德国建立研发设计中心，掌握世界机床前沿技术	• 在美国、德国设立子公司，拓宽海外渠道 • 突破核心技术，研制成功全球首台具有网络智能功能的 i5 数控系统

续表

案例企业	全球价值链升级	全球价值链构建
华为	• 在全球设立16个研究所，36个联合创新中心 • 与德州仪器、微软、摩托罗拉、英特尔等世界顶级企业成立联合实验室 • 与3Com成立合资公司，研究企业数据网络解决方案；与西门子成立合资公司，开发TD-SCDMA解决方案；与赛门铁克成立合资公司，开发存储、安全产品及解决方案；同Global Marine成立合资公司，开发海缆端到端网络解决方案 • 收购华赛，整合成立“2012实验室”	• 1997年在俄罗斯成立合资公司，以本土化模式迅速占据独联体市场 • 2003年在泰国站稳脚跟，市场范围逐渐扩大到东南亚以及非洲国家 • 2004年为雅典奥运会提供全套GSM设备系统；在英国设立欧洲地区总部，进军欧美发达国家市场 • 发布一系列ICT领域的创造性解决方案
联想	• 并购IBM个人电脑事业部，完全获得IBM个人电脑技术，成长为全球领导企业 • 并购IBM X86服务器业务，提升企业级市场技术能力 • 并购摩托罗拉智能手机业务，获得2000多项手机专利、全球50多家运营商的合作关系，取得快速进入欧美发达国家市场的通行证	• 在印度庞帝其利、墨西哥蒙特雷、美国格林斯博罗建立制造和物流基地

资料来源：根据相关资料整理。

从知识基础观视角分析四家企业成功实现技术追赶、拥有全球价值链话语权的案例，可以得出：一方面，不依附发达国家跨国公司主导的全球价值链，通过设立海外研发机构、并购海外领导企业，与发达国家企业合资、联合研发等多种途径，创造各种学习领先技术的机会，迅速提升并掌握核心技术，打造自身竞争优势，快速升级占据全球价值链高端。另一方面，案例企业通过在海外设立生产制造基地、合资企业等方式，便于积累本土运营知识，实现本土化研发与制造，从而具备构建以我为主的全球价值链的能力，为此，特提出以下命题：

P4：中国后发技术密集型企业绕过被发达国家企业低端锁定的技术升级道路，致力于不懈的自主创新。当接近技术前沿时，不遗余力地实施国际化战略获取领先技术并转化为核心竞争力，实现全球价值链升级；更重要的是，积极构建以我为主导的全球价值链，为自己赢得话语权。

5. 理论模型

基于以上分析，本研究构建如下后发技术密集型企业竞争力提升理论模型（图 6-2）。

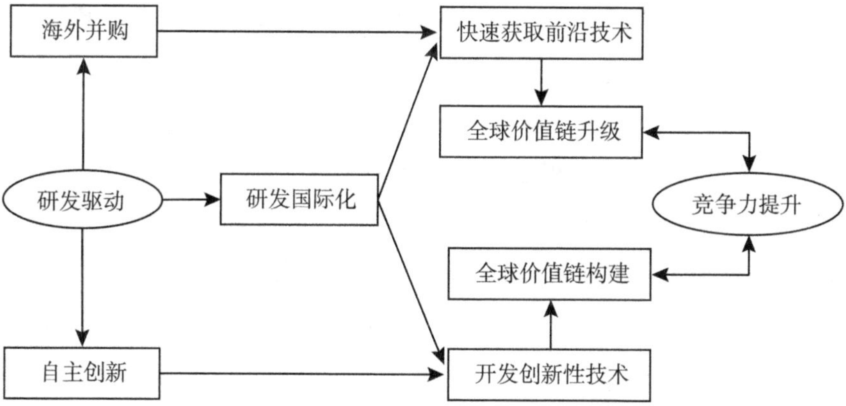

图 6-2　后发技术密集型企业竞争力提升理论模型

该模型的含义是：研发驱动是后发技术密集型企业竞争力提升的核

心。研发驱动下的自主创新使得企业迅速积累技术基础，摆脱被发达国家跨国公司的控制。出于获取前沿技术的强烈愿望，后发企业通过海外并购获取先进技术转移，或者通过设立海外研发基地、技术合作等途径接触前沿技术。自主创新和海外并购共同推动企业技术能力提升，实现全球价值链升级。随着自主创新能力进一步提高，后发技术密集型企业具备和发达国家企业对抗的能力，得以构建以自我为主导的全球价值链。后发技术密集型企业在全球价值链上攀升、主动构建全球价值链是竞争力提升的重要标志。

6.5 结论与讨论

后发技术密集型企业竞争力提升与技术能力升级密切相关。主流的后发企业技术追赶文献认为，后发企业由于技术水平落后，应当通过积极参与全球价值链分工来实现渐进式升级。但事实上，渐进式的升级路径容易造成后发企业对发达国家跨国公司过度依赖，制约培育创新能力，加上发达国家企业严密的技术保护主义行为，后发企业难以学习和吸收前沿技术，容易被锁定在全球价值链的低端环节。值得注意的是，一些后发企业没有选择渐进式升级路径，竞争力得到迅速提升，实现成功赶超。学术界对后发企业竞争力提升的机理缺少关注，本研究基于知识基础观视角，采用扎根理论研究方法，深入剖析三一重工、沈阳机床、华为、联想四家案例企业。研究发现，后发技术密集型企业竞争力的形成前提是核心技术资源的积累。核心技术资源的形成首先来自不依附于发达国家，具有自主创新的信念。通过持续高强度研发投入迅速形成扎实的技术基础，后发企业才能取得突破性自主创新，缩小与发达国家企业的技术差距。当后发企业接近技术前沿，难以逾越发达国家的技术封锁时，国际化是实现技术追赶的必然选择，跨国并购是迅速获取前沿技术的高效途径；但是跨国并购并不自动带来技术转移，文化背景、管理模式、技术水平等多方面差异给并购整合带来困难，后发企业通过赋予被并购企业的高度自主权，保证平稳过渡，保持被并购企业创新，从而实现技术获取目标。后发企业竞争力最终体现在全球价值链上的地位：并购发达国家企业、设立海外研发基地、建立海外合作企业等是快速提升技术、实现全球价值链升级的有效途径，而通过对外直接投资、全球本土化等途径构建以我主导的全球价值链有利于掌握话语权。

本研究的理论意义在于：第一，从技术追赶入手研究后发企业竞争力提升机理。现有研究认为后发企业应该遵循渐进式技术升级路径，而本研究认为后发企业以自主创新为导向，在研发驱动下快速积累技术基础，并抓住机遇通过实施海外并购、设立海外研发机构、建立合资企业等途径寻求前沿技术，实现在全球价值链上快速升级，同时积极构建全球价值链以实现自我主导的目的，因此本研究丰富了现有后发企业技术追赶理论。第二，本研究从知识基础观视角研究后发企业竞争力，拓展了该理论的适用范围。后发企业技术追赶过程表现为技术能力的动态积累和提升，形成有价值的、稀缺的、难以模仿的资源，增强企业核心竞争力，而现有文献对此缺少应有的关注。

本研究的政策意义包括：第一，后发企业要加大自主创新力度。长期以来，中国后发企业缺乏自主创新动力，对发达国家技术过度依赖，陷入“引进—吸收—落后”的怪圈，始终落后于技术前进步伐，这不利于提升中国制造业国际竞争力。政府应该鼓励企业自主创新，特别是要推进产学研合作力度，加快科研成果转化速度。第二，后发企业要加快国际化进程。在经济全球化背景下，技术创新日益开放化，技术更新明显加速，后发企业在自主创新的基础上，还必须积极实施国际化战略，通过设立海外研发基地、并购发达国家企业、联合创新等各种途径，编织巨大的技术创新网络，实现一系列突破性创新，在全球价值链上占据主导地位。第三，后发企业要积极构建全球价值链。现有的全球价值链基本上是由发达国家跨国公司主导的，后发国家企业只能被动参与，获取极少的全球价值链利益。中国后发企业有必要通过对外直接投资来构建以自我为主导的全球价值链。“一带一路”建设、亚投行成立给中国后发企业带来了机遇，中国企业完全有可能沿着“一带一路”构建区域性的全球价值链，掌握在全球价值链上的主动权。此外，随着新兴技术产业的兴起，中国和发达国家都处在同一个起跑线上，中国应该抓住这一机遇，顺应技术变化潮流，主动构建全球价值链，抢占新兴技术产业制高点。

6.6 本章小结

本章基于知识基础观，选取三一重工、沈阳机床、华为、联想四家代表性企业，采用扎根理论，从微观层面研究中国后发技术密集型企业竞争力提升动力。研究发现，后发技术密集型企业竞争力的形成前提是核心技术资源的积累。核心技术资源的形成首先来自不依附于发达国家、自主创新的信念，以此作为后发企业技术追赶的根本战略。通过持续高强度研发投入迅速形成扎实的技术基础，后发企业才能取得突破性自主创新，缩小与发达国家企业的技术差距。当后发企业接近技术前沿，难以逾越发达国家的技术封锁时，国际化是实现技术追赶的必然选择，跨国并购是迅速获取前沿技术的高效途径；但是跨国并购并不自动带来技术转移，文化背景、管理模式、技术水平等多方面差异给并购整合带来困难，后发企业通过赋予被并购企业高度自主权，保证平稳过渡，保持被并购企业创新能力，从而实现技术获取目标。后发企业竞争力最终体现在全球价值链上的地位：并购发达国家企业、设立海外研发基地、建立海外合作企业等是快速提升技术、实现全球价值链升级的有效途径，而通过对外直接投资、全球本土化等途径构建以我主导的全球价值链有利于掌握话语权。

7 结论与展望

7.1 结论

本研究旨在通过国际比较，采用结构观视角研究中国技术密集型制造业的国际竞争力。首先展示了技术密集型制造业国际贸易的全景图，作为深入研究技术密集型制造业国际竞争力的基础。接下来分别从“量”的层面和“质”的层面采用各类指标全面测度技术密集型制造业国际竞争力，并加以实证检验，揭示影响产业国际竞争力的关键要素。在此基础之上，进一步探讨中国技术密集型制造业升级路径。最后，落实到微观层面，揭示中国后发技术密集型企业竞争力提升的动力。本书得出如下结论：

传统贸易格局分析法从总量层面加以分析，结果表明高技术制造业贸易地位较高的主要是美国、中国、德国、日本、英国、法国、新加坡、韩国、荷兰、比利时等国家，作为最大的发展中国家，中国表现极为抢眼。部分新兴市场国家的贸易地位日益提升，如墨西哥、印度、俄罗斯、巴西、波兰，瑞典、芬兰、奥地利、丹麦等经济体量较小的北欧国家贸易地位下降明显。中高技术制造业地位较高的主要是美国、德国、中国、日本、英国、加拿大、意大利、比利时、法国、韩国等国家；部分新兴市场国家的贸易地位提升明显，如墨西哥、印度、俄罗斯、巴西，奥地利、瑞士、瑞典等经济体量较小的中北欧国家贸易地位下降明显。和高技术制造业相比，中国中高技术制造业进出口占比略低。进一步分析中国技术密集型制造业贸易特征可以发现，在高技术制造业领域，中国高技术制造业出口主要流向美国、日本、荷兰、德国、韩国五个发达国家，总共约占出口的60%。美国是最大的出口目的国，约占出口的30%，并且出口额持续攀升，2014年出口额高达1356.35亿美元，相比2005年增长130.6%。2009年印度进入中国高技术制造业出口目的国排名前十，2014年墨西哥和越南也进入前十。中国高技术制造业进口来源国集中度非常高，从亚洲国家进口占比高达70%以上；2005年、2009年、2014年三个年度韩国、日本、美国、马来西亚四个国家稳居前四，共占进口额的65%以上。从韩国的进口比重高达25%以上，且进口额快速增长，2005年进口额为353.66亿美元，2014年上升为948.27亿美元，增幅高达168.1%；从日本的进口占比也相当高，但呈下降趋势，2005年为21.65%，2014年下降到13.91%，而从美国的进口占比稳步上升，三个年度分别为10.62%、11.37%、13.84%。2014年越南进入进口来源国前十。

基于社会网络的贸易格局分析法分别从个体和总体层面对高技术密集型制造业和中高技术密集型制造业加以研究。在个体层面，采用中心性分析指标、结构洞指标，研究各贸易国在贸易网络中的地位、控制力、影响力、竞争优势；在整体层面，采用“核心—半边缘—边缘”分析框架，识别贸易网络的差序格局，便于了解各个国家在贸易网络中所处的层次，结合块模型分析法和可视化工具，直观展示贸易网络布局和结构，以及网络中不同结构的行动者之间的贸易往来关系。中心性分析包含点度中心度、中间中心度、特征向量中心度三个指标。点度中心度相对高的国家主要是欧美以及亚洲发达国家。中国的技术密集型制造业在国际贸易体系中占有重要地位，高技术制造业的点度中心度从2005年排名第三位上升到2014年第一位，中高技术制造业从2005年排名第四位上升到2014年排名第一位。一些新兴市场国家的点度中心度上升较快，2014年高技术产业中墨西哥、印度、俄罗斯、捷克进入前二十。2005年中高技术产业中除中国外，印度、土耳其、巴西、俄罗斯居前二十位，2014年墨西哥和波兰也加入其中。中间中心度反映一国在贸易网络中对其他行动者的控制力，高技术制造业贸易中中国2005年排名第四，2014年跃居第一位，表明中国在高技术制造业贸易中的控制力明显增强。2014年阿根廷的中间中心度跃升至第三位，印度、墨西哥、俄罗斯、捷克的中间中心度也较高。中高技术制造业贸易中，2005年中国排名第四，2014年上升到第一位；巴西、印度、俄罗斯、土耳其、墨西哥五个新兴市场国家的中间中心度较高，仅次于美国、法国、日本、德国、意大利。特征向量中心度测量一个国家在贸易网络中的影响力，在高技术制造业贸易中，2014年中国居第一位，墨西哥、印度、捷克、俄罗斯等新兴市场国家的影响力也明显增强；欧美发达国家中，美国、德国、英国、法国、荷兰等国的影响力较高。中高技术制造业贸易中，2014年中国居第一位，印度、土耳其、巴西、俄罗斯、墨西哥、波兰的影响力明显增强，美国、德国、日本、意大利、法国、英国、韩国、荷兰等发达国家的影响力较高。结构洞是贸易国竞争优势的来源，高技术产业和中高技术产业均从2005年第四位上升到2014年第一位，在技术密集型制造业贸易中的竞争优势进一步增强。高技术制造业中，美国、德国、法国、英国、荷兰等国家的竞争优势明显，阿根廷、墨西哥、印度、捷克、俄罗斯的竞争优势提升。中高技术制造业中，美国、德国、日本、意大利、法国、英国、韩国等发达国家竞争优势明显，印度、巴西、俄罗斯、墨西哥、波兰的竞争优势提升较快。贸易网络整体层面采用核心—半边缘—边缘结构分析、块模型分析。核心—半边缘—边缘结构分析表明，技术密集型制造业贸易网络较为分化，全球贸易围绕少数核心国家开展，欧美发达国家在贸易网络中占据核心地位；新兴市场国家正在兴起，以中国为代表的一部分国家已经进入核心区域，中国具有较高的核心度，高技术制造业中，2005年和2014年中国的核心度分别排名第三位和第四位；中高技术制造业中，两个年度中国均排名第一；处于半边缘地区的新兴市场国家最具发展潜质，升级到核心地区行列中的潜力巨大；占全球国家总数最多的欠发达国家均位于边缘地区。块模型分析表明：首先，不同类型的经济体在网络中表现出明显的梯队。经济总量大、技术实力雄厚的发达国家，以及金砖国家、部分东欧国家处于第一梯队，贸易总量高，贸易伙伴多，是贸易网络的中枢。经济总量低、市场规模小的发达国家，以及亚洲新兴工业化国家处于第二梯队，是重要的出口国，和第一梯队国家贸易往来紧密。大部分东欧新兴市场国家和部分独联体国家处于第三梯队，是重要的技术密集型产品进口国。亚洲欠发达国家、拉美国家以及少部分非洲国家处于第四梯队。大部分非洲国家、部分独联体国家共同构成第五梯队。其次，一部分新兴市场国家跻身中心贸易国家行列，在贸易网络中的地位逐渐提高，由发达国家主导的贸易格局正在发生改变。非洲国家在贸易网络中的边缘化地位没有得到明显改善。高技术、中高技术两个产业 2005 年和 2014 年的贸易网络图显示，除 2014 年中高技术贸易网络中边缘国家明显减少外，其余网络中均包含大量以非洲国家为主的边缘国家。最后，产业集中度正在发生改变。对比 2005 年和 2014 年两个年度中心国家的数量，高技术制造业中心国家数量明显增多，表明新兴市场国家的力量逐渐增强，产业集中度有降低趋势；而中高技术制造业中心国家数量明显减少，产业集中度有上升趋势。

第四章分别从“量”的层面和“质”的层面，全面测度技术密集型制造业国际竞争力，并实证检验影响经济复杂性的主要因素。

“量”的层面分别测量了十类技术密集型制造业的显示性比较优势指数（RCA）、显示性竞争优势指数（CA）、国际市场份额指数（IMS）、产业内贸易指数（IIT）四个指标。总的来看，中国技术密集型制造业国际竞争力已经有了较大提升，但各类子产业竞争力参差不齐，总体竞争力水平较低，高技术密集型制造业中，只有办公室、会计和计算机械行业，无线电、电视和通信设备和装置行业具有一定的国际竞争力，而制药行业，医疗器械、精密仪器和光学仪器、钟表行业，飞机和航天器行业缺乏竞争力，甚至落后于部分同等经济发展水平国家，中国在“高”“精”“尖”制造业领域仍然较为落后；中高技术密集型制造业中，铁道设备及未另分类的运输设备行业表现出极强的国际竞争力，未另分类的电力机械和装置行业也具有一定的国际竞争力，化学品行业，未另分类的电力机械和装置行业，汽车、挂车和半挂车行业这三个行业缺乏竞争力。具体而言，制药业国际竞争力较弱，RCA 和 CA 两个指数均处于下降态势，相比之下印度的国际竞争力要远远高于中国；中国参与垂直专业化分工的程度进一步加深。办公室、会计和计算机械行业国际竞争力迅速增强。RCA、CA、IMS 指数均上升较快，2003 年超越美国上升到第一位；与此同时 IIT 指数逐渐下降，中国在该行业中加工贸易成分逐渐降低，进口中间品数量减少，国内增值部分逐渐增多。无线电、电视和通信设备和装置业国际竞争力明显增强，2013 年 RCA、CA 指数均排名第二，IMS 指数上升到第一位，但是 IIT 指数处于平均水平，中国参与产业内分工的程度偏低。医疗器械、精密仪器和光学仪器、钟表行业国际竞争力较弱，与日本、美国、德国、英国等传统优势国家相比差距较大。虽然 RCA、CA、IMS 指数上升明显，但是 CA 指数小于零，表明中间品进口成分较高，产业中加工贸易成分偏高。飞机和航天器行业国际竞争力较弱，中国 RCA、CA、IMS、IIT 指数均远远落后于以法国和美国为代表的欧美发达国家，也落后于巴西、阿根廷、印度、俄罗斯等新兴市场国家。化学品行业国际竞争力较弱，RCA、CA 指数均排名靠后，同发达国家存在较大差距，也远落后于印度；尽管 2013 年 IMS 指数居第三位，但是 CA 指数小于零，行业进口成分较高，而中国的 IIT 指数保持较高水平进一步证实了该行业加工贸易成分较高，国内增值成分低，产业缺乏竞争力。未另分类的机械和设备行业国际竞争力较弱，但是呈增强趋势，RCA、CA 指数均同发达国家存在较大差距，尽管 2013 年 IMS 指数上升到第三位，但是对比 RCA、CA 指数，产业缺乏竞争力；IIT 指数逐年上升，与发达国家之间的贸易互补性有增强趋势。未另分类的电力机械和装置行业国际竞争力较强。RCA、CA、IMS 指数保持同步持续增长，并且排名靠前，尤其是 CA 指数位居前列；IIT 指数低于平均水平，与其他国家的贸易互补性水平不高。汽车、挂车和半挂车行业国际竞争力较弱，与欧美发达国家存在较大差距，RCA 和 CA 指数均处于较低水平，尤其是 CA 指数低于零，表明该产业对中间品进口依赖程度较高；IIT 指数逐年上升，与其他国家的贸易互补性增强。总体而言中国在该行业缺乏竞争力，“市场换技术”战略并没有提升汽车行业的竞争力。铁道设备及未另分类的运输设备行业国际竞争力上升明显，RCA 指数和 CA 指数均排名靠前，2003 年 CA 指数和 IMS 指数均上升到第二位，2013 年 IMS 指数上升到第一位，中国在该产业的国际竞争力已经超越了发达国家。

“质”的层面分别采用出口复杂度（EXPY）和经济复杂性（ECI），从总体层面测量技术密集型制造业国际竞争力。

出口复杂度从出口品“深度复杂性”角度衡量国际竞争力。从 1993 年到 2013 年，总体而言各国出口复杂度指数处于上升趋势，20 年间世界技术密集型制造业的技术水平有明显提升。1993 年、2003 年、2013 年三个年度出口复杂度指数近似金字塔分布，大部分欠发达国家尤其是非洲国家处于金字塔底层，发达国家处于顶层。中国的出口复杂度指数三个年度分别是 2908.06、6988.22、12542.5，排名分别是 32、29、22，指数和排名双双处于上升状态，总体处于中高水平，和 RCA、CA、IMS 等指标的高水平有一定差距，表明出口复杂度指数能更加客观真实地反映中国的出口技术复杂度地位。尽管中国已经成为全球最大的出口国，并且出口产品中不乏高技术产品，但是中国的实际技术水平和贸易地位并不匹配，和发达国家还有相当大的差距。但是不可否认中国出口品中的国内技术增值部分正在增加，尤其是在部分高端装备制造业领域。

经济复杂性从出口品“广度复杂性”角度衡量国际竞争力。1993 年到 2013 年 31 年间中国的经济复杂性指数保持上升趋势，尤其是 2004 年到 2009 年、2010 年到 2013 年两个时间段上升幅度较大，2012 年起超过 1。1993 年中国的经济复杂性指数为 0.18，在 126 个国家中居第

49位，处于中等偏上水平；2003年中国的经济复杂性指数为0.37，居第37位，较1993年上升12位；2013年中国的指数为1.07，居23位，相比2003年指数与排名均大幅上升。对比中国和美国、德国、日本三个国家的经济复杂性指数，美国、德国、日本三个国家的指数保持较高水平，其中日本的指数最高，三个国家总体呈下降趋势。中国同三个国家之间的差距缩小，但仍然落后，虽然中国的经济复杂性指数有了明显增长，但是和发达国家相比还有很大的提升空间。

综合“量”的层面和“质”的层面评价得出的结论是：中国在技术密集型制造业的国际竞争力有了大幅提升，在部分领域已经具备了一定的竞争实力，中国出口品中的国内技术增值部分正在增加，但总体而言竞争力较弱，处于中等偏上水平，表现出较强的劳动密集型特征；特别值得注意的是，在一些尖端技术行业仍然较为落后。

实证检验从资源基础观视角出发，研究影响经济复杂性的因素，结论为：第一，过于依赖自然资源不利于经济复杂性提升。第二，资本积累是影响经济复杂性的重要因素。第三，人力资本对经济复杂性有一定的作用。第四，创新能力对经济复杂性有明显影响。第五，制度质量是影响经济复杂性的关键环境要素。基于前述结论，本研究对提升中国技术密集型制造业国际竞争力提出合理开发和利用自然资源、引导资本积累向技术密集型制造业流动、加大人力资本与创新能力培育力度、加快提升正式制度质量四条建议。

第五章基于产品空间理论研究中国技术密集型制造业升级路径。通过对比中国、美国、韩国、印度、阿根廷五个国家30多年来的技术密集型制造业升级路径，认为中国技术密集型产业升级应遵循比较优势的渐进式道路。中国必须避免以阿根廷为代表的拉美国家面临的发展障碍，借鉴韩国的成功经验，在发挥比较优势渐进式升级的前提下，做大做强传统优势产业，作为产业升级的坚实基础；同时在新兴技术产业以及高端制造业领域通过政策干预、创新等途径适度赶超，此举不仅符合中国产业发展实际，也是深入贯彻供给侧改革，维持中国经济增长的必要基础。

结合显示性比较优势指数（RCA）和产品密度（density），我们识别出中国技术密集型制造业升级的潜在竞争对手。在高技术密集型制造业领域，制药业主要竞争对手是欧美发达国家；办公室、会计和计算机械的制造业主要竞争对手是捷克和荷兰；无线电、电视和通信设备和装置的制造业主要竞争对手是日本和捷克；医疗器械、精密仪器和光学仪器、钟表的制造业面临的是欧美发达国家强大的竞争对手；飞机和航天器的制造竞争对手除了传统的欧美发达国家外，还包括斯洛文尼亚。中高技术密集型制造业潜在对手中新兴市场国家明显增多，中国最有可能在这些行业中实现转型升级。化学品业、未另分类的机械和设备的制造业，以及汽车、挂车和半挂车的制造中竞争潜力不及印度、波兰、捷克、斯洛文尼亚；中国在未另分类的电力机械和装置业居第三位，竞争潜力较大，但该行业中新兴市场国家众多，中国除了关注发达国家的竞争压力外，更要关注这些国家的追赶；中国在铁道设备及未另分类的运输设备的制造上具有较高的竞争潜力，主要对手是欧洲发达国家。

结合产品出口复杂度指数和产品密度，我们识别出中国技术密集型制造业最具升级潜力的产品。中高技术密集型产业是中国产业转型升级的重心，尤其要关注机械设备制造业，该产业具有极高的升级潜力，中国有望在此行业提升竞争力，其次是化学品；对于其他中高技术密集型行业，要充分发挥比较优势，实现重点突破。高技术密集型产业兼具知识密集和资本密集特征，鉴于中国整体技术水平落后于发达国家，不宜在高技术密集型产业全面升级，但是在医疗器械、精密仪器、通信设备制造业升级潜力较高。

第六章从知识基础观视角出发，落地到微观层面，研究中国后发技术密集型企业国际竞争力提升动力。研究发现，后发技术密集型国家企业竞争力的形成前提是核心技术资源的积累。核心技术资源的形成首先来自不依附于发达国家、自主创新的信念，将此作为后发企业技术追赶的根本战略。通过持续高强度研发投入迅速形成扎实的技术基础，后发企业才能取得突破性自主创新，缩小与发达国家企业的技术差距。当后发企业接近技术前沿，难以逾越发达国家的技术封锁时，国际化是实现技术追赶的必然选择，跨国并购是迅速获取前沿技术的高效途径；但是跨国并购并不自动带来技术转移，文化背景、管理模式、技术水平等多方面差异给并购整合带来困难，后发企业通过赋予被并购企业高度自主权，保证平稳过渡，保持被并购企业创新能力，从而实现技术获取目标。后发企业竞争力最终体现在全球价值链上的地位：并购发达国家企业、设立海外研发基地、建立海外合作企业等是快速提升技术、实现全球价值链升级的有效途径，而通过对外直接投资、全球本土化等途径构建以我为主的全球价值链有利于掌握话语权。

7.2 展望

第一，本书聚焦于技术密集型制造业国际竞争力，在当今时代制造业服务化趋势日益凸显，制造业和服务业的边界越来越模糊，呈现“你中有我，我中有你”的格局，制造业产业链条被大大延伸，产业链上各个环节之间的互动越来越密切和复杂，以金融、通信、信息、咨询、物流等为代表的现代服务业对制造业的支持作用日益重要，因此一个国家现代服务业的发展水平在很大程度上影响技术密集型制造业的竞争力，未来的研究有必要将技术密集型服务业的竞争力融入进来。

第二，相当一部分战略性新兴产业比如生物、环保、新能源、新材料、海洋等也属于技术密集型制造业，是引领未来竞争优势的重要产业。发展中国家和发达国家在战略性新兴产业领域位于相同的起跑线上，能否在该领域拥有话语权，避免再次受制于发达国家对发展中国家而言至关重要。世界各国高度重视战略性新兴产业发展，2016 年 12 月，国务院印发了《“十三五”战略性新兴产业发展规划》，成为指导我国战略性新兴产业发展的纲领性文件。但由于统计数据的缺失，本书未能将战略性新兴产业纳入分析范畴。未来的研究应该弥补这一不足，深入研究战略性新兴产业的竞争力，这有利于中国密切关注同发达国家之间的差距，从而快速做出反应，及时调整产业发展政策，力争在该领域赢得竞争优势。

第三，本研究采用结构观视角研究技术密集型制造业国际竞争力。结构观视角的优点是从动态、结构性层面出发，特别适合客观、真实地揭示发展中国家的产业国际竞争力，为发展中国家产业升级、结构转型提供指导，但是结构观的分析对象是产业出口，而不考虑进口因素，因此不能判断出口产品的国内增加值成分。随着全球经济一体化的深入，全球生产日益分散化、碎片化，世界各国广泛参与垂直专业化分工而成为全球价值链上的一个个环节，各国的产业竞争力表现在全球价值链上的地位如何，处于全球价值链高端的国家占主导地位并获取大部分价值链利益，处于低端的国家则只能获取少部分利益，因此采用全球价值链视角，可以准确识别一国技术密集型制造业对全球价值链的贡献程度，客观揭示产业在全球价值链上的地位及竞争力，这对研究产业转型背景下的中国技术密集型产业竞争力尤其有意义。

参考文献

[1] Acemoglu D, Antràs P, Helpman E. Contracts and Technology Adoption [J]. The American Economic Review, 2007, 97 (3): 916-943.

[2] Acemoglu D, Robinson J A. Persistence of Power, Elites, and Institutions [J]. The American Economic Review, 2008, 98 (1): 267-293.

[3] Aghion P, Howitt P. A Model of Growth Through Creative Destruction [J]. Econometrica, 1992, 60 (2): 323-351.

[4] Altenburg T, Schmitz H, Stamm A. Breakthrough? China's and India's Transition from Production to Innovation [J]. World Development, 2008, 36 (2): 325-344.

[5] Amighini A. China in the International Fragmentation of Production: Evidence from the ICT Industry [J]. The European Journal of Comparative Economics, 2005, 2 (2): 203.

[6] Amin A, Thrift N. Neo-Marshallian Nodes in Global Networks [J]. International Journal of Urban and Regional Research, 1992, 16 (4): 571-587.

[7] Anderson J E, Van Wincoop E. Gravity with Gravitas: A Solution to the Border Puzzle [J]. The American Economic Review, 2003, 93 (1): 170-192.

[8] Anderson J E, Van Wincoop E. Trade Costs [J]. Journal of Economic Literature, 2004, 42 (3): 691-751.

[9] Antweiler W, Copeland B R, Taylor M S. Is Free Trade Good for the Environment? [J]. American Economic Review, 91 (4), 2001: 877.

[10] Arellano M, Bond S. Some Tests of Specification for Panel Data: Monte Carlo Evidence and an Application to Employment Equations [J]. The Review of Economic Studies, 1991, 58 (2): 277-297.

[11] Aristei D, Castellani D, Franco C. Firms' Exporting and Importing Activities: Is There a Two-Way Relationship? [J]. Review of World Economics, 2013, 149 (1): 55-84.

[12] Armington P S. A Theory of Demand for Products Distinguished by Place of Production [J]. IMF Economic Review, 1969, 16 (1): 159-178.

[13] Ayyagari M, Demirgüc-Kunt A, Maksimovic V. Firm Innovation in Emerging Markets: The Role of Finance, Governance, and Competition [J]. Journal of Financial and Quantitative Analysis, 2011, 46 (6): 1545-1580.

[14] Bair J, Gereffi G. Upgrading, Uneven Development, and Jobs in the North American Apparel Industry [J]. Global Networks, 2003, 3 (2): 143-169.

[15] Bair J, Gereffi G. Local Clusters in Global Chains: The Causes and Consequences of Export Dynamism in Torreon's Blue Jeans Industry [J]. World Development, 2001, 29 (11): 1885-1903.

[16] Balassa B A. Comparative Advantage, Trade Policy and Economic Development [M]. Harvester Wheatsheaf, 1989.

[17] Balassa B. "Revealed" Comparative Advantage Revisited: An Analysis of Relative Export Shares of the Industrial Countries, 1953 - 1971 [J]. The Manchester School, 1977, 45 (4): 327-344.

[18] Balassa B. The Changing Pattern of Comparative Advantage in Manufactured Goods [J]. The Review of Economics and Statistics, 1979: 259-266.

[19] Balassa B. Trade Liberalisation and "Revealed" Comparative Advantage [J]. The Manchester School, 1965, 33 (2): 99-123.

[20] Baldwin R E. Determinants of the Commodity Structure of U. S. Trade [J]. American Economic Review, 1971, 61 (1): 126-146.

[21] Barney J. Firm Resources and Sustained Competitive Advantage [J]. Journal of Management, 1991, 17 (1): 99-120.

[22] Barrientos S, Gereffi G, Nathan D. Economic and Social Upgrading in Global Value Chains: Emerging Trends and Pressures [C]. Capturing the Gains Summit Briefing, University of Manchester, 2012.

[23] Barrientos S, Gereffi G, Rossi A. Economic and Social Upgrading in Global Production Networks: A New Paradigm for a Changing World [J]. International Labour Review, 2011, 150 (3-4): 319-340.

[24] Bazan L, Navas-Alem A L. The Underground Revolution in the Sinos Valley: A Comparison of Upgrading in Global and National Value Chains [J]. Chapters, 2004.

[25] Beck T. Financial Development and International Trade: Is There a Link? [J]. Journal of International Economics, 2002, 57 (1): 107-131.

[26] Berghman L, Matthyssens P, Vandenbempt K. Value Innovation, Deliberate Learning Mechanisms and Information from Supply Chain Partners [J]. Industrial Marketing Management, 2012, 41 (1): 27-39.

[27] Berkowitz D, Moenius J, Pistor K. Trade, Law, and Product Complexity [J]. The Review of Economics and Statistics, 2006, 88 (2): 363-373.

[28] Bernard A B, Eaton J, Jensen J B, et al. Plants and Productivity in International Trade [J]. American Economic Review, 2000, 93 (4): 1268-1290.

[29] Bernard A B, Redding S J, Schott P K. Comparative Advantage and Heterogeneous Firms [J]. The Review of Economic Studies, 2007, 74 (1): 31-66.

[30] Bowen H P, Leamer E E, Sveikauskas L. Multicountry, Multifactor Tests of the Factor Abundance Theory [J]. American Economic Review, 1986, 77 (5): 791-809.

[31] Bowen H P. On the Theoretical Interpretation of Indices of Trade Intensity and Revealed Comparative Advantage [J]. Weltwirtschaftliches Archiv, 1983, 119 (3): 464-472.

[32] Caselli F. Cross-country Technology Diffusion: The Case of Computers [R]. National Bureau of Economic Research, 2001.

[33] Chang S J, Chung C N, Mahmood I P. When and How Does Business Group Affiliation Promote Firm Innovation? A Tale of Two Emerging Economies [J]. Organization Science, 2006, 17 (5): 637-656.

[34] Child J, Rodrigues S B. The Internationalization of Chinese Firms: A Case for Theoretical Extension? [J]. Management and Organization Review, 2005, 1 (3): 381-410.

[35] Daudin G, Rifflart C, Schweisguth D. Who Produces for Whom in the World Economy? [J]. Canadian Journal of Economics, 2011, 44 (4): 1403-1437.

[36] Davis D R, Weinstein D E. An Account of Global Factor Trade [J]. The American Economic Review, 1999, 91 (5): 1423-1453.

[37] Davis D R, Weinstein D E. Economic Geography and Regional Production Structure: An Empirical Investigation [J]. European Economic Review, 1998, 43 (2): 379-407.

[38] Davis D R. Intra-industry Trade: A Heckscher-Ohlin-Ricardo Approach [J]. Journal of International Economics, 1995, 39 (3-4): 201-226.

[39] De Benedictis L, Tajoli L. The World Trade Network [J]. The World Economy, 2011, 34 (8): 1417-1454.

[40] Dixit A K, Stiglitz J E. Monopolistic Competition and Optimum Product Diversity [J]. American Economic Review, 1975, 67 (3): 297-308.

[41] Dolan C S, Tewari M. From What We Wearto What We Eat Upgrading in Global Value Chains [J]. IDS Bulletin, 2001, 32 (3): 94-104.

[42] Dornbusch R, Fischer S, Samuelson P A. Comparative Advantage, Trade, and Payments in a Ricardian Model with a Continuum of Goods [J]. American Economic Review, 1976, 67 (5): 823-839.

[43] Duncan R B. The Ambidextrous Organization: Designing Dual Structures for Innovation [J]. The Management of Organization, 1976 (1): 167-188.

[44] Dunning J H. Comment on Dragon Multinationals: New players in 21st, Century Globalization [J]. Asia Pacific Journal of Management, 2006, 23 (2): 5-27.

[45] Eaton J, Kortum S. Technology, Geography, and Trade [J]. Econometrica, 2002, 70 (5): 1741-1779.

[46] Eisenhardt K M. Building Theories From Case Study Research [J]. Academy of Management Review, 1989, 14 (4): 532-550.

[47] Ernst D, Kim L. Global Production Networks, Knowledge Diffusion, and Local Capability Formation [J]. Research Policy, 2002, 31 (8): 1417-1429.

[48] Ethiraj S K, Zhu D H. Performance Effectsof Imitative Entry [J]. Social Science Electronic Publishing, 2007, 29 (8): 797-817.

[49] Fagiolo G, Reyes J, Schiavo S. On the Topological Properties of the World Trade Web: A Weighted Network Analysis [J]. Physica A: Statistical Mechanics and Its Applications, 2008, 387 (15): 3868-3873.

[50] Feenstra R C. Integration of Trade and Disintegration of Production in the Global Economy [J]. The Journal of Economic Perspectives, 1998, 12 (4): 31-50.

[51] Feenstra R C. Offshoring in the Global Economy: Microeconomic Structureand Macroeconomic Implications [M]. MIT Press, 2010.

[52] Feenstra R C, Taylor A M. International Trade [M]. Palgrave Macmillan Limited, 2008.

[53] Fertö I, Hubbard L J. Revealed Comparative Advantage and Competitiveness in Hungarian Agri-food Sectors [J]. The World Economy, 2003, 26 (2): 247-259.

[54] Flam H, Helpman E. Vertical Product Differentiation and North - South Trade [J]. American Economic Review, 1987, 77 (5): 810-822.

[55] Frankel J A, Romer D. Does Trade Cause Growth? [J]. American Economic Review, 1999: 379-399.

[56] Fujita M, Krugman P R, Venables A J, et al. The Spatial Economy: Cities, Regions and International Trade [M]. Cambridge, MA: MIT Press, 1999.

[57] Garlaschelli D, Loffredo M I. Structure and Evolution of the World Trade Network [J]. Physica A: Statistical Mechanics and Its Applications, 2005, 355 (1): 138-144.

[58] Gereffi G, Humphrey J, Sturgeon T. The Governance of Global Value Chains [J]. Review of International Political Economy, 2005, 12 (1): 78-104.

[59] Gereffi G, Lee J. Economic and Social Upgrading in Global Value Chains and Industrial Clusters: Why Governance Matters [J]. Journal of Business Ethics, 2016, 133 (1): 25-38.

[60] Gereffi G. International Trade and Industrial Upgrading in the Apparel Commodity Chain [J]. Journal of International Economics, 1999, 48 (1): 37-70.

[61] Gereffi G, Humphrey J, Kaplinsky R. Introduction: Globalisation, Value Chainsand Development [J]. IDS Bulletin, 2001, 32 (3): 1-8.

[62] Giuliani E, Pietrobelli C, Rabellotti R. Upgrading in Global Value Chains: Lessons from Latin American Clusters [J]. World Development, 2005, 33 (4): 549-573.

[63] Grant R M. Toward a Knowledge-Based Theory of the Firm [J]. Strategic Management Journal, 1996, 17 (S2): 109-122.

[64] Grossman G M, Helpman E. Comparative Advantage and Long-run Growth. [J]. American Economic Review, 1990, 80 (4): 796-815.

[65] Grossman G M, Helpman E. Innovation and Growth in the Global Economy [M]. MIT Press, 1991.

[66] Grossman G M, Helpman E. Integration versus Outsourcing in Industry Equilibrium [J]. The Quarterly Journal of Economics, 2002, 117 (1): 85-120.

[67] Grossman G M, Helpman E. Quality Ladders and Product Cycles [J]. Quarterly Journal of Economics, 1991, 106 (2): 557-586.

[68] Grubel H G, Lloyd P J. Intra-industry Trade : The Theory and Measurement of International Trade in Differentiated Products [J]. Journal of International Economics, 1975, 85 (339): 312-314.

[69] Hall R E, Jones C I. Why Do Some Countries Produce So Much More Outputper Worker than Others? [J]. The Quarterly Journal of Economics,

1999, 114 (1): 83-116.

[70] Hallak J C, Schott P K. Estimating Cross-Country Differencesin Product Quality [R]. National Bureau of Economic Research, 2008.

[71] Harrigan J. Cross-country Comparisons of Industry Total Factor Productivity: Theory and Evidence [R]. Federal Reserve Bank of New York, 1997.

[72] Hausmann R, Hidalgo C A, Bustos S, et al. The Atlas of Economic Complexity: Mapping Paths to Prosperity [M]. Mit Press, 2014.

[73] Hausmann R, Hwang J, Rodrik D. What You Export Matters [J]. Journal of Economic Growth, 2007, 12 (1): 1-25.

[74] Hausmann R, Klinger B. South Africa's Export Predicament [J]. Economics of Transition, 2008, 16 (4): 609-637.

[75] Hausmann R, Rodrik D. Economic Development as Self-discovery [J]. Journal of Development Economics, 2003, 72 (2): 603-633.

[76] Helpman E. International Trade in the Presence of Product Differentiation, Economies of Scale and Monopolistic Competition: A Chamberlin-Heckscher-Ohlin Approach [J]. Journal of International Economics, 1981, 11 (3): 305-340.

[77] Henderson J, Dicken P, Hess M, et al. Global Production Networks and the Analysis of Economic Development [J]. Review of International Political Economy, 2002, 9 (3): 436-464.

[78] Hidalgo C A, Hausmann R. The Building Blocks of Economic Complexity [J]. Proceedings of the National Academy of Sciences, 2009, 106 (26): 10570-10575.

[79] Hidalgo C A, Klinger B, Barabási A L, et al. The Product Space Conditions the Development of Nations [J]. Science, 2007, 317 (5837): 482-487.

[80] Higano Y. The Spatial Economy: Cities, Regions, and International

Trade [J]. American Journal of Agricultural Economics, 2004, 1 (1): 283-285.

[81] Hinloopen J, Van Marrewijk C. On the Empirical Distribution of the Balassa Index [J]. Weltwirtschaftliches Archiv, 2001, 137 (1): 1-35.

[82] Hobday M, Rush H, Bessant J. Approaching the Innovation Frontier in Korea: The Transition Phase to Leadership [J]. Research Policy, 2004, 33 (10): 1433-1457.

[83] Hobday M. East Asian Latecomer Firms: Learning the Technology of Electronics [J]. World Development, 1995, 23 (7): 1171-1193.

[84] Hobday M. Firm-level Innovation Models: Perspectives on Research in Developed and Developing Countries [J]. Technology Analysis & Strategic Management, 2005, 17 (2): 121-146.

[85] Hummels D, Ishii J, Yi K M. The Nature and Growth of Vertical Specialization in World Trade [J]. Journal of International Economics, 2001, 54 (1): 75-96.

[86] Humphrey J, Schmitz H. How Does Insertion in Global Value Chains Affect Upgrading in Industrial Clusters? [J]. Regional Studies, 2002, 36 (9): 1017-1027.

[87] Johnson D M, Porter A L, Roessner D, et al. High-tech Indicators: Assessing the Competitiveness of Selected European Countries [J]. Technology Analysis & Strategic Management, 2010, 22 (3): 277-296.

[88] Johnson R C, Noguera G. Accounting for Intermediates: Production Sharingand Trade in Value Added [J]. Journal of International Economics, 2012, 86 (2): 224-236.

[89] Kali R, Reyes J. The Architecture of Globalization: A Network Approach to International Economic Integration [J]. Journal of

International Business Studies, 2007, 38 (4): 595-620.

[90] Kenen P B. Nature, Capital, and Trade [J]. Journal of Political Economy, 1965, 73 (5): 437-460.

[91] Kim L. Imitation to Innovation: The Dynamics of Korea's Technological Learning [M]. Harvard Business Press, 1997.

[92] Kim L. Stages of Development of Industrial Technology in a Developing Country: A Model [J]. Research Policy, 1980, 9 (3): 254-277.

[93] Kletzer K, Bardhan P. Credit Markets and Patterns of International Trade [J]. Journal of Development Economics, 1987, 27 (1-2): 57-70.

[94] Knight G A, Cavusgil S T. Erratum: Innovation, Organizational Capabilities, and the Born-Global Firm [J]. Journal of International Business Studies, 2004, 35 (4): 334-334.

[95] Koopman R, Wang Z, Wei S J. Tracing Value-Added and Double Counting in Gross Exports [J]. The American Economic Review, 2014, 104 (2): 459-494.

[96] Krishna P, Levchenko A A. Comparative Advantage, Complexity and Volatility [R]. National Bureau of Economic Research, 2009.

[97] Krugman P. A Model of Balance-of-Payments Crises [J]. Journal of Money Credit & Banking, 1979, 11 (3): 311-325.

[98] Krugman P. Scale Economies, Product Differentiation, and the Pattern of Trade [J]. The American Economic Review, 1980, 70 (5): 950-959.

[99] Lall S, Weiss J, Zhang J. The "Sophistication" of Exports: A New Trade Measure [J]. World Development, 2006, 34 (2): 222-237.

[100] Leamer E E, Maul H, Rodriguez S, et al. Does Natural Resource Abundance Increase Latin American Income Inequality? [J]. Journal of Development Economics, 1999, 59 (1): 3-42.

[101] Leamer E E. Sources of International Comparative Advantage: Theory and evidence [M]. MIT Press, 1984.

[102] Lee K, Lim C. Technological Regimes, Catching-Up and Leapfrogging: Findings from the Korean Industries [J]. Research Policy, 2001, 30 (3): 459-483.

[103] Lee T W, Mitchell T R, Sablynski C J. Qualitative Research in Organizational and Vocational Psychology, 1979 - 1999. [J]. Journal of Vocational Behavior, 1999, 55 (2): 161-187.

[104] Lemoine F, Ünal-Kesenci D. Rise of China and India in International Trade: From textiles to New Technology [J]. China & World Economy, 2008, 16 (5): 16-34.

[105] Leontief W. Domestic Production and Foreign Trade: The American Capital Position Re-Examined [J]. Proceedings of the American Philosophical Society, 1953, 97 (4): 332-349.

[106] Levchenko A A. Institutional Quality and International Trade [J]. The Review of Economic Studies, 2007, 74 (3): 791-819.

[107] Li J, Kozhikode R K. Knowledge Management and Innovation Strategy: The Challenge for Latecomers in Emerging Economies [J]. Asia Pacific Journal of Management, 2008, 25 (3): 429-450.

[108] Linder S B. An Essay on Trade and Transformation. [J]. Journal of Political Economy, 1961, 70 (5): 171-172.

[109] Lucas R E. On the Mechanics of Economic Development [J]. Journal of Monetary Economics, 1988, 22 (1): 3-42.

[110] Luo Y, Tung R L. International Expansion of Emerging Market Enterprises: A Springboard Perspective [J]. Journal of International Business Studies, 2007, 38 (4): 481-498.

[111] March J G. Exploration and Exploitation in Organizational Learning [J]. Organization Science, 1991, 2 (1): 71-87.

[112] Marchi V D, Maria E D, Micelli S. Environmental Strategies, Upgrading and Competitive Advantage in Global Value Chains [J]. Business Strategy and the Environment, 2013, 22 (1): 62-72.

[113] Mathews J A. Competitive Advantages of the Latecomer Firm: A Resource-Based Account of Industrial Catch-Up Strategies [J]. Asia Pacific Journal of Management, 2002, 19 (4): 467-488.

[114] Mathews J A. Dragon Multinationals: New Players in 21st Century Globalization [J]. Asia Pacific Journal of Management, 2006, 23 (1): 5-27.

[115] Melitz M J, Ottaviano G I P. Market Size, Trade, and Productivity [J]. The Review of Economic Studies, 2008, 75 (1): 295-316.

[116] Melitz M J. The Impact of Trade on Intra-Industry Reallocations and Aggregate Industry Productivity [J]. Econometrica, 2003, 71 (6): 1695-1725.

[117] Méon P G, Sekkat K. Institutional Quality and Trade: Which Institutions? Which Trade? [J]. Economic Inquiry, 2008, 46 (2): 227-240.

[118] Moenius J, Berkowitz D. Institutional Changeand Product Composition: Does the Initial Quality of Institutions Matter? [M]. William Davidson Institute, 2004.

[119] Nadvi K. Global Standards, Global Governance and the Organization of Global Value Chains [J]. Journal of Economic Geography, 2008, 8 (3): 323-343.

[120] Navas-Alemán L. The Impact of Operating in Multiple Value Chains for Upgrading: The Case of the Brazilian Furniture and Footwear Industries [J]. World Development, 2011, 39 (8): 1386-1397.

[121] North D C. Institutions, Institutional Change and Economic Performance [M]. Cambridge University Press, 1990.

[122] Nunn N. Relationship-specificity, Incomplete Contracts, and the Pattern of Trade [J]. The Quarterly Journal of Economics, 2007, 122 (2): 569-600.

[123] OECD. Interconnected Economies: Benefiting from Global Value Chains [M]. OECD Publishing, 2013.

[124] Ohlin B B. International and Interregional Trade [M]. Harvard University Press, Cambridge, 1933.

[125] Ponte S, Ewert J. Which Way Is "Up" in Upgrading? Trajectories of Change in the Value Chain for South African Wine [J]. World Development, 2009, 37 (10): 1637-1650.

[126] Ponte S, Gibbon P. Quality Standards, Conventions and the Governance of Global Value Chains [J]. Economy and Society, 2005, 34 (1): 1-31.

[127] Porter A L, Newman N C, Roessner J D, et al. International High Tech Competitiveness: Does China Rank Number 1? [J]. Technology Analysis & Strategic Management, 2009, 21 (2): 173-193.

[128] Porter, Michael E. Competitive Strategy: Techniques for Analyzing Industries and Competitors [M]. Free Press, 1980.

[129] Porter Michael. Competitive Advantage of Nations [M]. Free Press, 1990.

[130] Posner M V. International Trade and Technical Change [J]. Oxford Economic Papers, 1961, 13 (3): 323-341.

[131] Rabellotti R. How Globalisation Affects Italian Industrial Districts: The Case of Brenta [C]. Local Enterprises in the Global Economy: Issues of Governance and Upgrading, 2004: 140-173.

[132] Rauch J E. Networks versus Markets in International Trade [J]. Journal of International Economics, 1999, 48 (1): 7-35.

[133] Rodrik D. What's so Special about China's Exports? [J]. China &

World Economy, 2006, 14 (5): 1-19.

[134] Roessner D, Porter A L, Newman N, et al. A Comparison of Recent Assessments of the High-Tech Competitiveness of Nations [J]. International Journal of Technology Management, 2002, 23 (6): 536-557.

[135] Roessner J D, Porter A L, Newman N, et al. Anticipating the Future High-Tech Competitiveness of Nations: Indicators for Twenty-Eight Countries [J]. Technological Forecasting and Social Change, 1996, 51 (2): 133-149.

[136] Romalis J. Factor Proportions and the Structure of Commodity Trade [J]. The American Economic Review, 2004, 94 (1): 67-97.

[137] Romer P M. Endogenous Technological Change [J]. Journal of Political Economy, 1990, 98 (5): S71-S102.

[138] Romer P M. Increasing Returns and Long-run Growth [J]. Journal of Political Economy, 1986, 94 (5): 1002-1037.

[139] Schmitz H, Nadvi K. Industrial Clusters in Developing Countries-Clustering and Industrialization: Introduction [J]. World Development, 1999, 27 (9): 1503-1514.

[140] Schmitz H. Transitions and Trajectories in the Build-up of Innovation Capabilities: Insights from the Global Value Chain Approach [J]. Asian Journal of Technology Innovation, 2007, 15 (2): 151-160.

[141] Schmitz H, Knorringa P. Learning from Global Buyers [J]. Journal of Development Studies, 2000, 37 (2): 177-205.

[142] Schott P K. The Relative Sophistication of Chinese Exports [J]. Economic Policy, 2008, 23 (53): 6-49.

[143] Schumpeter J A. The Theory of Economic Development: An Inquiry into Profits, Capital, Credit, Interest, and the Business Cycle [J]. Social Science Electronic Publishing, 1934, 25 (1): 90-91.

[144] Serrano M A, Boguná M. Topology of the World Trade Web [J]. Physical Review E, 2003, 68 (1): 15-101.

[145] Shinkle G A, Mccann B T. New Product Deployment: The Moderating Influence of Economic Institutional Context [J]. Strategic Management Journal, 2014, 35 (7): 1090 - 1101.

[146] Smith D A, White D R. Structure and Dynamics of the Global Economy: Network Analysis of International Trade 1965-1980 [J]. Social Forces, 1992, 70 (4): 857-893.

[147] Srholec M. High-tech Exportsfrom Developing Countries: A Symptom of Technology Spurts or Statistical Illusion? [J]. Review of World Economics, 2007, 143 (2): 227-255.

[148] Strauss , Anselm L. Qualitative Analysis for Social Scientists [M]. New York: Cambridge University Press, 1987.

[149] Strauss A, Corbin J. Basics of Qualitative Research: Techniques and Procedures for Developing Grounded Theory [M]. Sage Publications, Inc, 1998.

[150] Tacchella A, Cristelli M, Caldarelli G, et al. Economic Complexity: Conceptual Grounding of a New Metrics for Global Competitiveness [J]. Journal of Economic Dynamics and Control, 2013, 37 (8): 1683-1691.

[151] Tobey J A. The Effects of Domestic Environmental Policies on Patterns of World Trade: An Empirical Test [J]. Kyklos, 1990, 43 (2): 191-209.

[152] Trefler D. International Factor Price Differences: Leontief Was Right! [J]. Journal of Political Economy, 1993, 101 (6): 961-987.

[153] Trefler D. The Case of the Missing Trade and Other Mysteries [J]. American Economic Review, 2002, 85 (5): 1029-1046.

[154] Vaidya K, Bennett D, Liu X. Is China's Manufacturing Sector Becoming More High-Tech? Evidence on Shifts in Comparative Advantage, 1987-2005 [J]. Journal of Manufacturing Technology Management, 2007, 18 (8): 1000-1021.

[155] Vernon R. International Investment and International Trade in the Product Cycle [J]. The Quarterly Journal of Economics, 1966: 190-207.

[156] Vollrath T L. A Theoretical Evaluation of Alternative Trade Intensity Measures of Revealed Comparative Advantage [J]. Weltwirtschaftliches Archiv, 1991, 127 (2): 265-280.

[157] Wang Z, Wei S J, Zhu K. Quantifying International Production Sharing at the Bilateral and Sector Levels [R]. National Bureau of Economic Research, 2014.

[158] Wang Z, Wei S J. What Accounts for the Rising Sophistication of China's Exports? [M]. University of Chicago Press, 2010: 63-104.

[159] White H. A Heteroskedasticity-Consistent Covariance Matrix Estimator and a Direct Test for Heteroskedasticity [J]. Econometrica: Journal of the Econometric Society, 1980 (7): 817-838.

[160] Wilhite A. Bilateral Trade and "Small-World" Networks [J]. Computational Economics, 2001, 18 (1): 49-64.

[161] Williamson O E. Markets and Hierarchies [M]. New York Press, 1975.

[162] Xu B. The Sophistication of Exports: Is China Special? [J]. China Economic Review, 2010, 21 (3): 482-493.

[163] 安同良．企业技术能力发展论：经济转型过程中中国企业技术能力实证研究 [M]．人民出版社，2004.

[164] 包玉泽，谭力文，刘林青．全球价值链背景下的企业升级研

究——基于企业技术能力视角 [J]. 外国经济与管理, 2009 (4): 37-43.

[165] 曾咏梅. 产业集群嵌入全球价值链的模式研究 [J]. 经济地理, 2011, 31 (3): 453-457.

[166] 陈爱贞, 刘志彪, 吴福象. 下游动态技术引进对装备制造业升级的市场约束 [J]. 管理世界, 2008 (2): 72-81.

[167] 陈宝明. 我国当前产学研结合中存在的若干问题与政策建议 [J]. 中国高校科技与产业化, 2009 (11): 42-45.

[168] 陈立敏, 侯再平. 融入技术附加值的国际竞争力评价方法——基于电子通讯设备产业的实证分析 [J]. 中国工业经济, 2012 (3): 134-146.

[169] 陈立敏. 国际竞争力与出口竞争力的对比研究及指标设计: 基于中国制造业的实证分析 [M]. 武汉大学出版社, 2013.

[170] 陈立敏. 中国制造业国际竞争力评价方法与提升策略 [M]. 武汉大学出版社, 2008.

[171] 陈晓华, 沈成燕. 出口技术复杂度研究回顾与评述 [J]. 浙江理工大学学报 (社会科学版), 2015 (5): 371-379.

[172] 陈晓萍, 等. 组织与管理研究的实证方法 [M]. 北京大学出版社, 2013.

[173] 陈银飞. 2000—2009 年世界贸易格局的社会网络分析 [J]. 国际贸易问题, 2011 (11): 31-42.

[174] 陈仲常, 马红旗, 绍玲. 影响我国高技术产业全球价值链升级的因素 [J]. 上海财经大学学报: 哲学社会科学版, 2012, 14 (2): 56-64.

[175] 戴翔, 金碚. 产品内分工、制度质量与出口技术复杂度 [J]. 经济研究, 2014, 49 (7): 4-17.

[176] 邓向荣, 曹红. 产业升级路径选择: 遵循抑或偏离比较优势——基于产品空间结构的实证分析 [J]. 中国工业经济, 2016 (2):

52-67.
［177］樊纲，关志雄，姚枝仲．国际贸易结构分析：贸易品的技术分布［J］．经济研究，2006（8）：70-80.
［178］冯梅．中国装备制造业竞争力提升：基于创新集群网络视角［J］．社会科学，2009（12）：45-51.
［179］龚艳萍，屈宁华．技术创新能力对中国高技术产业国际竞争力影响的实证研究［J］．技术经济，2008，27（4）：13-18.
［180］关志雄．从美国市场看"中国制造"的实力——以信息技术产品为中心［J］．国际经济评论，2002（4）：5-12.
［181］郭晶，杨艳．经济增长、技术创新与我国高技术制造业出口复杂度研究［J］．国际贸易问题，2010（12）：91-96.
［182］侯茂章，汪斌．基于全球价值链视角的地方产业集群国际化发展研究［J］．财贸经济，2009（5）：68-73.
［183］黄先海，陈晓华，刘慧．产业出口复杂度的测度及其动态演进机理分析——基于52个经济体1993—2006年金属制品出口的实证研究［J］．管理世界，2010（3）：44-55.
［184］黄永明，张文洁．出口复杂度的国外研究进展［J］．国际贸易问题，2012（3）：167-176.
［185］霍春辉．刍议装备制造业竞争力的提升路径——基于创新型产业集群视角［J］．经济问题，2008（4）：20-40.
［186］江静，刘志彪．生产性服务发展与制造业在全球价值链中的升级——以长三角地区为例［J］．南方经济，2009（11）：36-44.
［187］江诗松，龚丽敏，魏江．后发企业能力追赶研究探析与展望［J］．外国经济与管理，2012，34（3）：57-64.
［188］金碚，李钢，陈志．加入WTO以来中国制造业国际竞争力的实证分析［J］．中国工业经济，2006（10）：5-14.
［189］金碚，李钢，陈志．中国制造业国际竞争力现状分析及提升对策［J］．财贸经济，2007（3）：3-10.

[190] 金碚，李鹏飞，廖建辉．中国产业国际竞争力现状及演变趋势——基于出口商品的分析［J］．中国工业经济，2013（5）：5-17.

[191] 李绍东，和军．中国装备制造业先进水平实证研究——一个国际比较的视角［J］．黑龙江社会科学，2013（6）：15.

[192] 李拓晨，丁莹莹．FDI 技术溢出对我国高技术产业国际竞争力作用机理研究［J］．现代财经，2013（7）：12.

[193] 林玮，张向前．我国技术密集型产业国际竞争力研究［J］．科技进步与对策，2013，30（5）：52-59.

[194] 林毅夫．新结构经济学［M］．北京大学出版社，2014.

[195] 刘芳，郭朝先．中国电子信息产业国际竞争力的多维度比较分析［J］．经济研究参考，2013（51）：31-36.

[196] 刘建．基于社会网络的国际原油贸易格局演化研究［J］．国际贸易问题，2013（12）：48-57.

[197] 刘军．社会网络分析导论［M］．社会科学文献出版社，2004.

[198] 刘林青，黄起海，闫志山．国家空间里的能力加值比赛——基于产业国际竞争力的结构观［J］．中国工业经济，2013（4）：17-29.

[199] 刘林青，谭畅．产业国际竞争力的结构观——一个正在涌现的研究域［J］．经济评论，2014（3）：153-160.

[200] 刘琳．全球价值链、制度质量与出口品技术含量——基于跨国层面的实证分析［J］．国际贸易问题，2015（10）：37-47.

[201] 刘艳．制度质量与高技术制成品出口复杂度［J］．当代财经，2014（2）：96-105.

[202] 刘志彪，张杰．从融入全球价值链到构建国家价值链：中国产业升级的战略思考［J］．学术月刊，2009（9）：59-68.

[203] 刘志彪，张杰．我国本土制造业企业出口决定因素的实证分析［J］．经济研究，2009，8（4）.

[204] 刘志彪．从全球价值链转向全球创新链：新常态下中国产业发展

新动力［J］. 学术月刊, 2015, 47（2）: 5-14.

［205］刘志彪. 中国贸易量增长与本土产业的升级——基于全球价值链的治理视角［J］. 学术月刊, 2007, 39（2）: 80-86.

［206］刘志彪. 重构国家价值链: 转变中国制造业发展方式的思考［J］. 世界经济与政治论坛, 2011（4）: 1-14.

［207］吕文栋, 张辉. 全球价值链下的地方产业集群战略研究［J］. 中国软科学, 2005（2）: 119-124.

［208］梅述恩. 嵌入全球价值链的企业集群升级机理研究［D］. 华中科技大学, 2006.

［209］莫莎, 周晓明. 生产性服务贸易进口复杂度对制造业国际竞争力的影响研究——基于跨国面板数据的实证分析［J］. 国际商务, 2015（6）: 16-26.

［210］穆荣平. 高技术产业国际竞争力评价方法初步研究［J］. 科研管理, 2000, 21（1）: 50-57.

［211］聂鸣, 刘锦英. 地方产业集群嵌入全球价值链的方式及升级前景研究述评［J］. 研究与发展管理, 2006, 18（6）: 108-115.

［212］牛卫平. 国际外包陷阱产生机理及其跨越研究［J］. 中国工业经济, 2012（5）: 109-121.

［213］邱斌, 尹威, 杨帅. 全球生产网络背景下的企业创新与经济增长——“FDI, 企业国际化与中国产业发展学术研讨会”综述［J］. 管理世界, 2008（12）: 136-139.

［214］孙军, 梁东黎. 全球价值链、市场规模与发展中国家产业升级机理分析［J］. 经济评论, 2010（4）: 34-41.

［215］孙晓. 中、美、日、韩互联网与通信产业国际竞争力比较研究［D］. 吉林大学, 2015.

［216］汪素芹, 程静. 我国高新技术产品出口结构与国际竞争力实证分析［J］. 国际经贸探索, 2004, 20（5）: 80-84.

［217］汪云林, 李丁, 付允. 主要经济体间国际贸易的社会网络分析

[J]. 电子科技大学学报（社会科学版），2007，9（3）：9-12.
[218] 王发明，周颖，殷鸣. 基于全球价值链分工的我国地方产业集群风险研究——以浙江绍兴纺织产业集群为例 [J]. 北京交通大学学报（社会科学版），2009，8（4）：62-67.
[219] 王建平. 国际代工模式下的本地产业空心化危机及应对措施 [J]. 中国经贸导刊，2006（2）：28-29.
[220] 王雷，姚洪心. 全球价值链嵌入对集群企业创新绩效的影响 [J]. 科研管理，2014（6）：41-46.
[221] 魏守华，周斌. 中国高技术产业国际竞争力研究——基于技术进步与规模经济融合的视角 [J]. 南京大学学报（哲学·人文科学·社会科学），2015（5）：15-26.
[222] 文婿，曾刚. 全球价值链治理与地方产业网络升级研究——以上海浦东集成电路产业网络为例 [J]. 中国工业经济，2005（7）：20-27.
[223] 吴建新，刘德学. 全球价值链中治理与升级的关系 [J]. 山西财经大学学报，2008，30（6）：58-63.
[224] 吴先明，梅诗晔. 基于自主创新的追赶战略：资源依赖视角 [J]. 经济管理，2016（6）：29-40.
[225] 伍业君，张其仔，徐娟. 产品空间与比较优势演化述评 [J]. 经济评论，2012（4）：145-152.
[226] 肖建忠，彭莹，王小林. 天然气国际贸易网络演化及区域特征研究——基于社会网络分析方法 [J]. 中国石油大学学报：社会科学版，2013，29（3）：1-8.
[227] 徐斌. 国际铁矿石贸易格局的社会网络分析 [J]. 经济地理，2015（10）：123-129.
[228] 闫逢柱，乔娟，田国英. 中国高新技术产品国际竞争力的比较分析 [J]. 科学学与科学技术管理，2010，31（4）：182-185.
[229] 杨青龙，刘培. 2003—2012 年国际资源性商品贸易格局的社会

网络分析——以煤炭、焦炭为例［J］. 国际经贸探索，2015，31（4）：16-29.

［230］杨汝岱，姚洋. 有限赶超与经济增长［J］. 经济研究，2008（8）：29-41.

［231］姚鸿雁，朱启贵，叶连松. 我国装备制造产品国际竞争力分析——基于价格指数［J］. 价格理论与实践，2006（5）：70-71.

［232］张彬. 基于价值链视角的中国高技术产业国际竞争力研究［D］. 对外经济贸易大学，2015.

［233］张春博，丁堃，刘则渊，等. 国际航空航天产品贸易格局（2002—2012年）实证研究——基于社会网络分析的视角［J］. 科技管理研究，2015，35（13）：120-125.

［234］张建忠，刘志彪. 知识产权保护与"赶超陷阱"——基于GVC治理者控制的视角［J］. 中国工业经济，2011（6）：58-68.

［235］张杰，刘志彪. 需求因素与全球价值链形成——兼论发展中国家的"结构封锁型"障碍与突破［J］. 财贸研究，2007（6）：1-10.

［236］张其仔，李颢. 中国产业升级机会的甄别［J］. 中国工业经济，2013（5）：44-56.

［237］张其仔. 比较优势的演化与中国产业升级路径的选择［J］. 中国工业经济，2008（9）：58-68.

［238］张其仔. 中国能否成功地实现雁阵式产业升级［J］. 中国工业经济，2014（6）：18-30.

［239］张勤，李海勇. 入世以来我国在国际贸易中角色地位变化的实证研究——以社会网络分析为方法［J］. 财经研究，2012，38（10）：79-89.

［240］张小蒂，孙景蔚. 基于垂直专业化分工的中国产业国际竞争力分析［J］. 世界经济，2006（5）：12-21.

［241］张小蒂，朱勤. 论全球价值链中我国企业创新与市场势力构建的良性互动［J］. 中国工业经济，2007，5（30）：38.

［242］郑明身，田兰章，王俊杰．中国 IT 制造业国际竞争力的实证研究［J］. 管理世界，2005（2）：68-76.

［243］周威．中国工程机械产业国际竞争力研究［D］. 吉林大学，2014.

［244］祝树金，戢璇，傅晓岚．出口品技术水平的决定性因素：来自跨国面板数据的证据［J］. 世界经济，2010（4）：28-46.

后　　记

本书是在我的博士毕业论文基础上形成的，本书能顺利出版，得益于众多师长、家人、朋友及领导们的鼎力支持。

衷心感谢武汉大学经济与管理学院吴先明教授的知遇之恩。2013年下半年承蒙吴老师接纳为访问学者从事国际企业管理研究，其间聆听吴老师讲授多门核心课程并参与其国家社科基金项目的研究，在吴老师的指导下撰写学术论文并得到高度评价，使我深深地感受到学术研究的魅力和乐趣。我曾经在一间黑屋子里摸索、四处碰壁，是吴老师为我推开了一扇窗，让我看到了窗外一个绚丽缤纷的世界，于是我萌生了读博士深造的念头，我的想法得到了吴老师的支持。尽管由于招生名额有限未能成为吴老师的门生，但是吴老师第一时间为我赢得了宝贵的调剂机会，圆了萦绕在我心间多年的武大梦。读博期间多次向吴老师请教学术问题，吴老师都给予耐心解答，还为我无私提供了高质量的一手企业访谈资料，使我能够顺利完成论文的案例研究部分。吴老师对我的关爱和帮助令我永生难忘，难以用最华丽的语言来表达我的感激之情！

感谢导师刘林青教授的慷慨接纳。刘老师亦师亦友、谦和包容，无论在生活上还是学习上都关怀备至，使我能够从容淡定地度过三年峥嵘岁月。入学伊始刘老师结合我的专业背景为我量身定制了培养方案，手把手指导我在重要 SSCI 期刊上顺利发表两篇学术论文，大大释放了发表资格论文的巨大压力，并有幸获得博士生国家奖学金、武汉大学研究生学业奖学金、武汉大学优秀研究生等各类奖金及荣誉。刘老师还十分注重全方位培养我的学术素养，指导我参与各类课题申报书的撰写，多次资助我参加各类学术会议、培训，引荐并鼓励我结识学术界精英，大大开阔了我的眼界，扩大了我的学术界朋友圈。

感谢给我授课的谭力文教授、李燕萍教授、UT Dallas 分校的夏军教授等。从老师们的授课中我系统学习了管理思想史、经典理论与经典文献、研究方法。特别是谭力文教授虽年近古稀，但精力充沛，思维活跃，管理理论专题课堂上旁征博引、妙语连珠，让晦涩的管理理论变得鲜活生动；谭老师的课以严厉闻名，高强度的经典著作阅读和读书报告“令人生畏”，第一次的读书报告就被退回重写，谭老师在重新回炉的读书报告上作了大量批注，包括纠正错别字、标点符号，谭老师的敬业精神和道德风范让人景仰和折服。

感谢武汉大学经济与管理学院的诸多同学们。同门张亭博士在我博士论文写作处于低谷时多次鼓励我，她在繁忙的博士学习期间仍时刻不忘关心我的论文进展，并不厌其烦地为我提供数据处理以及编程指导；2014 级博士二班的王健、王伊礼、张会锐、张晓燕、周材荣、林爽、张毅恒以及 2013 级刘宗华、廖俊云等同学，和他们一起学习交流让我收获颇多。

感谢武汉大学经济与管理学院营造了“尊重学术、尊重学者”的浓郁学术氛围，为博士生创造了优越的学习条件。感谢武汉大学图书馆土豪的数据库资源，为学术研究提供了极大的便利。

感谢我的家人对我的鼎力支持。读博期间我爱人微薄的收入是家里唯一的经济来源；我的岳父母含辛茹苦为我抚养女儿，为我卸下了家庭负担；感谢我的父母的默默支持，我毕业论文开题前夕父亲因病住院，为了不影响我的论文进度提前出院，同年冬至日母亲不慎手腕骨折，为不增加我的心理负担对我隐瞒多日，因没有得到良好的治疗留下永久病患；上小学的女儿学习积极主动、成绩优异，无须我在她的学习上花费精力，她经常抱怨我的毕业论文怎么还没有写完，因为“不过就是一篇作文”，应该像她那样洋洋洒洒两千多字轻松拿下“楚才杯”作文竞赛三等奖。

最后感谢九江学院工商管理一流学科负责人陈小林副校长、九江学院管理学院院长许松涛博士、九江学院电子商务学院郑祚双院长为本书出版提供的大力支持，向武汉大学出版社聂勇军编辑的辛勤工作致以深深的谢意！

梅诗晔

2020 年 6 月 22 日于匡庐北麓